싸우는 인문학

서
동
욱
기
획

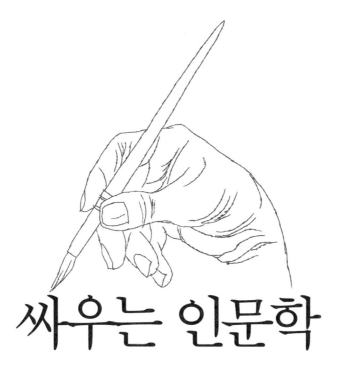

싸우는 인문학

-------------- 한국 인문학의 최전선 --------------

강양구 · 강유정 · 강웅천 · 김원 · 김태환 · 노정태 · 맹정현 · 서동욱 · 서동진 · 신상숙 · 신정근 · 우찬제
윤성우 · 이남석 · 이상헌 · 장석만 · 전상진 · 정영훈 · 진태원 · 최정우 · 표정훈 · 한보희 지음

반비

우리 시대 인문학의 싸움터에서
— 눈은 내리고, 저녁은 매일매일 오늘이
너의 마지막이어도 좋은가 묻는다

이 책은 우리 시대 인문학이 어느 별자리 밑에서 좌표를 찾는지 가늠하는 길찾기 어플 같은 것이다. 그런데 인문학은 도대체 무엇인가? 인문학은 일종의 편집증 때문에 생겼다.

인문학이라는 말조차 모르던 그리스인들은 생각을 펼치기 위해 세세한 학문 분류, 심지어 철학 같은 명칭조차 필요로 하지 않았다. 후에 로마인들이 '인간다움', 즉 후마니타스(Humanitas)를 닦는 교육을 목적으로 철학이나 수사학 등 그리스인들이 관심을 기울였던 학문들을 한데 묶었다. 서양에서 이 학문들을 대표하는 이름이 '후마니타스'가 되었으며, 한자말로 이를 '인문학(人文學)'이라 옮긴다.

그리스에서 로마로 건너가면 무수한 오해가 발생한다. 그리스인들은 종종 배신당하곤 하는 것이다. 그들은 '인간' 개념을 중심에 놓고 인간 본성의 연마를 위한 프로그램으로 학문들을 하나의 명칭(가령 인문학) 아래 모아놓은 적이 없다. '인(人)문학'이라는 표현은 (첫 글자에)

'인간'이라는 개념을 내세우고 있지만 그리스인들의 학문은 '인간학'과는 거리가 멀다. 규범적인 인간상이란 무엇인가? 그것이 강요될 때 인간의 범위를 초과하는 존재자들의 가능성은 모두 은폐되는 것이 아닌가? 규범적 인간상이란 이를 만들어낸 권세의 얼굴이 아니라면 무엇이란 말인가? 그리스인들은 이런 인간이라는 개념을 가득 채우기 위해 이 학문 저 학문을 모아들이는 일에 집착하는 편집증을 앓지 않았다.

오늘날 한국에서, 국가와 학교가 나름의 이상적 인간상을 세우고 제도교육 프로그램 아래 모아들인 학문들은 새는 항아리의 물줄기처럼 프로그램과 체제 바깥으로 달아난다. 대학 교육을 아쉬워하지 않고 마음껏 공부하는 모임들이 있으며, 영화와 문학, 그림을 만나면서 학문들은 더욱더 풍요로워지고 창조적이 된다. 사람들은 국가와 학교가 선호하는 인간됨을 배양하기 위해 공부하기보다는, 먼저 호기심을 충족하기 위해, 그다음엔 자신이 처한 상황 속에서 길을 만들고 움직이기 위해 인문학을 공부한다. 인문학은 그리스인들에게 그랬듯 '인간의 규범'에 도달하는 일과는 아무 관련이 없다. 오히려 우리는 공부를 하면서 비로소 인간 아닌 무엇이 될 수 있을 것 같다. 인간의 형상을 넘어서 출현한 익명의 생각과 욕망에 밥을 주어 거대한 힘으로 키울 수 있을 것 같다. 이 힘이 우리가 몸담은 제도와 체계를 안에서 깨뜨릴 때까지.

그래도 우리는 매우 실용적인 인문학이라는 명칭 자체를 버릴 정도로 바보는 아니다. 더 이상 얌전한 인간의 형상을 만들어주는 학문이 아니라는 이유로 학문의 이름을 새로 주조하며 시간을 허비할 게 아니라, 인문학이라는 레고 성채의 개성 있는 각각의 블록들을 분해해 우리 삶을 지나는 생각과 욕망의 복잡한 길목들 곳곳에 세워두는 것이 관건이다. 이 책으로 바로 그것을 하려 한다. 우리의 수많은 생각과 욕망이 지나가는 길에 서서 분주한 일상을 보내는 이들을 멈춰 세워 과거의 소크라테스처럼 묻고 싶다. 네가 지금 하는 일은 무엇인가, 너는 지금 잘 살고 있는가…….

　그래서 이 책은 우리 시대 지성의 초상화 여기저기에 가닿는 무수한 물음을 간직하게 되었다. 스티브 잡스, 안철수, 현대 프랑스 철학, 동양 고전, 저항의 철학, 운동으로서 사회과학, 독일어, 심리학, 과학, 대하소설, 비평, 성폭력, 영화, 시의 정치적 참여, 사도 바울, 노동자 인문학, 정신분석 치료, 지옥, 역사학, SNS, 번역 등등 우리 시대 자체를 그려나가는 모자이크 조각들 하나하나에 아름다운 서리처럼 물음이 들러붙는다. '너는 지금 잘 살고 있는가?' 왜냐하면 우리에겐 해결해야 할 문제가 눈처럼 쌓여 있기 때문이다. 여성은 보이거나 보이지 않는 폭력에 늘 노출돼 있고, 학문 세계에서는 근거 없는 권위가 숨어 있어 앞으로 나아가려는 자의 발목을 잡는다. 인문학은 붐을 타고 풍성해지지만, 이미 인문학과는 거리가 먼 처세나 실용 또는 사교 모임의 둥지가 된 것 같다. 인문학은 기업가에게 유혹받고 잡스처럼 아예 엉뚱한 탈을 쓰고 나타나기도 한다. 눈은 내리고, 저녁은 매일 매일 오늘이 너의 마지막이어도 좋은가 물으며 할 일을 재촉하지만, 눈은 쌓이고 세상은 속절없이 계속 치워야 하는 백색의 장애로 가득하다. 그래서 늘 문제는 제설차의 기동력 또는 비판 정신이다. 세상과 자신을 동시에 수리하는 '싸우는 인문학'의 정신 말이다.

이 비판의 힘으로 무장하고 우리 시대 인문학의 모든 전쟁터에 가본다. 화제 속에 팔리고(1부), 여전히 중요함에도 잃어버렸으며(2부), 곳곳에서 쟁투하고(3부), 아직 가능성으로 가득한(4부) 인문학의 전쟁터 말이다. 이 책에 등장하는 눈 내리는 벌판들이 우리 시대 인문학의 가장 절실한 주소들이며, 우리 인문학의 초상화라고 말하고 싶다. 이 책이 우리 시대의 방에 조용히 들어와 사방을 비추는 볼록 거울이라고 말하고 싶다. 물론 이 인문학의 초상화를 완성할 이는 바로 독자들이며, 우리는 그저 스케치를 한 자들이라는 사실을 잘 안다. 책을 펼친 독자의 빛만이 저 볼록 거울을 환하게 만들리라.

이 책의 기획은 《경향신문》의 '인문학에 던지는 12가지 질문'과 《프레시안》의 '절망의 인문학'이라는 연재를 통해 구체화되었다. 우리 인문학에서 절실하지만 쉽게 던질 수도 쉽게 답을 구할 수도 없었던 문제들을 살피고, 인문학 붐에 편승해 자본의 논리에 귀속되어가는 인문학에 자기비판의 거울을 들이대기 위해 만들어진 자리였다. 같은 시대에 태어나 같은 문제 앞에 서게 되었다는 이 우연의 축복 속에 인문학자들이 만났고 그 만남은 이 책으로 결실을 보았다. 좋은 글을 주시고 이 책의 최종 형태에 이르도록 가필과 수정을 공들여 반복해주신 필자들께 머리 숙여 감사드린다.

우리 시대 인문학에 대한 날카로운 문제의식 속에서 인문학자들의 말이 퍼져나갈 수 있는 자리를 마련해주고 독창적인 아이디어로 이 기획에 생기를 불어넣어준 《경향신문》의 한윤정 기자님과 《프레시안》의 강양구 기자님께도 감사의 말씀을 드린다. 편집자가 책을 세상에 던져놓는 사람이 아니라, 물웅덩이에 빠진 세상에서 귀중한 책을 건

져내 방주에 싣고 마른 땅이 출현할 때까지 숨결을 불어넣는 자라면, 이 책을 지켜 독자들에게 건네준 공로는 반비의 김희진 편집장에게 돌아가야 마땅하다. 책을 만드는 내내, 편집자는 저자의 입술 뒤에서 복화술의 형태로 또 다른 창조를 수행한다는 것을 느꼈다. 이 모든 분들 덕분에, 바다가 얼마나 매끄러운지를 아는 배처럼 이 기획은 전진할 수 있었다.

2013년 정월
서동욱

차 례

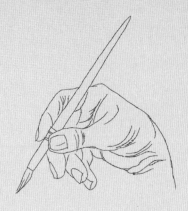

3부 | 싸우는 인문학

4부 | 가능성의 인문학

1부

팔리는 인문학

인문학의 위기라는 말은 거짓이다. 조련사들이 사람들을 긁어모으는 잘 길들여진 서커스의 곰 한 마리로 만들려고 나설 때마다 인문학은 당연히 그들을 배신했고, 조련사들은 마땅히 자신들이 감당해야 할 이 아픔에 '인문학의 위기'라는 잘못된 병명을 붙였다. 인문학은 이윤 창출을 위한 방법론이 아니다. 또한 자기가 원하는 사회적 위치를 점유하는 데 써먹을 수 있는 개인기나 스펙도 아니다. 커피 한 잔을 앞에 놓고 틀어놓는 음악 같은 위안조차 안 될 것이다. 인문학은 아마도 들여다보기 싫은 우리의 존재 조건과 우리 자신을 맞세우는 입에 쓴 약이 아닐까?

이 쓴약은 오늘날 사람들 속으로 어떻게 파고들었는가? 여기서 우리 시대에 가장 큰 관심을 모으고 있는 인문학적 쟁점들을 검토해보려 한다. 이를 통해 마치 만능열쇠처럼 작동하는 인문학이라는 단어가 어느 때 호두알처럼 야무지고 향기 나는 열매를 간직하고, 또 어느 때 공허한 바람이 담긴 주머니가 되는지 보게 될 것이다.

분야와 국적을 막론하고 최근 가장 관심을 끌었던 두 인물을 꼽자면 '스티브 잡스'와 '안철수'일 것이다. 별로 관계가 없어 보이는 이 두 사람을 하나로 꿰는 열쇳말을 찾자면 바로 '인문학'이다. 잡스는 우리 CEO들의 마음속에 혹시 잡스가 나만 모르는, 상품 개발과 이윤 창출에 이바지하는 인문학이라 불리는 마술 약을 가지고 있는 것이 아닐까, 라는 탐심을 심어주었고, 이 탐심이 하나의 동력이 되어 CEO들 사이에 인문학 열풍이 몰아쳤다. 「스티브 잡스는 인문학적 CEO인가」는 잡스로부터 비롯한 '인문학이라는 이 새로운 물신'을 폭로하고 비판한다. 「안철수는 인문학적 정치인인가」는 언젠가 '제가 인문학은 아는 데 정치는 잘 모른다.'고 말했던 안철수 현상의 신선함을 그의 인문 성향에서 발견하고 실체를 분석한다. 브라우니 강아지처럼 말이 없지만, 사실 엄청난 말이 쏟아지고 있는 안철수의 침묵의 '빈곳'이 지니는 중요한 의미를 우리는 이 글을 통해 깨닫게 된다.

「프랑스 철학은 왜 포퓰리즘이라는 의심을 받는가」는 20년 이상 우리 지성계의 지속적인 관심을 받아온 현대 프랑스 철학에 대한 오해를 바로잡고, 우리 시대의 구체적 문제들 한복판에서 프랑스 철학이 어떤 힘을 발휘할 수 있는지 보여준다. 「동양 고전은 왜 처세서로 읽히는가」는 동양 고전 열풍이 자칫 편향되고 얄팍한 처세론으로 흐를 수 있는 가능성을 경계하면서 동양 고전이 본래 처한 자리를 알려준다.

「인문학에 관한 책들은 인문학적인가」와 「인문학 교실 붐, 어떤 성과를 냈나」는 우리와 가장 가까운 인문학 현장인 도서와 인문 교육 영역을 비판적으로 진단한다. 전자는 인문학의 이름을 내건 비인문학적 도서의 정체를 폭로하며 인문학 서적의 긍정적 본질을 그리려 노력하고, 후자는 최근의 인문학 붐과 그로 인한 각종 인문 교양 교육의 현주소를 비판적으로 살핀다.

<u>1장</u> 스티브 잡스는 인문학적 CEO인가

서동진[●]

스티브 잡스가 불러일으킨 오해

실제 사정은 전연 그렇지 않다고 발끈하는 이들이 많을 테지만, 새로운 자본주의가 인문학을 끔찍이도 애호한다는 것은 너무나 뻔한 사실이다. 그리고 조금만 생각해보면 이는 엉뚱할 것도 없는 일이다. 지난해 세상을 떠난 스티브 잡스는 아이패드를 선보이는 자리에서 인문학과 기술의 교차로에 애플이 있다고 기염을 토한 적이 있다. 그런 수준의 발언은 지난 수십 년간 이름난 경영 구루(Guru)의 입에서 나날이 쏟아진 상투적인 발언이란 것은 눈 밝은 이들은 죄다 알고 있다. 그러나 아이패

● 연세대학교 사회학과와 동 대학원 박사과정을 졸업했다. 계간 《리뷰》 편집장, 《당대비평》 편집위원을 지냈고, 대안청소년센터인 하자센터 창립 멤버였으며, 웹진 《컬티즌》을 창간하는 데 참여했다. 현재 계원디자인예술대 교수로 재직 중이다. 쓴 책으로 『누가 성정치학을 두려워하라』, 『록, 젊음의 반란』, 『디자인 멜랑콜리아』, 『광장의 문화에서 현실의 정치로』(공저), 『왜, 지금 청소년?』(공저) 『자유의 의지 자기계발의 의지』, 『무언이 것이입가?』(공저) 등이 있다.

드라는 값비싼 장난감을 자랑하기 위해 잡스가 꺼낸 인문학 타령은 가뜩이나 인문학으로 밥 벌어 먹기가 어려워진 이들에게는 호재처럼 보였던 듯싶다. 아니나 다를까, 대학의 학문 시장에서 인문학이 고사될까 걱정하던 이들은 이때다 싶어 잡스의 발언을 두둔하고 선전하고 나섰다. 물론 상당한 오해에서 비롯된 일이다. 잡스가 인문학에 빚졌다고 말할 때 이는 이를테면 문사철(文史哲)을 가리키는 것이 결코 아니기 때문이다. 그가 말하는 인문학이란 이미 인간에 관한 학문으로 변신한 경영학과 기술에 관한 지식들로, 굳이 철학과 문학 따위에 신세를 질 이유가 없다. 그 자체가 이미 인문학이기 때문이다. 그가 말하는 인문학은 새로운 자본주의에 필요한 정신을 집약하는 것에 불과하기 때문이다.

자본주의 비판의 두 얼굴

프랑스의 베버주의 사회학자인 뤽 볼탕스키(Luc Boltanski)는 자본주의는 근본적으로 존립할 수 없지만 이 체제를 정당화할 수 있는 에토스를 지속적으로 생산할 수 있어 연명할 수 있다고 말한다. 그리고 이를 시테(cité)라고 부른다. 그는 자본주의가 자본에 의한 노동의 지배에 근거하기에 기원이 사악하다고 주장한다. 하지만 이 사악한 세계의 질서는 자신을 견딜 만하고 심지어 미더운 것으로 내보임으로써, 즉 자신을 정당화함으로써 존속하고 심지어 번창할 수 있다. 볼탕스키가 생각하기에 자본주의의 역사적인 운명은 바로 이를 정당화하는 에토스에 따라 달라지고 변화한다. 그는 자본주의 비판에서 크게 두 가지가 득세했다고 본다. 하나는 사회적인 비판이고 또 하나는 미적인 비판이다. 사회적인 비판이란 흔히 복지국가라고 부르는 사회국가(the social state)를 탄생시킨 독특한 자본주의 비판이라 할 수 있다. '두 개의 국가'라고 부를 만큼 자본주의는 마치 한 나라 안에 두 개의 나라가 있는 것처럼 사회를 계급 분열로 치닫게 하는 듯하다. 19세기 유럽을 뒤흔든 계급투쟁의 열풍은 틀림없이 자본주의가 언제나 반사회적임을 방증하는 것처럼 보였을 터다. 특히 사회주의에 기반을 둔 노동자운동의 등장은 세계가 화해할 수 없는 두 진영으로 분열되어 있음을 생생히 증명했을 것이다.

바로 이때 자본주의가 초래한 계급 분열과 적대를 해결하기 위해 대두된 주요한 비판 가운데 하나가 바로 '사회'란 상상력이다. 마치 하나의 유기체처럼 자체의 질서와 법칙에 따라 움직이는 전체로서의 세계란 생각은 분명 매력적이었다. 계급 분열과 대립은 사회를 불안정하게 하는 병리 현상처럼 여겨졌다. 프랑스 사회학자 에밀 뒤르켐(Émile Durkheim)이 제시했던 저 유명한 '연대'란 개념은 통합과 결속이란 관점에서 이제 막 등장했던 국민국가 형태의 자본주의 세계를 '사회'란 이미지 속에서 응시할 수 있게 했다. 바야흐로 세계를 인식하고 상상하는 새로운 지평으로서 '사회'라는 독특한 시점이 탄생한 것이다. 따라서 불평등과 착취는 사회의 안녕과 건강을 해치는 '위험'이란 견지에서 해석되었고, 사회를 성장·발전시키기 위해 이런 위험을 관리하기 위한 다양한 기술(연금, 보험, 사회보장 등)이 발명되고 확산되었다. 그리고 이러한 자본주의에 관한 사회적 비평으로부터 탄생한 것이 바로 복지국가라 할 수 있다.

반면 볼탕스키는 이런 사회적 비평과 함께 끈질기게 병존했던 또 다른 자본주의 비평의 갈래가 미적인 비판이라고 본다. 미적인 비판은 거칠게 말하자면 자본주의가 객체화, 획일화, 추상화를 통해 인간들의 삶을 소외시키는 질서라고 본다. 소외된 세계로서의 자본주의라는 초상, 즉 자기 활동의 결과가 거꾸로 자신이 살아가야 하는 바를 결정하는 소외된 세계야말로 자본주의라는 상상은 자본주의가 등장한 이래 집요하게 살아남았다. 자본주의에 관한 미적인 비판은 그 자체로 유효한 정치적인 프로그램을 가동해 자신을 실현한 적이 한번도 없었지만 그렇다고 무력했던 적도 결코 없었다. 외려 놀랍게도 동구권이 몰락하고 자본주의가 위기를 겪으면서 사회적 비판이란 것이 맥을 못 추고 패퇴한 자리에, 자본주의를 구원하는 새로운 대안으로 미적인 비판이 등장했다 할 수 있다.

때마침 자본주의를 뒤흔든 마지막 격변은 1968년 혁명이었다. 비경제적인 억압과 지배를 격렬히 성토했던 당시 젊은이들을 떠받치고 있던 것은 바로 미적인 자본주의 비판의 원리라 할 수 있다. 조직된 노동자운동 및 사회주의 정당과 지배집단 사이의 타협으로 형성된 사회국가는 이미 노쇠할 대로 노쇠한 상태였다. 안정된 직장과 연금이 있었지만 세상은 따분하고 지루했으며 멍청하고 아둔해 보였다. 앙드레 고르(André Gorz) 같은 사회주의자들은 '노동사회'란 이념에서 벗어나 새로이 생태적이고 문화적인 사회를 만들어야 한다고 앞다투어 주장하고 나섰다. 그러나 놀랍게도 그런 미적인 비판을 효과적으로 흡수한 것은 위기에 빠진 자본이었다. 라이프스타일의 혁명, 새로운 자아 찾기로 전환한 자본주의 비판은 이제 자본이 자신을 구원할 이념으로 단숨에 전환된다.

신자유주의 인간형: 예술가로서의 기업가

　이른바 신자유주의를 가로지르는 에토스는 바로 이러한 미적인 비판의 정신이라 할 수 있다. 많은 이들이 신자유주의가 애호하고 장려하는 새로운 인간 모델을 기업가(entrepreneur)라고 말할 때, 기업가란 인물의 모습은 예술가와 크게 다르지 않다. 기업가란 열정적이고 창의적이며 자발적이고 반규범적인 인물을 가리키기 때문이다. 그런 점에서 회색 정장을 입고 중역 의자에 파묻혀 이윤에 골몰하는 '조직 인간'이야말로 기업가와 가장 거리가 먼 인물이다. 이러한 기업가는 1980년대 이후 폭발적으로 증대한 경영 담론이 장려하고 선전했던 새로운 경제적 인간형이기도 했다. 그런데 이때 말하는 경영 담론은 굳이 경영학이라고 부를 필요가 없다. 예를 들어 몰입형 영어 교육이란 말로 유명해진 저 '몰입'이란 말은 놀이에 몰두한 아이들이 보여주는 자발적인 열정을 일터 안에 끌어들이기 위해 고안된 사이비 심리학 개념이다.

　몰입이나 열정이란 개념은 '근면'이나 '성실' 같은 규율을 연상시키는 개념들과는 다르다. 경영 담론은 시간에 따른 인간 동작을 연구하고 '최선의 방식(the best way)'에 따라 표준 근로 방식을 도입했던 테일러주의(Taylorism)를 격렬하게 배격한다. 조직, 관료제, 위계, 통제, 권위, 표준 같은 말은 미적인 인간에게는 견딜 수 없는 가치이자 규범인 것이다. 새로운 경영 담론은 생산성과 능률보다는 탁월함(excellence)이란 가치를 찬미했고, 이는 한국에서 우량 혹은 초우량이라는 일본식 번역어로 소개되더니 교육학을 통해서는 수월성이라는 더 희극적인 용어로 알려졌다. 이것이 경영 구루 가운데 피터 드러커(Peter Drucker)와 쌍벽을 이루는 저 유명한 톰 피터스(Tom Peters)가 제창한 개념임을 아는 이들은 그리 많지 않은 것 같다.

아무튼 새로운 경영 담론은 이제는 전과 같은 경직되고 고루한 지식의 모습을 취할 필요가 없다. 경영 담론은 거의 모든 인문학을 아우를 뿐 아니라 인문학에서 생산된 지식을 수용한다. 당장 몰입, 자기주도성, 창의성 같은 개념을 양산하고 새로운 심리 검사 모델을 도입하며 이를 교육, 경영, 행정 등 거의 모든 분야에 정착시킨 심리학 자체가 경영 담론이다. 물론 이를 거드는 문학, 예술, 철학을 비롯한 인문학적인 지식 역시 새로운 자본주의가 요청하는 미적인 자기비판에 호응해왔다. 여기서 말하는 인문학이란 창의적이고 자율적이며 자신의 가치를 실현하기 위해 분투하는 정신박약 상태의 개인을 예찬하는 이념에 다름없다. 그런데 심미적인 인간으로서 경제적 인간의 모델은 무엇보다 정보통신 분야에서 요란하게 출현했다. 빌 게이츠나 잡스는 억만장자 자본가이기에 앞서 히피 성향의 괴짜에 외곬수, 반사회적인 인물로 표상된다. 그들은 닷컴 열풍을 이끈 저 악명 높은 벤처 자본의 화신으로, 장래에 엄청난 수익을 가져다줄 창의적인 아이디어 하나로 거대 자본을 끌어들일 수 있다는 신화를 만들어냈다. 자본가는 이제 창의적인 예술가란 가면을 쓴 모험적인 사업가로 변신한 것이다.

그렇기 때문에 잡스가 애플의 혁신적인 상품은 전적으로 인문학적인 발상에 빚지고 있다고 너스레를 떠는 것은 그다지 신기한 일도 아니다. 가혹한 노동조건을 견디다 못해 잇달아 자살을 택한 폭스콘 노동자의 처지는 애플 제품을 이야기하는 데 아무런 걸림돌이 되지 않는다. 세련된 애플 숍에서 손바닥에 쏙 들어오는 '쌔끈한' 상품을 만지작거릴 때, 우리는 그것이 온갖 노동이 투입된 사물이라는 점을 분별할 수 있는 능력을 잃은 지 오래이다. 그때 상품이라는 사물은 전적으로 그것을 고안하고 디자인한 인물들에게 소속된다. 매 시즌 유명한 디자이너, 예술가와 협력을 통해 만들어졌다고 자랑하는 상품들이 진열대를 채울 때, 우리는 상품에서 정작 사회화된 노동을 보지 못한다. 그 안에 창의적인 개인의 열정과 상상력이 들어 있으리라 상상하는 것이다. 소설을 읽을 때 출판산업이 만들어낸 상품이 아니라 한 소설가의 상상력과 조우한다고 여기듯이 상품 역시 더할 나위 없이 훌륭한 작품의 모습을 띠고 우리 앞에 나타난다.

인문학은 죽었다

그런 탓에 나는 노동이라는 고역이 부재하는 것처럼 상상하게 하는 우아한 가림막이 바로 인문학이라고 규탄한다. 그러므로 'CEO를 위한 인문학 읽기' 프로그램이 성행하고 경영 스쿨이 인문학 중심으로 교과 과정을 새로 짠다고 해서 기이할 것은 없다. 그럴 만한 일이다. 하지만 인문학 애호는 여기에 그치지 않는다. 인문학은 이제 사회에서 살아가는 사람이라면 누구나 체득해야 할 에토스가 되었고, 거의 모든 것에 스며든다.

이를테면 서울형 복지란 이름으로 고안된 신자유주의적 복지정책은 '희망의 인문학'이란 프로그램을 실행한다. 물론 여기서 말하는 인문학이란 '기업가정신'을 통해 스스로 인생을 책임지고 살아가라는, 저 악

"세련된 애플 숍에서 손바닥에 쏙 들어오는 '쌔끈한' 상품을 만지작거릴 때, 우리는 그것이 온갖 노동이 투입된 사물이라는 점을 분별할 수 있는 능력을 잃은 지 오래이다. 그때 상품이라는 사물은 전적으로 그것을 고안하고 디자인한 인물들에게 소속된다."

명 높은 노동연계복지(workfare)의 복음이 스며 있다. 복지(welfare)라는 개념을 대체한 노동연계복지라는 번역하기 곤란한 신조어는, 신자유주의적 복지의 정체를 잘 보여준다. 이는 사회연대 원리에 근거하여 위험에 대처하는 책임을 공유한다는 종래의 복지를 철두철미 개인화한다. 급여, 후생, 복지 같은 '사회적인' 테크닉은 사라지고, 그 자리에는 창업, 교육, 훈련같이 기업가처럼 행동하는 개인을 제한 지원하는 신종 복지 테크닉이 들어선다. 인문학은 바로 그런 개인과 경제활동을 매개하는 윤리로 자리 잡는다. 자신을 사랑하지 않고서, 자신의 능력과 가능성을 신뢰하지 않고서 어떻게 잘 살 수 있을 것이며, 기업가적인 인물이 될 것인가? 그러므로 우리는 무엇보다 인문학을 공부해야 한다!

그러나 세간에서 말하는 인문학이 우리 삶이 어떻게 사회화되는지 응시하지 못하게 만드는 유치한 알리바이라고 규탄하는 것이 능사는 아닐 터다. 이 대목에서 우리는 수십 년 전 유행했던 '의식화'와 신세기의 '인문학 열풍' 사이의 거리를 성찰해보아야 한다. 의식화란 불온한 이념을 공부한다는 뜻이 아닐 것이다. 대학생은 물론이고 많은 이들이 이른바 불온한 사유에 귀를 기울였다는 것은 모든 사유와 정신 속에는 모순과 대립이 스며들어 있다고 믿었기 때문이리라. 이렇게 자신이 살아가는 세계가 어떻게 실존하는가를 묻는 몸짓을 통해 우리는 놀랍게도 세계를 더욱 투명하게 객관화한 것이 아니라 자신을 새롭게 주관화했다.

이는 폐소공포증적 자기 세계에 갇힌 채 세계를 망각하는 백치 같은 인문학적 자아와는 다른 인물을 만들어냈을 것이다. 지난 사회과학의 시대가 삭막하고 건조한 이념의 시대였다고 고발하는 것은 온당치 않다. 다들 알다시피 그 시대는 한국 사회에서 가장 눈부신 시의 시대이자 예술의 시대였다. 그러므로 인문학이 융성한 시기에 우리는 정작 가장 역겨운 형태의 역설을 대면한다. 이는 우리를 새롭게 주관화할 수 있는 가능성을 봉쇄해버린다. 인문학이라는 이데올로기로부터 인문학을 구제한다는 것은 난센스다. 인문학 자체란 것이 없을 테기 때문이다. 그저 세계를 달리 사유하는 방식들이 각축을 벌이는 지평이 있을 뿐이다. 그렇다면 이제는 인문학을 거부할, 아니 소멸시켜야 할 때가 아닐까. 인문학이란 물신이야말로 사유를 중단시키는 미끼이기 때문이다.

2장 안철수는 인문학적 정치인인가

한보희[•]

인문학적 정치인이라는 꿈의 언어

안철수 교수는 언젠가 '강남 좌파 아니냐'라는 질문을 받은 적이 있다. 그가 웃으면서 내놓은 대답은 이랬다. "강남에 살지도 않고 좌파도 아닌데요." '안철수는 인문학적 정치인인가?'라는 물음에도 같은 방식으로 대꾸하고 싶다. "그는 인문학에 지적 주소지를 둔 사람도 아니고, 정치를 직업으로 삼은 사람도 아닙니다." 그런데 문제가 그렇게 단순하지만은 않다. 강남에 살지 않고 좌파도 아니지만 그를 '강남 좌파'라고 보는 사람들은 여전히 많고, '안철수는 인문학적 정치인'이라고 믿는 사람들도 꽤 많다. 이유가 무엇일까? '강남 좌파'가 강남 사는 사람을 가

[•] 연세대학교 비교문학 협동과정에서 석사학위를 받았고 박사학위 논문을 준비 중이다. 옮긴 책으로 슬라보예 지젝의 『전체주의가 어쨌다구?』가 있으며 연세대학교, 한국과학기술원(KAIST), 다지원(다중지성의 정원) 등에서 강의하고 있다.

리키는 말도, 좌파를 뜻하는 말도 아니기 때문이다. 싸이의 히트곡 「강남 스타일」의 주인공 '오빠'가 그다지 강남 스타일 같지 않듯이 말이다. 나는 "근육보다 사상이 울퉁불퉁한" '강남 오빠'를 만나본 적도 없지만, 그런 사람을 만났다 한들 그를 「강남 스타일」의 '싸나이'로 기억하진 않을 것 같다. 도대체 '싸나이' 자체가 전혀 '강남스럽지' 않은 단어 아닌가. '강남 좌파'는 어떤가? 안철수는 좌파스럽지 않기에 '강남' 사람이고, 강남스럽지 않기에 '좌파'로 불린다. 결국 '강남 좌파'는 좌파 아님, 강남 아님이라는 이중부정을 통해서만 '강남 좌파'이다.

'강남에 살지 않고 좌파도 아닌' 안철수야말로 강남 좌파란 말에 들어맞는 사람일지도 모른다. '인문학적 정치인'이라는 이상한 말의 경우도 사정은 같다. 안철수는 정치인이 아니었다. 이번 대선 전까지는. 안철수는 인문학과 별 관련도 없었다. 이제껏 죽. 그런데도 불구하고 애초부터 '인문학적 정치인'으로 거론되어왔다. 기이한 일이다. 유력 대선 주자로서의 인기도 상당 부분 인문학적 이미지, 특히 '소통'과 '힐링'에 기대었던 것으로 보인다.

이상한 점은 이뿐만이 아니다. '안철수는 의과대학 출신이고, 정보통신업계 경영자로 유명해졌음에도 불구하고, 인문학적 정치인으로 받아들여진다.'는 이 이상한 사실을 대다수 사람들이 별로 이상하게 여기지 않는다. '소통'은 정보통신을, '치유'는 의사를 연상시키기 때문일까?

오늘날 인문학을 상징하는 이미지가 '소통'과 '치유'이고, 이 '소통'과 '치유'가 정보통신 기술과 의학과 자연스레 연결된다면, 이제 인문학은 정신이 아니라 물질을, 역사적이고 사회적인 인간이 아니라 생체 테크놀로지로서의 인간을 다루는 학문으로 바뀌었다는 말인가? 이 이상한 상황은 '융합'과 '통섭'의 신화에 사로잡힌 우리 시대의 지적 혼란상 탓도 있겠지만, 그건 일단 접어두기로 하자.

4대강 사업을 '녹색 개발'이라 부르는 것처럼 '강남 좌파'나 '인문학적 정치인'이란 말은, 꿈의 언어—무관하거나 모순되는 이미지들을 욕망의 논리에 따라 하나로 압축한 것—이다. '강남 좌파'라는 어떤 증상을 가리키는 언어는 외적 대상이 아니라 내적 욕망을 가리킨다. 그러므로 우리는 강남 좌파를 사회학적으로 분석하기 전에 그런 말을 만들고 쓰는 집합적 주관의 상태를 문제 삼아야 한다. 다루어야 할 문제가 바로 그 꿈의 작동이라면, 말이 안 된다거나 꿈 깨라고 야단치는 것은 번 짓수가 틀린 '지적'일 뿐이란 얘기다. '인문학적 정치인 안철수'라는 꿈의 언어도 마찬가지다. 우리는 그것이 어떤 욕망에서 나온 말인지 생각해봐야 한다.

안철수에 대한 기대가 나타남과 함께 인문학이 호출되는 배경에는 무한 경쟁, 승자 독식, 양극화, 사회의 정글화 등의 시장주의 추세에서 벗어나 '함께 사는' 세상이라는 공동체적 가치로 전환하기를 바라는, 그리고 지난 한 세대 동안의 신자유주의 드라이브로 누적된 피로—가계 부채에서 우울증에 이르기까지—에서 벗어나고 싶어 하는 국민들의 소망이 있다고 소박하게 해석해볼 수 있다.

예컨대 양극화 문제에 대해서는 오래전부터 경고음이 울려왔지만 이명박 정부 들어 아파트 값 하락과 함께 중산층이 대거 하우스푸어로 전락하면서 '1퍼센트 대 99퍼센트'라는 말이 폭넓은 공감을 얻을 정도가 되었다. 어쩌면 국민들은 이제 자신들이 '알던 것을 알 때가 된 것'인지 모른다. 한국 사회는 MB(에벙 씨)의 통치 행태—교활하게 사익을 추구해온 전과 14범이 마침내 국가라는 공적 질서를 자신의 수익 모델로 삼는 광경—에서 멘탈 붕괴를 경험하며 자신이 상상해왔던 자기 이미지의 실체를 보았다. 마치 미카엘 하네케(Michael Haneke) 감독의 「피아니스트」에서 여주인공이 내심 꿈꿔왔던 마조히즘적인 판타지가 실제로 실현되었을 때 받는 충격이 이와 비슷할까.

'대한민국'의 성공 신화는 정확히 MB(이명박)의 성공 신화—가난한 집안의 자식으로 태어나 어렵게 공부해 명문대학에 진학하고, 평범한 신입사원으로 입사해 기업과 함께 승승장구하다가 사장이 되고, 정치에 입문해 국회의원과 서울시장을 거쳐 마침내 대통령에 오르는 한 남자의 이야기—이다. 이명박은 '대한민국'의 인격화이며 자화상인 것이다.

지금은 아무도 믿고 싶어 하지 않지만 이명박이 대통령이 되던 5년 전만 하더라도, 그런 신화적 스토리에 공감하든 공감하지 않든, 누구나 인정은 했었다. 방송 3사의 9시 뉴스에서 BBK 관련 동영상을 보고도 이명박을 대통령으로 당선시켜준 이들은 다름아닌 대한민국 국민들이다. 그때 잃어버린 것은 이명박이라는 주어뿐만이 아니라 대한민국의 주체성 자체였던 것이다. 이후 '나가수'를 비롯해 '나는 ~이다'라는 식의 유행어가 홍수를 이루었는데 이는 뒤늦게나마 잃어버린 주체(주어)를 되찾으려는 시도가 아니었을까? 드라마 「추적자」의 마지막 장면에서 국민들은 유력 대선 후보의 범죄적 위선을 목격하고 대거 투표장으로 달려가 그를 낙선시키고 징벌한다. 많은 시청자들이 열광했던 결말은 국민들 자신이 5년 전 저질렀던 과오—부정의와 부패에 대한 노골적 묵인—를 만회하려는 심리의 투영이 아닌가.

2012년 대선의 진짜 이슈

5년 후, 유력한 대권 주자들, 그러니까 박근혜, 문재인, 안철수 등이 모두 나름대로 이명박과의 대척점에서 자신의 정치적 이미지를 형성했는데 이는 우연이 아니다. 그것은 새로운 신화에 대한 갈망이었다. 하지만 주의할 지점이 있다. 안철수는 이명박과 반대되는 퍼스낼러티를 가진 사람처럼 보이지만, 성공 신화에 휩싸인 인물, 게다가 경영자 출신이라는 점에선 일치한다. 안철수에 대한 국민의 열망은 한편으로는 변화의 욕망이지만 다른 한편으로는 여전히 성공한 자, (부와 학력 등의 자본을) 가진 자로 자신을 재현·대표하고 싶은 욕망이다. 물론 수단과 방법을 가리지 않고 불도저처럼 밀어붙여 성공한 자가 아니라, 공정한 룰에 따라 '모범적으로' 성취한 자를 바라며 이번엔 덕성과 인간미까지 갖추기를 바란다. 한국의 유권자들은 '건전한 시장주의', '따듯하고 인간적인 자본주의',《조선일보》가 (일종의 알리바이, 아니면 '이미지 세탁' 차원에서) 밀고 있는 '자본주의 4.0' 따위를 욕망하는 것 같기도 하다.

그런데 자본주의가 신자유주의적인 냉혹한 이윤 추구 기계에서 하루아침에 정반대 이미지, 따듯하고 인간적이며 공정한 신사로 변할 수도 있다면, 그래서 자본주의 1.0, 2.0, 3.0, 4.0, 5.0⋯⋯으로 무한히 이어질 수도 있다면, 이 경우 자본주의란 대체 무엇인가? 인간 문명과 동의어인가? 아니면 인간들이 적응하고 변화시킬 수는 있지만 결코 벗어날 수 없는 자연환경 같은 것일까? 이러한 자본주의의 자연화는 무엇을 뜻하는가? 자본주의는 인간의 본성이라는 뜻인가? 우리는 어떻게 그것을 넘어설 수 있는가?

"안철수 현상의 핵심에는 태풍의 눈 같은 '빈곳'이 있다. 안철수가 채우려 하지만 잘 안 되는 그 '빈곳', 답하려 하지만 답할 수 없는 그 '물음의 자리'를 통해, 사람들이 비로소 정치적 소통을 해볼 수 있겠다는 생각이 든다."

우리에게 절박한 현안으로 다가오는 이 물음은 대선의 이슈가 되지는 못했지만, 이제라도 어떤 방식으로든 다루어야만 한다. 사실 복지, 정의, 공정, 기업의 사회적 책임, 경제 민주화, 공공성의 회복 같은 이슈들의 배후에는 자본주의적 시장주의에 대한 강력한 회의가 도사리고 있지 않은가.

대선 주자들의 공통된 공약들이나 『안철수의 생각』(제정임 엮음, 김영사)—부제는 "우리가 원하는 대한민국의 미래 지도"이다—의 기본 방향과 어조는, 2008년 금융위기 이전까지만 해도 반시장적이고 반자본주의적이라고 배척당하지 않았던가. '경제 민주화'니 '동반 성장'이니 하는 말들에 대해 재벌 회장들이 보여준 불쾌한 반응, "공산주의 하자는 것인가?", "그런 말이 무슨 뜻인지도 모르겠다." 등은 사태의 본질을 오히려 잘 드러내지 않는가.

안철수 현상을 만들어낸 거대한 구멍

대선의 결과와 무관하게, 그간 억지로 틀어막고 악화시켜온 한국 사회의 문제들—특히 부동산과 가계 부채 문제—이 배탈 난 사람 설사 터지듯 급격히 터져 나올 가능성이 높다. 실제로 구제금융을 받게 되든 아니든, 'IMF 시즌 2'라 불릴 만한 공황에 가까운 사태가 전개될 가능성도 농후하다. '우리에겐 공황이 이미 진행 중이다, 내내 진행 중이었다.'고 말하는 사람들도 아주 많다. 문제는 그에 대한 대응의 주도권을 누가 쥐느냐이다. 그런 맥락에서, 안철수 현상에는 기대를 걸어볼 만한 아주 독특한 면이 있었다. 국민들이 '관전'만 하고 있을 수 없게 만드는 지점, 안철수의 유보적 침묵이 바로 그것이다. 가장 유력한 대선 후보임에도 불구하고 안철수는 출마 선언 및 선거 운동, 그러니까 정당 구성이나 정치 세력화 시도 등을 일절 하지 않았다.

신비주의 전략인가? 그렇진 않은 것 같다. 사람들은 오히려 거기서 새로운 정치, 모바일 네트워크에 기대는 새로운 시민 정치와 민주주의의 가능성을 보고 싶어 했다. 나는 다른 해석을 해보려 한다. 안철수가 인문학적 정치인이냐는 물음이 주목해야 할 지점도 여기일 것이다.

언론은 안철수의 유보적 침묵에 안달을 냈지만, 정작 안철수 자신은 자신을 호명하는 어떤 부름(calling)에 히스테릭한 반응을 보였다.

> 총선이 예상치 않게 야권의 패배로 귀결되면서 나에 대한 정치적 기대가 다시 커지는 것을 느꼈을 때 사람들이 무엇을 원하는지, 이 열망이 어디서 온 것인지에 대해서 무겁게 고민하지 않을 수 없었다.
>
> —『안철수의 생각』

그는 사람들에게 자신을 호명한 까닭을 물었다. 정치공학적인 연출이 아니라 진심으로 묻는 것 같다. "왜 나를 부르는 겁니까? 나한테 원하는 게 무엇이죠?" 그는 국민을 큰 타자처럼 대한다. 이런 자세, 이 물음의 진지함이, 여러 실망스러운 점들—명예 타령, 사실이더라도 굳이 그걸 자기 입으로 말하다니 낯간지럽다고 여겨지는 생의 이력들, 역사의식의 깊이, 한국 사회의 문제들에 대한 '모범생' 같은 답변 뒤에 있어야 할 고뇌나 배제된 자들에 대한 공감의 결여 등등—에도 불구하고

'안철수 현상'에 기대를 걸게 했다.

어떤 기대인가. 안철수가 대통령이 되면 잘할 거라는 기대가 아니었다. 그가 대통령이 된다면, 기성 정치판에선 기대하기 어려운 사태들, 연출되지 않은 일들이 많이 벌어지겠다는 생각이었다. 그렇다. 안철수 현상의 핵심에는 태풍의 눈 같은 '빈곳'이 있다. 안철수가 채우려 하지만 잘 안 되는 그 '빈곳', 답하려 하지만 답할 수 없는 그 '물음의 자리'를 통해, 사람들이 비로소 정치적 소통을 해볼 수 있겠다는 생각이 든다.

"나에게 무엇을 원하는가?"라는 물음은 타자의 장(場)에서 발생하며, 기존 상징 질서가 깨지는 간극에서 나타난다. 시쳇말로 멘붕 상태에서 떠오르는 말이다. 그런 물음이 발생하는 '빈곳'은 인문학적 사유가 돌아가는 바퀴축의 구멍 같은 것이다. 정치 영역에서 그런 구멍이 유력 대선 후보의 입을 통해 계속 흘러나오는 것은 분명 어떤 징후를 드러내는 사태다. 그는 자신이 "국민들의 목소리를 전하는 울림통"으로서의 소임을 다하고 있다고 말하는데, 안철수 현상을 통해 분명히 입을 벌린 한국 사회의 저 정치적 '빈곳'은 앞으로도 계속 열려 있어야 하며, 우리는 바로 그 '빈곳', 새로운 정치적 상상력이 펼쳐지는 장에 개입해야 한다.

> 열패감에 사로잡혔던 20~40대들이 서울시장 선거 등을 거치면서 '내가 인생의 주인이 될 수 있구나' 하는 생각을 가지게 됐다는 분석이 있던데, 이런 변화에 약간은 기여를 한 것 같아 보람을 느낍니다.
>
> ―『안철수의 생각』

이 적절한 말을 이렇게 고쳐 이해하고 싶다. 안철수 현상을 만든 것은 대한민국이라는 정치체에 뚫린 거대한 상처이자 구멍이다. 안철수는 섣부른 출마 선언과 공약들로 구멍을 메우는 대신 유보적 침묵과 조심스런 물음을 통해 그 구멍을 '무대'로 만들어주었다.(이는 출마 선언과 대선 레이스, 후보 사퇴 및 문재인 지지 활동 등에서도 꾸준히 유지된 '안철수식 정치'의 방향성이다.) 정치 주체가 되어 그것을 채워야 할 사람은 우리이며 우리의 삶-정치이다. 안철수는 그런 무대를 만드는 데 기여를 했고 보람을 느낄 자격이 있다. 안철수 현상은 국민 자작극이며, 서막을 훌륭히 소화한 안철수에 이어 무대에 오를 자는 안철수가 아니라 국민 자신이다. 비극이 될지, 사이코드라마가 될지, 서사시가 될지 알 수 없다.

대선 이후, 안철수와 브라우니

  이 글을 처음 쓰기 시작한 2012년 9월 무렵과 지금은 상황이 많이 달라졌다. 안철수는 대선에 출마했다가 문재인을 지지하며 사퇴했고, 박근혜와 문재인으로 압축된 선거전은 여당의 집권연장—이른바 '이명박근혜 시즌2'—으로 일단락됐다. 대선 직후 언론 인터뷰에서 안철수는 선거결과와 상관없이 정치인으로 살겠노라는 이전의 공언을 재확인했다. 그가 '인문학적' 정치인인지는 몰라도 '정치인'이라는 점에는 논란의 여지가 별로 없는 셈이다. 정치인 안철수의 향후 행보가 어떤 것일지는 알 수 없으나 "인문학적 정치인이란 무엇인가?"라는 문제가 사라지거나 해소된 것은 아닐 테다.
  안철수의 정치개혁과 미래 비전은 매우 중도적이고 양가적이다.『안철수의 생각』은 기존의 대한민국에 대해 '구체제'라는 비판을 서슴지 않지만, 대한민국의 과거와 현재에 래디컬한 불화의 포즈를 취하기보다는 선택적 친화성―좌와 우를 아우르는 중도 또는 실용적 개혁 지향―을 보여주고 있다. '새로운 대한민국'을 얘기하지만, 미래에 대한 그 열정(인기)은 방향성 없이 시끄러운 공회전처럼 보이기도 한다. 기어를 중립에 놓고 엑셀레이터를 밟은 것과 비슷하다. 굉장히 요란하지만 차는 움직이지 않는다.

안철수 현상은 한국 정치 지형에 태풍의 눈처럼, 주위에 엄청난 소용돌이를 일으키는 고요의 지점을 만들어냈다. 하지만 그것이 단순한 중도 노선이나 아무 내용 없는 중성성이 아니란 점에 각별한 주의가 필요하다. 이 '소란스런 고요'의 지점이 어떤 정치-사회적 성격을 갖는 것인지 잘 보여주는 또 다른 사례는 「개그 콘서트」의 아이돌 '브라우니'다.(인기 코미디 프로그램인 「개그 콘서트」의 '정여사' 코너에 등장하는 이 장난감 개가 어떻게 한국 사회의 계급 갈등이라는 사회적 '트라우마'를 커버(cover)함으로써 의미를 획득하고 인기를 얻는지에 대해서는 계간 《아시아》 2013년 봄호에 실릴 필자의 글을 참조하기 바란다.) 간단히 말자하면 브라우니는 계급 갈등을 '가리(키)는' 반창고이다. 뭔가 대단한 일을 한 것 같지만 아무것도 하지 않은(혹은 그와 정반대로 '아무것도 하지 않은 것 같지만 뭔가 대단한 일을 했다.'는 말도 참인) 안철수 현상의 의미론적 위상도 브라우니와 같다. 물론 안철수의 경우엔 자신의 애매한 침묵과 모호한 행보를 무대로 만들어 대중의 실제적 정치참여를 유도해냈다는 점에서 브라우니와는 다르다. 이번 대선에서 안철수는 '브라우니의 트라우마'를 부동의 침묵 상태에서 최소한의 말과 행동들로 끄집어내는 데까지는 성공했다.

이처럼 '안철수 현상'은 한국 국민들이 자신의 정체성의 심부에서 발견한 균열과 간극을 '가리면서 가리키기' 위해 벌인 자작극이다. 안철수 현상이 가리(키)는 무언가란 한국 사회를 더 이상 하나의 정치적 공동체로 볼 수 없게 만드는 적대적 간극이자 계급적 균열이다.(이 간극을, 하나의 원을 둘로 쪼개는 선을 위에서 내려다보는 것처럼 이미지화해선 곤란하다. 그 균열의 간극은 자신이 누구인지에 관한 국민적 앎(상식)을 현기증 속에서 잃어버리게 만드는 심연 같은 것이어서, 그것을 객관적으로 조망할 제3의 지점이나 초월적 시선 같은 것은 없다. 이런 영도의 지점에서 중도니 통합이니 하는 말들은 맹랑한 허구로 간주될 뿐이다. 문제는 그것이 허구라는 점이 아니라 더 이상 아무런 실효적 힘도 갖지 못하는 허구라는 사실에 있다.) 무엇이 그런 간극을 만들었나? 북괴인가? 종북 세력인가? 아니다. 오늘날 양극화에 관해 누구나 인정하고 있는 바대로, 바로 한국 사회의 자본주의적 작동 원리 그 자체에 의해 그런 간극과 균열이 구조적으로 생산되고 확대·심화되고 있다. '종북'이라는 말이 그토록 트라우마틱한 것은 외적 위협의 실제성 때문이 아니라 그것이 우리 자신, 즉 국민의 존재 (불)가능성에 관한 내적 모순을 '가리(키)는' 말이기 때문이다.

인문학과 정치가 공속(共屬)되는 물음 앞에서

카를 슈미트(Carl Schmitt)는 '정치적인 것'을 적과 동지의 구분이라고 간단히 규정한 바 있(는데 바로 그 구분의 결단이 정치의 자리)다. 이때 적은 사사로운 적이 아니라 공적인 적(public enemy)이다. '나'를 공격하는 자가 아니라 '우리'를 위협하는 자이다. 그러므로 공적(公敵)에 대한 규정은, 역방향에서 볼 때, 지켜야 할 '우리'(우리 모두의 것인 공적인 것, res publica)를 규정하는 일이기도 하다. 여기에는 묘한 순환논리가 들어설 수 있다. '적은 누구인가? 우리를 위협하는 자이다. 그러면 우리란 무엇인가? 적에 의해 위협당하는 자이자 함께 대적하는 자들이다.' 이런 순환논리는 '우리', 즉 '동지들의 공동체'가 부정에 의존해서만 긍정(규정)된다는 것을 뜻하며, 이때 정치란 자기-규정의 공허를 외부의 실체에 대한 부정(적 규정)으로 대체하는 일이 된다. 정치에서 실재하는 것은 '적'이 아니라 (우리(我)를 실체화하고 존속시키기 위한) '적의 필요성'이다. 나와 타자의 분별이 자기-의식의 발생에 필수적이라면, 우리-의식의 발생에는 동지('우리')와 적('타자')의 분별이 필수적이라는 점에 인간의 정치적 공동체가 갖는 근본적 한계와 위험이 존재한다. '우리'란 것이 존재하기 위해서 적은, 만약 그런 게 없을 경우, 발명이라도 해내야 할 무엇이란 얘기다. 이처럼 정치적인 것은 의식적인 것의 확장판이며, 의식적인 것은 정치적인 것의 축소판이다. 어떤 게 먼저인지 알 수가 없다. 의식적인 것이 개체발생의 수준에서 일어난다면, 정치적인 것은 계통발생의 수준에서 일어나는데 개체발생과 계통발생은 '닭이 먼저냐, 달걀이 먼저냐?'처럼 확정짓기 곤란한 문제인 것이다. 하지만 보다 중요한 물음은 어떤 것이 선행하느냐가 아니라, 정치적인 것의 근본적 한계와 위험에도 불구하고 인간이 여전히 오직 정치적 공동체—넓은 의미에서 보자면 '문명'이란 것—를 구성함으로써만 자신을 구성해 살아갈 수 있다는 운명이다. 인문학은 인간의 그런 정치적 운명에 대한 긍정이자 비판이다.

　내가 '인문학적 정치인'이라고 부를 사람은 인문학적인 소양이 풍부한 정치인이 아니며, 그가 하는 정치의 내용과 형식이 인문학적 풍취를 갖는다거나—예컨대 매년 고풍스런 사자성어로 한국 사회의 한 해를 정리하는 교수들의 '점잖은' 정치 행위 같은 것—그의 정책이 학술을 장려하고 문예를 부흥시킨다는 뜻도 아니다. 인문학적 정치인은 인문학적인 의미에서 정치의 자리에 서는 사람이다. 정치의 자리란 제도권 정치가 아니라 정치라는 "인간적인, 너무나 인간적인" 사태의 근원적 발생 지점을 가리킨다. 인문학적 정치는 (제도나 질서로서의) 정치 이전의 것이며 동시에 그런 현실 정치들의 근원적 발생처이다. 집합적 자아인 '우리'가 기성의 자기에 관한 앎을 (잃어)버리고, 자기에 관해 스스로 (되)묻고 (되)찾는 자리, 이것이 정치가 자신의 근원으로 돌아가 맞닥트리는 물음의 자리이며, 인문학이 인간에 대한 인간 자신의 물음을 본질로 하는 성찰적 노동인 한에서, 인문학과 정치가 공유하는 공통의 자리이다. 인문학적 정치란 바로 그런 자리에 과감히 서려는 자의 과업이다. 무(無)—계급과 적대라는, 공동체의 자기-앎이 허위이자 무인 것으로 판명되는, 심연— 앞의 단독자가 두려움과 떨림 속에서 무 너머에서 오는 자를 예감하는 것이다. 대선은 끝났지만 그런 두려움과 떨림의 진폭은 나날이 커지고 있다. 공포와 전율을 진정시키려면, '더듬거려 옆에 있는 자의 손을 꼭 잡으라!' 이것이 정치의 첫 선언이라면, 거기에 덧붙일 인문학의 마지막 충언은 다음과 같으리라. '그러나 무에서 눈을 떼지는 말라!'

3장 프랑스 철학은 왜 포퓰리즘이라는 의심을 받는가

서동욱 ●

현대 프랑스 철학의 상륙을 회상하다

프랑스에서 배가 들어오면 항구에 샤넬이나 루이비통 같은 명품만 내려놓는 것은 아니다. 철학 책들이 기왓장처럼 쏟아진다. 그 책들은 익숙지 않던 아주 새로운 형태의 무엇이라서, 사람들은 책 냄새를 향수 냄새로 착각했고, 철학의 우아한 구조를 모델들의 걸음걸이로 잘못 봤다. 이 책들이 목소리를 냈을 때 그것은 똑 부러지는 철학의 목소리가 아니라 흐리멍텅한 노랫소리로 들렸고 그래서 얼치기 시인의 작품으로

● 벨기에 루뱅 대학 철학과에서 석사와 박사 학위를 받았다. 1995년 《세계의 문학》과 《상상》 봄 호에 각각 시와 평론을 발표하면서 책을 쓰기 시작했다. 쓴 책으로 『차이와 타자』, 『들뢰즈의 철학』, 『일상의 모험』, 『익명의 밤』, 『철학 연습』 등이 있고, 시집으로 『랭보가 시 쓰기를 그만 둔 날』, 『우주전쟁 중에 첫사랑』이 있다. 역서로는 들뢰즈의 『칸트의 비판철학』, 『프루스트와 기호들』, 레비나스의 『존재에서 존재자로』 등이 있다. 현재 서강대 철학과 교수로 있으며 계간 《세계의 문학》 편집위원으로도 활동 중이다.

낙인찍혔다. 한마디로 날티나는 애들의 겨드랑이에 끼워진 책? 강아지도 개집에 한권 놓아두고 송아지도 우유 광고에 한권 들고 나오는 포퓰리즘? 이것이 1980년대와 1990년대 우리나라에서 현대 프랑스 철학이 얻었던 한 가지 이미지다. 이 정도면 거의 철학의 수치 아닌가?

그런데 역사를 돌이켜 보자면, 한국전쟁 후 사르트르의 실존주의가 지성계를 건드렸을 때 문화의 표면 전체에 거대한 동심원이 퍼져나갔던 것처럼 프랑스 철학은 상륙할 때마다 대중적으로 넓은 파급력을 자랑해왔다. 장용학 같은 1950년대 중요 작가가 사르트르의 『구토』에서 직접적인 영향을 받아 작품을 썼으니, 우리 문화의 전개 과정에 프랑스의 철학적 사유는 깊이 개입해왔던 셈이다.

1980년대와 1990년대에 무엇이 그런 넓은 동심원을 한국인의 마음에 일으켰는가? 나이 든 실존주의의 영토를 접수하고 상륙한 이 철학은 미셸 푸코(Michel Foucault)와 자크 데리다(Jacques Derrida)에 대한 관심에서 시작해서 질 들뢰즈(Gilles Deleuze)의 책이 인문 예술의 전 영역에 반주(伴奏)를 넣던 2000년대 초중반부터 절정을 구가했다. 명칭의 관점에서 본다면, 포스트모더니즘, 구조주의, 포스트구조주의, 해체주의 등등 말도 많고 탈도 많은 이름들이 이 철학의 표면에 자석처럼 붙었다 떨어졌다 하며 대중들을 헷갈리게 했다. 저 명칭들이 무슨 의미인지, 또 프랑스 철학 전반을 대표하기에 적합한지 따져나가다 보면 계절이 바뀌고 해가 바뀔 것이다. 다만 저것들은 '인간의 죽음'을 공통적으로 이야기하고 있다는 점만 말해두자. 옆집 사는 김씨가 교통사고로 죽었다는 식의 인간의 죽음을 말하는 게 아니다. 역사의 마지막에 놓여 있는 유토피아적인 인류 사회의 골인 지점을 향해 능동적으로 세상을 변모시켜가는 인간의 이성이 신뢰를 잃게 되었다는 뜻이다. 그래서 가뜩이나 안 좋은 프랑스 철학의 인상에 미운털이 또 박힌다. 인간의 이성과 그것이 떠밀고 가는 인류의 발전을 의심해?

그래서 이제 프랑스 철학의 확실한 적들이 포진하게 된다. 도사님, 말씀 좀 쉽게 하셔!(주로 논리적 분석을 중시하는 쪽에서 들려온 욕), 이성을 부정하면 뭘 갖고 사유하냐? 역사는 이성이 시행착오를 겪으며 자신이 누구인지 알아가는 과정이야.(독일 근현대 철학 쪽) 도대체 너희들은 윤리가 뭔지나 알아? 으윀 퇴폐적이야!(여러 학문들의 배후에 면면히 흐르는 도덕적 이미지의 관점) 프랑스 철학은 1990년대를 전후로 이런 식의 물음과 그로 인한 크고 작은 논쟁을 파리 떼처럼 끌고 다녔다. 이런 논쟁들은 왜 일어났을까? 그리고 극복되었을까?

오늘날 우리 인문학계는 20여 년 전보다 프랑스 철학에 대해서 훨씬 많은 것을 알고 있다. 또한 수많은 인문 예술 분야에 프랑스 철학은 예전보다 더 많은 이론적 영양분을 공급하고 있다. 학생 시절, 철학자라면 푸코와 들뢰즈밖에 없는 줄 알았다던 어느 네티즌의 말이 시사하듯 프랑스 철학이 대중적인 성공을 거두었다면, 그만큼 책임 있게 그 허와 실을 짚어보아야 하리라. 그러니 위와 같은 해묵은 의혹들을 오늘날 다시 정리하면서 프랑스 철학의 위상을 보다 정확히 헤아리는 계기로 삼아도 좋지 않을까?

텍스트의 난해함, 이성의 부정, 도덕의 부재?

종종 프랑스 철학 텍스트의 독해 자체에 대해 어려움을 토로하는 경우들을 본다. 한때 이 문제의 어이없는 주범은 질이 안 좋은 번역들이었는데, 이 문제는 좋은 번역을 새롭게 내놓고 있는 젊은 학자들에 의해서 점점 개선되는 추세다. 이런 문제와 별도로 프랑스 철학자들의 독특한 수사법은 노엄 촘스키(Noam Chomsky) 같은 미국 학자를 화나게 하기도 했다. 사실 화려한 수사는 어디에나 있다. 가령 독일 관념론의 대표자 헤겔은 『정신현상학』(임석진 옮김, 한길사)에서 "표상에 매몰되어 있는 의식은 방뇨 작용과 맞먹는 의식인 셈이다."와 같은 기괴하고 익살스러운 수사를 구사하기도 했다. 이런 수사의 껍질을 깨고 들어가 사유의 알맹이를 꺼내는 수고는 정도의 차이는 있을지언정 사상의 금광을 향한 갱도 앞에 망연히 선 모든 독서가들에게 요구되는 것이리라.

정작 중요한 문제는 개념이나 사고방식의 구조 자체가 도무지 입장을 허락하지 않는 경우다. 이럴 때 이해에 실패한 지성의 자리로 상상력이 기어 들어가 한 편의 소설을 쓰면서 철학 책 독해를 완전히 망쳐놓는다. 심각한 이해 불능은 대개 텍스트 배후에 놓였던 사상가들이 충분히 알려져 있지 않았던 데서 기인했다. 가령 들뢰즈의 배후에는 스피노자와 베르그손, 그 밖에 비교적 덜 알려진 펠릭스 라베송(Félix Ravaisson) 같은 고전 철학자들이 있다. 이런 고전 철학을 매우 독창적으로 해석하고 그 위에 다시 자신의 독창적인 사상을 세우는 것이 프랑스 철학의 두드러진 스타일 가운데 하나다. 독창적인 현대 사상 배후에 고전 철학에 대한 독창적인 해석이 또 한 겹 놓여 있으니 중층적으로 어려울 수

"프랑스 철학의 국경은 죽은 외국 사상가들을 깨워내는 방식으로도 계속 이동하며 넓어진다. 납골당의 상자들이 모두 열려 철학자의 유령들이 공중 곡예를 하는 가운데, 발터 벤야민이 다시 읽히고 스피노자가 재탄생한다."

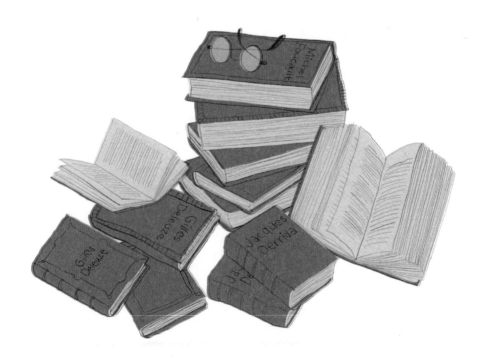

밖에. 오늘날 많은 연구자들이 스피노자, 칸트, 헤겔, 하이데거 등의 고전 철학에 대한 전문 지식을 배경으로 프랑스 철학에 접근하면서, 해괴한 듯 보이던 사유는 해괴하지 않은 것으로, 난해한 개념들은 이해할 만한 것으로 자리를 찾게 되었다.

다음으로, 프랑스 철학을 인류 행진의 동선(動線)으로 선택하는 것을 꺼리게 하는 한 가지 이유는 바로 이성의 힘을 저버리는 데서 온다. 이성을 저버리고서 어떻게 생각을 한단 말인가? 이런 의혹은 '이성'과 '생각'이 당연히 서로 동일하다는 오해에서 비롯한다. 칸트 이후 서구 근대 철학에서 이성은 특별한 의미를 부여받았다. 한마디로 그것은 궁극 목적에 비추어 인간사 '전체'를 사유하는 능력이다. 인간사는 균열로 가득 차 있다. 가령 몸이 '하고 싶은 것'과 마음이 '해야 한다고 의무로 받아들이는 것' 사이의 균열. 이성은 이런 모순들을 하나하나 통일해서 아무런 갈등이 없는 최종 지점(궁극 목적)으로까지 전진해 나아간다. 이런 이성의 삶을 그려나가는 것이 근대 철학의 과제였다.

프랑스 철학은 바로 이런 이성을 부정하며, 이성으로부터 해방된 사유의 초상화를 그리고 싶어 한다. 이성이 사라진 곳에서 사유는 기계론적 인과성의 형태를 띠기도 한다. 또 이성의 법칙 대신 '우연성'이 어떻게 삶 안에 침투하는지 밝혀지기도 한다. 그렇게 하여 이성의 추상적인 행보 대신 삶의 구체적인 국면들이 모습을 드러내는 것이다. 궁극 목적을 향한 꿈을 상실한 이 삶은 저주받은 삶 아니냐고? 인간의 역사가 완성되는 목적지에 이성이 단계적으로 우리를 데려다줄 것이라는 약속 대신에, 프랑스 철학은 메시아적 사건의 급작성(레비나스, 데리다)에 몰두하면서 우리에게 미래를 열어준다. 지리멸렬한 역사를 갑자기 단절시키고 우리를 새로운 차원으로 이동시키는 메시아적 사건, 계산할 수도 측정할 수도 없는 삶의 선물 말이다.

또한 사람들은 프랑스 철학은 윤리의 문제에 등 돌린 철학이 아닌가 하는 의혹의 눈길을 던졌다. 여기에도 칸트의 정언명법 같은, 이성이 스스로를 다잡을 수 있는 도덕법칙이 있는가? 이성을 불신하게 되었다면 이성의 법칙에 의존하지 않고서 윤리를 수립해야 하는데 그것이 어떻게 가능할까? 몇 가지 예를 들어보자. 푸코는 '실존 미학'이라는 이름 아래 이 문제에 답했다. 보편적인 법칙에 삶을 종속시키는 것이 아니라, 자유인으로서 획일화될 수 없는 독자적인 삶을 창안해내는 방식이 실존 미학이다. 또 에마뉘엘 레비나스(Emmanuel Levinas)는 '상처받을 수 있는 가능성'이란 화두 아래 윤리에 대해 생각했다. 나와 윤리적 관계를 맺는 타인은 추상적인 어떤 것이 아니라, 유일무이한 단독자다. 바로 이 단독성이 타인을 윤리적으로 존중하는 이유가 되는 것이다. 그런데 우리에게 타자의 단독성은 어떻게 주어지는가? 보편화하고 추상화하는 이성이 아니라, 오감의 바탕에 있는 '감성(sensibility)'을 통해 주어진다. 이성은 개별적인 것을 일반적인 것으로 추상화하는 데 능하지만, 감성은 사물의 개별성을 그대로 보존한다. 이런 감성에 무엇과도 바꿀 수 없는 단독성을 지닌 타인이 '마음 아픔' 같은 상처(trauma)를 냈을 때 비로소 윤리적 행위는 시작되는 것이 아닌가? 이런 타인의 출현과 그에 대한 '환대'라는 윤리적 주제를 데리다는 세계 정치적인 맥락으로 확장하여 외국인에 대한 환대의 정치학을 꾸미기도 했다.

현재의 프랑스 철학

결국 프랑스 철학은 인간의 다른 모든 진지한 노력과 마찬가지로, 어영부영 대중의 입맛에 영합하는 학문이었던 적이 없다. 그것은 '이성적' 인간 '이후' 인류가 가질 수 있는 새로운 사유 형태를 발견하려는 실험이고, 윤리적 물음에 진지하게 응답하려는 시도다. 이런 시도가 대중들 속에서 지속적으로 힘을 발휘하는 것은 무슨 까닭일까? 영화를 이해하기 위해서 또는 문학작품을 분석하는 실마리를 찾기 위해서 사람들은 꾸준히 프랑스 철학자들의 책을 펴든다. 삶의 여러 영역을 파고드는 프랑스 철학의 이런 파급력은, 가장 구체적인 삶의 양상에 밀착하려는 이 철학의 특성 때문일 것이다. 가령 '애무'가 무엇인지, '얼굴'이 무엇인지 묻는 구체성. 이 구체성은 프랑스 철학자들이 즐겨 자신의 실험실처럼 이용하는 문학작품들이 제공하기도 한다. 이들은 문학이 열어 보이는 삶의 생경한 장면들을 광산의 보물처럼 채집하는 습성을 독특한 개성으로 간직하고 있는 것이다.

철학자 알랭 바디우(Alain Badiou)는 인류 사상사에 흔치 않았던 특별히 주목할 만한 세 순간을 이렇게 꼽는다. 플라톤과 아리스토텔레스가 대표하는 고대 그리스 철학(기원전 3세기에서 5세기), 칸트에서 헤겔에 이르는 독일 관념론(18, 19세기), 마지막으로 20세기 프랑스 철학. 지상의 영원한 암벽에 황금 문자로 새겨진 것 같은 저 위대한 두 순간과 동등한 위치에 프랑스 철학을 자리 잡게 한 힘은 무엇인가? 학교에서 가르쳐준 것 같은 정해진 사유의 틀을 벗어나 늘 사유 자체를 새롭게 창조하고자 하는 노력이리라. 이 노력을 발생시킨 토양은 흔히 68혁명이라 부르는 것으로, 모든 가치를 새롭게 정립하는 이 정치적 토양을 프랑스 철학은 잊은 적이 없다. 그런 까닭에 사람들은 더불어 사는 공동체의 정치적 위기가 도래할 때마다 프랑스 철학을 소환해 말상대로 삼는 것이 아닐까?

프랑스 철학은 오늘날 계속해서 자신의 국경을 지워나간다. 프랑스 철학이 국경 바깥에서 다시 큰 나무로 자라기 때문이다. 가령 슬로베니아의 슬라보이 지젝(Slavoj Žižek)은 자크 라캉(Jacques Lacan)의 씨앗들이 마르크스주의의 화단에서 잘 피어나도록 매일 아침 물을 준 결과 중요한 정치철학적 논제를 제시할 수 있게 되었다. 이탈리아 철학자 조르조 아감벤(Giorgio Agamben)은 푸코의 '생명 정치' 속에서 영감의 한 줄기를 끌어내 유명한 '호모 사케르(Homo Sacer)'의 주제를 발전시켰다.

프랑스 철학의 국경은 죽은 외국 사상가들을 깨워내는 방식으로도 계속 이동하며 넓어진다. 납골당의 상자들이 모두 열려 철학자의 유령들이 공중 곡예를 하는 가운데, 발터 벤야민(Walter Benjamin)이 다시 읽히고 스피노자가 재탄생한다. 두 철학자의 르네상스는 데리다, 들뢰즈, 에티엔 발리바르(Étienne Balibars) 등 수많은 프랑스 철학자들의 이름을 거친다. 고전이 프랑스 철학자들의 손에서 새로운 독창성을 얻게 되며, '프랑스 철학이라는 분류법'은 국경을 넘어 터져나가는 사상들을 묶어놓지 못하게 된 것이다. 사실 모든 철학자는 동지들을 찾아 움직이지 정부가 정해놓은 행정구역을 따라 움직이지 않으니, 철학의 영역으로 들어선 프랑스가 세속의 국경을 저버리는 것은 당연하다. 그렇다면 프랑스 철학은 이제 인류의 철학이 되고 있는 것일까? 민화나 설화가 그러하듯 이것을 필요로 하는 대중의 손에서 손으로 옮겨가며.

4장 동양 고전은 왜 처세서로 읽히는가

신정근 •

동양철학, 미신迷信과 미신美信 사이에서

"동양철학 하면 점 볼 줄 알겠네요?" "동양철학은 결국 자기계발 서적에서 찾아볼 수 있는 처세를 말하는 게 아닌가요?" 동양철학을 전공하는 사람은 이 질문을 받으면 얌전하던 사람도 흥분하게 된다. 이는 동양철학을 하는 사람들로 하여금 반드시 '부정'의 단일 대오를 형성하게 만들 정도로 불편한 질문이다. 마치 "트로트는 한국의 전통 음악이다."라는 말에 보이는 음악인의 반응과 흡사하다. 연구자들이 과민할 정도

• 서울대학교 철학과에서 동서 철학을 배우고 동양철학으로 석사와 박사 학위를 받았다. 성균관대학교 유학대학에서 10여 년간 재직해왔다. 쓴 책으로 『동양철학의 유혹』, 『사람다움의 발견』, 『사람다움이란 무엇인가?』, 『어느 철학자의 행복한 고생학』, 『중용, 극단의 시대를 넘어 균형의 시대로』, 『마흔, 논어를 읽어야 할 시간』, 『철학사의 전환』, 『신정근 교수의 동양 고전이 뭐길래?』 등이 있고, 옮긴 책으로 『동중서의 춘추번로: 춘추 역사 해석학』, 『백호통의』, 『세상을 삼킨 천자문』, 『유학, 우리 삶의 철학』, 『동아시아 미학』 등 30여 권의 책이 있다.

로 불편해하는 질문이 왜 사회에서는 확실한 사실처럼 받아들여지고 있을까? 그것은 미신(迷信)이기에 미덥지 않은 것일까, 아니면 미신(美信)인데도 아직 믿지 못하는 것일까, 따져볼 가치가 있다.

동양철학의 자충수, 유학 중심성

부정해도 처세술 운운 하는 말이 다시 살아난다면 동양철학이 그렇게 읽힐 만한 빌미를 제공했다고 할 수 있다. 여러 이유를 생각해볼 수 있지만 여기서는 동양철학의 다양한 흐름을 유학 중심으로 바라보려는 시각의 문제점을 살펴보자. 선진(先秦) 시대 하면 '제자백가'를 떠올릴 정도로 당시 학인은 사상의 자유를 마음껏 누렸다. 한제국 동중서의 사상 통일, 당송 시대의 성리학적 도통론 그리고 조선 성리학의 교조화 등으로 유학은 동아시아 사회에서 지배적 지위를 굳힌 학문으로 여겨졌다.

유학자들은 이를 정학(正學)의 승리이자 이단사술의 배척, 즉 사상 통일의 거룩한 성전을 완성한 일대 사업으로 보았다. 이는 얻는 것만큼이나 잃은 것이 많은 불행의 시작이었다. 제자백가의 경우 어떤 사상도 지배적인 지위를 차지하지 못하자 개별 사상가들은 아무런 금기도 설정하지 않고 무한 사상 투쟁을 벌였다. 이러한 투쟁을 통해 '백화제방(百花齊放)'으로 불리는 다양한 사상이 활짝 피어났다.

유학의 사상 통일을 선언하게 되자 학인은 거침없는 비판보다는 기성 권위를 재생하는 데 열중하면서 새로운 사상을 낳는 치열한 내부 동력을 상실하게 되었다. 이제 사상가는 아버지 죽이기를 통한 새로운 사상의 창출이 아니라 아버지 닮기를 경쟁하는 구태의 재연에 열을 올렸다. 그 결과 신유학으로 불릴 정도로 성리학은 형식과 내용, 언어 등의 측면에서 아버지 공맹(孔孟)의 유학과 다름에도 불구하고 "똑같다!"는 말을 앵무새처럼 되풀이해야 했다. 똑같음을 복명복창하지 않으면 평생 '사문난적'의 주홍글씨를 새긴 채 살아가야 했다. 조선의 대표적인 유학자로 꼽히는 이이조차도 어머니의 사후에 잠깐 불교에 귀의한 일로 인해 문묘 종사가 문제가 될 정도로 시비의 대상이 되었다.

사상사가 실제로 그렇게 전개되었을까? 그렇지 않다. 홍대용은 『의산문답』에서 지전설과 무한우주설을 주장했을 뿐만 아니라 화이론을 뛰어넘어 세계의 고정된 중심을 부정했다. 또 최한기는 서학을 학습하고서 음양오행의 상징적 세계관을 부정하고 기학의 경험적·실증적 세계관을 주장했다. 이러한 사유의 전환은 단순히 유학 안에서 일어난 자기확장의 결과가 아니다. 홍대용과 최한기 모두 당시 주변에 있던 서학을 중심으로, 중심에 있던 이기심성론을 주변으로 옮기는 재배치를 통해 사상의 전환을 일구어냈던 것이다. 특히 홍대용은 그간 주변에도 끼지 못하고 이단에 묶여 있던 묵자, 장자, 상앙 등의 사상마저 자유롭게 읽었던 사색의 여정을 보여준다.

이처럼 철학자가 중심과 주변을 재배치하면서 새로움을 향한 도전을 소홀히 하지 않았는데도 유학의 독존을 소리 높이 외친다면 결국 동양고전은 다양하게 읽힐 수 없게 된다. 이런 분위기가 동양철학이 처세론으로 읽히는 데 일조했다고 할 수 있다.

동양철학의 시작과 전개

서양철학은 "세계는 무엇으로 되어 있는가?"라는 근원의 탐구로부터 시작되었다. 이를 통해 사람들은 눈에 보이는 것이 전부가 아니며 감각을 넘어 세계를 하나로 묶어주는 공통의 무언가가 있다고 생각하게 되었다. 동양철학은 "어떻게 사람을 한 곳에 불러 모을 수 있을까?"라는 원동력의 탐구로부터 시작되었다. 『서경』, 『시경』처럼 이런 초기의 물음을 담은 책에서는 그 해답으로 물리력을 가리키는 력(力)과 윤리적 감화력을 가리키는 덕(德)을 제시한다. 두 책에서는 공히 물리력보다 윤리적 감화력을 바람직한 가치로 설정하며 명덕(明德)을 해답으로 내놓는다.

춘추전국시대에 이르면 청동기에 이어 철기문화가 나타나 이를 바탕으로 인력과 축력의 에너지 시대에서 초보적인 기계 에너지 시대로 넘어가고, 씨족 공동체에서 중앙집권적 관료 국가로 정치체제가 바뀌게 된다. 이러한 상황에서 동양철학 초기의 물음은 형식이 같지만 방향과 내용이 훨씬 복잡하고 다양해진다.

장자는 기술을 소유한 국가가 결집의 중심이 될 때 효율을 위해 자행되는 폭력과 억압을 고발하면서 자유로운 소요유의 삶을 모색했다. 공자는 권력자 개인의 사적 욕망에 의해 국가의 공적 기능이 무력화되는 현상을 막기 위해 수기(修己, 자기 지배)와 안인(安人, 타인 구제)의 결합을 강력하게 요구했다. 수기가 빠진 안인의 욕망은 브레이크가 고장 난 채로 달리는 기관차처럼 국가권력의 절대화와 사유화를 낳을 수 있기 때문이다. 반면 한비는 국가가 기술을 발휘해서 인민과 자원을 효율적으로 통제하여 힘의 집중을 끌어내야 장기적인 혼란 상황을 끝장낼 수 있다고 보았다. 이외에도 공손룡은 "흰 말은 말이 아니다."라는 역설을 통해 언어와 지칭의 문제를 깊이 있게 파고 들어갔다.

한제국이 등장한 뒤에는 기론(氣論)에 따라 자연과 인간이 감응하는 시스템을 구축하려 했다. 무단정치를 배격하고 문치주의를 표방했던 송에 이르러 제2의 백가쟁명 시대라고 부를 정도로 하나로 묶을 수 없는 다양한 학파 또는 사상가가 모습을 드러냈다. 주희의 어린 시절에 아버지가 '하늘 천(天)' 자를 알려주자 그는 "하늘 위에는 무엇이 있습니까?"라고 물었다. 이는 현실을 현상의 연관으로 설명하지 않고 현실을 초월한 존재, 즉 무형의 리(理)에 귀속시켜 의미 연관을 밝히려 했던 당시 사상의 움직임을 상징적으로 보여준다. 동양철학에 주희만큼 커다란 영향을 미쳤던 명의 왕양명은 젊은 시절에 개별자에 내재한 본질을 직관(체험)하기 위해서 대나무를 장기간 응시했다. 그는 관찰과 응시에도 불구하고 정신착란 증세를 겪기도 했다.

이렇게 보면 동양철학은 오늘날 철학의 분류에 따르면 사회철학, 정치철학, 형이상학, 윤리학, 생명철학 등 다양한 문제를 탐구해왔다고 할 수 있다. 동양 고전을 처세론으로 읽는다면 여럿 중의 하나를 전부인 양 착각하는 잘못을 범한다고 할 수 있겠다. 또 동양 고전에 담긴 다양한 세계가 존재하지 않는 양하며 마술을 부리게 된다.

공적인 독해와 사적인 독해

개념과 낱말은 공적 의미도 있지만 사적 의미도 있다. 공적 의미가 강할수록 의사소통이 부드럽게 진행되지만 사적 의미가 강할수록 의사소통이 어려워지고 도무지 상대를 이해할 수 없게 된다. 처세도 사적 의미가 강한 낱말이다. 사전적으로 처세(處世)는 주체가 세계에 터 잡는다는 뜻이므로 별로 이상할 게 없다.

처세가 '술', '논', '철학'과 결합하면 공적 영역보다는 사적 영역에서 인간관계를 잘 풀어가는 솜씨와 방법을 가리키게 된다. 물론 이 의미 자체도 사실은 중립적이라고 할 수 있다. 하지만 처세술의 달인이 사적인 인간관계를 이용해 자신의 잘못을 책임지지 않고 남에게 떠넘기거나 경쟁자가 차지할 기회를 가로챈다면 사정은 달라진다. 이 처세는 공적인 기준을 위반한 개인의 출세 수단이 되므로 부정적 평가를 받을 수밖에 없다.

바로 이 지점이야말로 처세가 개인의 성공을 부추기는 비밀 혹은 자기계발의 노하우를 담은 상업서로 변신하거나 공적 가치를 지니지 못하는 뒷골목 야사로 전락하게 되는 경계가 된다. 우리는 때로 처세술의 달인이 보이는 행보를 보고 "예술적이야!"라고 감탄하곤 한다. 동양 고전은 어떻게 사적 관계를 탁월하게 조율하는 달인을 기르는 비법의 책으로 읽히게 되었을까?

초기부터 제기되어온 물음을 보더라도 동양철학은 국가, 기술, 타자(화이), 언어, 본질, 진리, 이상사회 등을 탐구의 주제로 삼아왔다. 동양의 사상가들은 태생적으로 국가의 운영에 참여하든 국가로부터 객관적 거리를 유지하든 국가의 퇴행성을 경고하고 이상사회의 도래를 견인하려는 책임(구원) 의식을 가지고 있었다. 사마천은 일반화의 위험성을 무릅쓰고 『태사공자서』에서 "같은 곳으로 모이지만 길을 달리한다"는 관

"책임 의식을 탈각하고 동양 고전을 읽으면 독자는 텍스트와 국가권력, 주체와 타자 사이의 긴장 관계를 놓치게 된다. 그뿐 아니라 원래의 맥락과 동떨어진 방식으로 동양 고전을 읽게 되고, 읽으면 뭔가 얻어야 한다는 실용주의 관점에서 이를 재구성하게 된다. 이런 과정을 거쳐 동양 고전은 처세의 보고로 탄생하게 되는 것이다."

점에서 제자백가를 모두 "사회질서를 일구는 데 초점을 두는 것"으로 개괄한다.

이러한 책임 의식을 탈각하고 동양 고전을 읽으면 독자는 텍스트와 국가권력, 주체와 타자 사이의 긴장 관계를 놓치게 된다. 그뿐 아니라 원래의 맥락과 동떨어진 방식으로 동양 고전을 읽게 되고, 읽으면 뭔가 얻어야 한다는 실용주의 관점에서 이를 재구성하게 된다. 이런 과정을 거쳐 동양 고전은 처세의 보고로 탄생하게 되는 것이다.

사적 의미에 함몰되지 않고 공적 의미로 상승할 경우 처세는 공자의 수기, 즉 자기완성과 연결될 수 있다. 이때 수기와 같은 의미로서 처세는 수단과 방법을 가리지 않고 성공에 이르는 비법을 강구하는 게 아니라 수단과 방법의 정당성을 늘 회의하는 공적 주체의 출현을 낳을 수 있다.

처세론 독법의 자기 파탄, 『손자병법』 읽기의 위험성

『손자병법』과 『한비자』는 동양 고전이 처세서로 읽힐 때 가장 주목받는 책 중의 하나이다. 우리나라에서 『손자병법』은 텔레비전 드라마의 소재가 될 뿐만 아니라 기업 경영 원리로 간주될 정도로 높은 인기를 누리고 있다.

사실 손무(孫武)는 인간 사회의 모든 영역이 아니라 전쟁 수행이라는 한정된 영역에서 발언한다. 그는 독특하게도 전쟁을 단순히 군사 분야에 한정되는 기술의 운영으로 보지 않으며, 정치와 도덕의 영역까지 아우른다는 점에서 복합적인 재능의 발휘로 여긴다. 우리는 손무가 적군과 아군의 자원을 파괴하지 않고 온전히 승리를 거두려 하지 전쟁 승리를 바탕으로 안정적인 사회 운영을 목적으로 하지 않는다는 점에 주목해야 한다. 즉『손자병법』은 어디까지나 유한한 목적에 이바지하는 책이지 무한한 영역을 포괄하는 책이 아닌 것이다.

실례로『손자병법』은 적의 예상을 뒤엎어 사흘에 걸쳐 갈 길을 하루에 주파해 기습 공격하는 방법을 제안한다. 막대한 비용을 들여 전쟁해서 이기는 것보다 적국의 대신을 뇌물로 구워삶아 싸우지 않고 이기는 것이 경제적이라고 본다. 이런 측면에서 손무는 전쟁을 속임수, 기만을 뜻하는 '궤(詭)'로 정의한다.

우리가『손자병법』을 처세의 맥락에서 읽는다면 주위 사람을 연대하는 동료가 아니라 음모와 술수를 써서 착취하고 패배시켜야 하는 적으로 설정하게 된다. 물론 도움이 된다면 일시적으로 제휴할 수 있을 뿐이다. 이렇게『손자병법』을 나의 성공과 권세를 위해 사람을 도구로 이용하는 실용서로 읽는다면, 이는 청나라 말에 간행된 리쭝우(李宗伍)의『후흑학』(신동준 옮김, 인간사랑)과 같아진다. 즉 면후심흑(面厚心黑, 얼굴이 두껍고 뱃속이 검다.)인 사람이 출세하고 성공한다는 것이다. 이것은『손자병법』의 자의적인 왜곡이자 편면적인 과장일 뿐만 아니라 사회를 사적 관계로 환원해 설명하는 오류이기도 하다.

『손자병법』은 주체가 처한 상황을 고정불변한 것으로 규정하지 않고, 인간의 주관 능동성을 발휘해 상황을 유리하게 전환시키는 사고와 발상을 자유롭게 운영할 것을 제안한다. 아울러 전쟁을 벌이기에 앞서 다양한 시나리오를 설정해 실제로 진행될 사항을 검토·기획하는 조작주의 사고를 한다. 이러한 주관 능동성과 조작주의 사고는『삼국지』의 하이라이트 적벽대전에서 완벽하게 실현되었다.

　동양 고전을 처세술로 읽는 것은 실제로 존재하는 하나의 독법이다. 당위론을 펼치면서 이를 무조건 폐기 처분해야 한다고 주장할 수는 없다. 처세론이 동양 고전의 독법으로 살아남으려면 교훈을 일반화할 게 아니라 여기에는 사적 관계를 조율하는 특수한 가치가 있을 뿐이라는 한계를 인정해야 한다. 그러지 않으면 처세류의 독법은 숨어서 조용히 불온서적 읽기라는 혐의를 벗지 못할 것이다.

5장 인문학에 관한 책들은 인문학적인가

표정훈 •

인생과 텍스트로서의 인문학

철학과 학생일 때 가스통 바슐라르(Gaston Bachelard)의 『촛불의 미학』 (이가림 옮김, 문예출판사)을 읽었다. "철학자가 촛불 앞에서 세계에 대해 꿈 꿀 때는 모든 것을, 폭력이나 평화까지도 꿈꿀 수 있는 것이다."라는 구 절을 접하고 촛불을 켰다. 왜? 모든 것을 꿈꿀 수 있다지 않은가. 그러나 폭력이나 평화의 꿈은커녕 꾸벅꾸벅 졸다가 속칭 개꿈만 꿨다. 지금도 그렇지만 나는 철학자가 아니었고 세계에 대해 꿈꿀 만한 지적(知的) 그 릇도 아니었다.

● 서강대 철학과를 졸업하고 출판 칼럼니스트, 번역가, 작가로 다양한 활동을 해왔다. 지은 책으로는 출판계 이야기를 넉넉한 입담으로 풀어낸 『책은 나름의 운명을 지닌다』, 동양 사상을 알기 쉽게 풀어쓴 『하룻밤에 읽는 동양 사상』, 매혹적인 책과의 만남을 기록한 『탐서주의자의 책』 등이 있다. 현재 한양대학교 기초융합교육원 교수로 재직 중이다.

내가 다닌 대학에 '결혼 준비 특강'이라는 강의가 있었다. 담당 교수는 외국인 신부(神父)였다. 이른바 캠퍼스 커플 학생들만 수강할 수 있다는 뜬소문에 빈정이 상한 내 생각은 이러했다. '결혼 경험도 없는 사람이 어떻게 그런 강의를 제대로 할 수 있겠나.' 여우의 신포도랄까. 그런데 그 강의는 학교 바깥에까지 소문이 퍼지며 큰 인기를 끌었고 수강생들의 만족도도 높았다.

촛불을 뚫어지게 쳐다보던 내 모습은 『촛불의 미학』이라는 텍스트와 상관하다가 '촛불'이라는 대상으로 넘어가버린 희극 또는 비극의 한 장면이다. 세상 모든 것이 텍스트다. 그러니까 '촛불'도 텍스트가 될 수 있겠다. 그러나 인문'학'의 활동 무대와 대상은 말과 글, 즉 언어 텍스트다. 인문학은 직접 대상과 상관하기보다는 텍스트와 상관하는 일이다.

나중에 알았지만 '결혼 준비 특강'을 한 신부 교수는 다년간 부부들을 상담하며 결혼 생활에 관련된 이야기들을 경청했다. 또 결혼에 관한 폭넓은 자료 텍스트를 섭렵했다. 결혼 생활은 결혼 인문학의 필요조건도 충분조건도 아니지만, 결혼에 관한 텍스트는 필요조건이다. 텍스트 기반 없이 자신의 결혼 경험을 쓰고 말해본들 학(學)에 도달하기란 어려울 것이다.

인문(人文)을 글자 그대로 '사람의 무늬'라고도 한다. 그러니 인문학을 인생에 대한 물음과 해답(을 시도하는 것)이라 보기도 한다. 반은 맞고 반은 틀리다. 인생에 대한 물음과 해답이지만 어디까지나 인생에 관한 텍스트를 붙잡아야 한다. 문학 텍스트, 역사 텍스트, 철학 텍스트, 그러니까 문사철이란 '문사철 텍스트'의 줄임말이다. 인문은 '사람과 텍스트' 또는 '인생과 텍스트'다.

그렇다면 텍스트로 무엇을 할까? 텍스트로 인문학이 무엇인지, 자기가 무슨 일을 하고 있는지 되묻는 것이 인문학의 가장 인문학다운 일이다. 텍스트 없는 물음은 맹목이고 물음 없는 텍스트는 공허하다. 배움과 생각 중 하나라도 소홀하면 아니 된다(學而不思則罔 思而不學則殆) 했다. 배움이란 텍스트를 배우는 것이다. 생각이란 텍스트에 질문을 던져 텍스트의 얼개를 맞춰보고 뜻을 풀이하는 가운데 피어오른다. 텍스트와 생각의 관계는 이웃하여 서로 따르며 함께 가는 사이, 서로 수반(隨伴)하며 변증하는 사이다. 인문학은 사람과 텍스트(人文) 사이에서 사람에 관해 묻고(人問) 사람의 말을 경청(人聞)한다.

철학을 예로 들자면, 철학의 역사는 철학 텍스트를 바탕으로 철학이 무엇인지 묻고 답하며 논해온 역사, 자신이 하는 일을 되물어온 역사다. 칸트는 짜임새가 탄탄하고 자리가 넓은 비판철학 체계를 세우며 '철학의 혁명가'가 되었다. 이 혁명은 그때까지 이루어진 철학적 성과를 뿌리부터 비판적으로 다시 검토하는 일에서 시작되었다. 세계를 해석하는 철학에서 세계를 변혁하는 철학으로 철학의 사명을 바꾸려 한 마르크스, 철학의 전체 역사를 언어의 미망(迷妄)이라 일갈하며 언어 분석의 죽비를 내려친 루트비히 비트겐슈타인(Ludwig Wittgenstein)의 예를 들 수도 있겠다.

인문학을 되묻는 책들, 인문을 앞세우는 책들이 적지 않다. 먼저 인문을 앞세우는 책들 가운데 정진홍의 『인문의 숲에서 경영을 만나다』(북이십일), 공병호의 『고전 강독』(해냄), '세상을 지배하는 0.1퍼센트의 인문 고전 독서법'을 표방하는 이지성의 『리딩으로 리드하라』(문학동네) 등은 인문학과 관련이 없다. 그런 책들에서 인문 텍스트들은 자기계발 주체의 상품 가치를 높이기 위한 전략·전술의 수단이며 인문이라는 말도 상표로 나부낄 뿐이다. 그런 책들과 저자들이 각광받는 현실에 대한 성찰이 시의적절한 인문학적 성찰의 주제가 될 수도 있을 것이다. '인문의 상략적(商略的) 활용 현상에 대한 인문학적 성찰' 정도의 제목을 붙이면 어떨까.

대략 2010년을 기점으로 '인문학으로~', '인문학~' 등의 제목을 붙인 책들이 봇물을 이루고 있다. 어떤 주제든 '인문' 또는 '인문학'이라는 말을 갖다 붙이는 시류(時流)가 사뭇 강하다. 광고도 인문학으로 해야 하고(『인문학으로 광고하다』, 박웅현·강창래 지음, 알마), 마흔 살에는 인문학을 만나야 하며(『마흔, 인문학을 만나라』, 최효찬 지음, 행성B잎새), 20~30대에는 인문학으로 스펙을 다져야 하고(『인문학으로 스펙하라』, 신동기 지음, 티핑포인트), 주식 투자에도 인문학이 필요하며(『인문학, 주식시장을 이기다』, 장박원 지음, 매일경제신문사), 작고한 잡스는 인문학자 반열에 올랐다(『CEO 스티브 잡스가 인문학자 스티브 잡스를 말하다』, 이남훈 지음, 팬덤북스). '도서 제목 인문 트렌드의 현실과 배경 그리고 문제점' 정도로 언론대학원 석사 논문을 쓸 수도 있겠다.

인문학에 관한 인문학적 성찰의 역사

거슬러 올라가보자. 단적으로 말해서 인문학에 관한 인문학적 성찰의 의미 있는 발제들 가운데 1번 타자로 나는 김용옥의 『동양학 어떻게 할 것인가』(통나무, 1986)를 꼽고 싶다.(민음사판이 먼저 나왔으나 판매 추이와 저자 인지도 확산 계기 측면에서 통나무판을 '사실상 초판'으로 봐도 좋다고 생각한다.) 모두 여섯 마당으로 이뤄진 이 책에서 '첫째 글, 우리는 동양학을 어떻게 해야 할 것인가'와 '둘째 글, 번역에 있어서의 시간과 공간'은 제도로서의 동양학 현실에 대한 신랄한 비판과 함께 동양학의 의미, 동양학 방법론 등을 고전 번역이라는 주제 축을 중심으로 제시한다.

내용과 논지 그리고 문장의 결기 측면에서도 김용옥은 긍정적인 의미의 폭로자(muckraker, debunker) 역할을 톡톡히 해냈다. 이 책이 크게 인기를 끌면서 김용옥은 자발적이든 비자발적이든 제도권 학계와 멀어져 일종의 '브나로드 지식인'의 길을 걷게 되었다. 적지 않은 사람이 다분히 비아냥거리는 뉘앙스로 김용옥을 '지적(知的) 엔터테이너'라 칭하지만, 인문학 고전 텍스트 번역의 중요성과 의미, 방법에 관한 문제점을 지적하고 방향을 제시했다는 점만으로도 나는 그를 내내 인문학자라 부를 것이다.

인문학에 관한 인문학적 성찰의 2번 타자는 김영민의 『탈식민성과 우리 인문학의 글쓰기』(민음사, 1996)라고 생각한다. 이 책은 인문학을 둘러싼 제도와 관행의 문제점, 인문학자들의 정체성과 자의식, 글쓰기를 중심으로 한 구체적인 문제 상황과 실천 방향까지 두루 비판적으로 되새기며 '인문학 현장 비평'의 보기 드문 한 사례가 되었다. 그 현장성의 증좌 하나는 김영민이 먼 바다 건너 긴 세월 건너 존재하는 사람들보다 바로 지금, 여기 있는 사람들의 글과 말을 따져 묻는다는 점이다.

김영민은 철학과 문학 그리고 일상을 버무린 일련의 에세이('수필 문학'으로서의 에세이가 아닌)를 다작하며 표현으로서의 철학(매체로서의 메시지와 유비할 수 있다)과 철학으로서의 표현을 추구해왔다고 할 수 있는데, 저서 대부분에 인문학 담론이 스며 있지만 역시『탈식민성과 우리 인문학의 글

"배움이란 텍스트를 배우는 것이다. 생각이란 텍스트에 질문을 던져 텍스트의 얼개를 맞춰보고 뜻을 풀이하는 가운데 피어오른다. 텍스트와 생각의 관계는 이웃하여 서로 따르며 함께 가는 사이, 서로 수반하며 변증하는 사이다. 인문학은 사람과 텍스트 사이에서 사람에 관해 묻고 사람의 말을 경청한다."

쓰기』에서 본격적이고 분명한 인문학 담론을 제시했다. 특히 그의 '기지촌 지식인'과 '논문중심주의'라는 말은 비판의 내용과 함께 인문학, 아카데미즘, 지식인에 관한 뜻깊은 술어가 됐다.

김영민의 『탈식민성과 우리 인문학의 글쓰기』와 거의 같은 시기에 나온 조동일의 『인문 학문의 사명』(서울대학교출판부)은 국문학사 연구자로서 조동일이 역설해온 인문학의 세계사적 보편성 문제를 중심으로 학문의 위기 진단, 학문 연구의 실제 상황, 인문 학문의 위상 설정, 한국 학문과 세계 학문 등을 다룬다. 비(非)유럽 문명권에서 근대 이전에 발전시켜온 인문학의 능력을 되살려 동과 서는 물론 인문학 내부의 다양한 분과를 회통하고 통합하는 방향으로 나아가야 한다는 것이 지론이다. 다분히 거시적인 학문론이라고 할 수 있겠다.

김영민과 조동일의 저서에 뒤이어 1998년에 번역되어 나온 월터 카우프만(Walter Kaufmann)의 『인문학의 미래』(이남재 옮김, 미리내)는 몇 단락을 제대로 읽어나가기 어려울 정도의 오역(誤譯)과 비문(非文)으로 독자들의 질타를 받았다. 특히 학술진흥재단의 지원으로 번역된 책이었다는 점에서, 인문학에 대한 공적(公的) 지원의 현실과 의미를 반성케 하는 뜻밖의 공효(功效)를 발휘했다. 다행히 이 책은 같은 제목으로 다른 번역자가 제대로 번역하여 다른 출판사에서 2011년에 출간됐다.(이은정 옮김, 동녘)

카우프만은 이 책에서 1970년대 미국 대학 인문학계가 처한 위기, 즉 인문학 연구자의 구직난과 프로젝트 지원 중심의 연구 경향을 진단·비판하면서 인문학자를 기본 자세에 따라 저널리스트형, 사변가형, 소크라테스형 등으로 나누고 제2차 세계대전 이후 미국의 인문학자들 대다수가 협소한 전공 분야만 파고드는 사변가형이 되었으며, 시대의 신념과 기성 가치관을 문제 삼는 소크라테스형은 찾기 힘들어졌다고 지적한다. 고전 텍스트에 대한 불충실을 주요 근거로 한나 아렌트(Hannah Arendt)를 '저널리스트형'으로 지목하여 비판하는 점에서, 카우프만이 '텍스트 엄숙주의자'임을 알 수 있다. 결국 카우프만은 인문학자들의 에토스가 달라져야 한다고 주장한다.

역시 2011년에 나온 『불온한 인문학』(최진석·문화·정정훈·이진경·손기태 지음, 휴머니스트)과 루돌프 파이퍼(Rudolf Pfeiffer)의 『인문 정신의 역사』(정기문 옮김, 길)는 인문학에 관한 인문학적 성찰의 극히 다른 두 가지 모습을 보여준다. 『인문 정신의 역사』는 원제 'History of Classical Scholarship From 1300 To 1850'에서 알 수 있듯이 서양 고전 문헌학의 역사다. 텍스트를 매개로 던지는 인간에 대한 질문, 텍스트를 바탕으로 한 인간에 대한 물음이 인문학이라면 번역서 제목은 결코 기만이 아니고 오히려 적확하다.

20세기 최고의 서양 고전 문헌학자로 일컬어지는 파이퍼의 역작이라는 사실은 '읽기 시작하는 순간부터 확' 다가온다. 명불허전이다. 특기할 만한 것은 책에 실린 고전학자 안재원의 해제, '서양 인문학의 전통과 그 수용 과정'이다. 동아시아가 서양 고전을 수용하는 과정, 동아시아 고전을 서양이 수용하는 과정에 대한 개괄과 함께 향후 연구 과제까지 제시하고 있다.

한편, 지식 담론 소비 시장과 출판계에서 제법 유력한 브랜드인 '수유+너머'가 '따로 또 같이' 성찰한 결과라 할 수 있는 『불온한 인문학』은 거칠게 말하면 '인문학이 정치사회적 올바름, 정치사회적 올바름이 인문학'을 논한다. '인문학과 싸우는 인문학'이라는 부제가 사뭇 중의적이다. 인문학이라는 이름 아래 행해지지만 사실은 허울로서의 미명(美名)뿐인 '이른바 인문학'에 대한 비판이자 현실과 인문학의 거리를 가늠하며 인문학의 정체성을 되물은 기록이기도 하다.

> 이제 행복과 희망의 인문학, 화해와 위로의 인문학을 넘어서 불편하고 낯선 반(反)인문학을 말해야 할 시점이 아닐까? 반인문학, 또는 인문학에 저항하는 인문학. 지금 필요한 것은 그 불편함과 낯섦을 창출하는 힘이며, 그 힘을 우리는 불온하다고 부를 것이다. 지금 우리가 생산해야 할 인문학의 존재 양태, 어떤 인문학이 필요한가에 대한 응답은 바로 순응하지 않는 인문학, 즉 불온한 인문학에서 찾아야 한다.

양피지로, 필사본으로, 초기 인쇄본으로 유구하게 전해 내려오는 고전 텍스트에 대한 고도로 전문적인 연구의 역사. 바로 여기에서 지금 우리가 경험하는 현실을 인문학화하고 인문학을 현실화하기 위한 현실 밀착형 성찰의 기록. 여기에 한 권만 더하자. '인문학 파르티잔' 강유원이 기울여온 노력의 연장선상에 있다 할 (부제는 '미국 대학 교양 교육 핵심 과정과 한국에서의 인문학 공부 안내') 『인문학 스터디』(마크 C. 헨리 지음, 강유원 외 편역, 라티오)이다.

사뭇 긴 부제가 내용의 성격을 정확하게 말해주는 이 책은 전문 연구자가 아닌 사람들의 '인문학 텍스트 자율학습' 의욕과 노력을 돕는다는 점에서 매우 중요하다. 달달한 인공 첨가물이 잔뜩 버무려진 채 벌컥 삼켜도 목넘김이 좋은 소프트 인문학 세트 메뉴에 대한 요구가 넘쳐

나는 가운데, 단단한 껍질을 깨고 알맹이를 수습해 깨물어 잘 씹어야하는 인문학 천연 견과류 창출에 자발적으로 도전하는 사람들도 소수지만 분명 있다는 사실. 의미심장한 이 사실에 부응하는 책이다.

정리해보자. 인문학 제도 현실에 대한 비판적 성찰이자 인문학 방법론으로서 고전 번역, 글쓰기, 학문 보편성을 핵심 주제로 하는 김용옥, 김영민, 조동일의 저서들이 있다. 또 인문학자의 정체성, 지금 여기의 인문학 현실과 방향, 고전학으로서의 인문학과 인문 정신, 그리고 인문학 자율학습을 다룬 카우프만, 수유+너머, 파이퍼, 강유원의 책들이 있다. 그 밖에 '인문학에 관한 인문학' 냄새가 나는 책들이 적지 않지만, 대부분은 연구 프로젝트 지원에 따라 대학에서 생산된 '프로젝트 최종 결과물 보고용'이다. 물적 토대를 지원해주는 갑(甲)과 지원받는 을(乙) 사이에서 철저하고 절실한 되물음이 산출되는 일은 매우 드물다.

인문학의 의무?

나는 지금까지 거론한 몇몇 책들이 '인문학에 관한 인문학적 성찰'이라고 생각하며 다음과 같은 인문학 3대 의무론에 반대한다. 인문학은 반드시 알기 쉽게 전달되어야 한다는 인문학의 소통 의무. 인문학은 반드시 공적(公的)으로 보호하고 지원해야 한다는 인문학에 대한 보호 의무. 인문학은 다른 분야에서 토대 구실을 하거나 써먹을 수 있고 꼭 그래야 한다는 인문학의 유용성 의무. 알기 쉽지 않고 보호 육성되지 않으며 어디다 써먹기도 힘든 인문학을 도대체 왜 공부할까?

비평가 김현의 '문학은 무엇을 할 수 있는가'에서 나는 '문학' 앞에 '인(人)'자 하나를 더해 바꿔본다.

유용함은 인간을 억압한다. 인문학은 쓸모 있는 것이 아니기 때문에 인간을 억압하지 않으며 억압이 인간에게 얼마나 부정적으로 작용하는지 보여준다. 이것이 바로 쓸모없는 인문학이 쓸모 있는 이유다.

이것이 대답으로 충분치 않다면(아마 그럴 터인데), 다시 묻고 경청하며 텍스트를 조회할 도리밖에 없다. 인문학은 무엇이며, 왜 공부하는가? 이 화두에 대한 돈오(頓悟)는 없으며 점수(漸修)만 가능하다.

6장 인문학 교실 붐, 어떤 성과를 냈나

인문학 강좌의 홍수

온갖 대학, 지방자치단체, 영리 기업, 사회적 기업, NGO, 기타 다종다양한 단체들이 인문학 강좌를 개설하거나 초빙하는 형태로 열풍을 만들어가고 있다. 일단 긍정적인 현상이다. 대중들이 단지 '먹고사는 문제'를 떠나 그 바깥에 있는 무언가에 관심을 기울인다는 것. 수업에 적극 참여할 만한 시간적·정신적 여유가 있음을 뜻하기 때문이다. 비판적으로 보자면 한도 끝도 없겠지만, 인문학 열풍이 부는 사회는 『부자 아빠, 가난한 아빠』(로버트 기요사키·샤론 레흐트 지음, 형선호 옮김, 황금가지) 스터디

• 고려대학교 법학과를 졸업했고, 서강대학교 대학원에서 철학으로 석사학위를 받았다. 인터넷 매체《딴지일보》의 온라인 에디터를 거쳐, 텔레비전 드라마 및 대중문화 전문지《드라마틱》에서 수습기자 및 기자로 근무했고, 시사정치 전문지《포린 폴리시》한국어판의 편집장으로 일했다. 쓴 책으로『무엇이 정의인가?』(공저),『안철수를 생각한다』(공저) 등이 있고 옮긴 책으로는『아웃라이어』,『마이크로스타일』이 있다.

모임이 열리는 사회보다는 훨씬 나은 곳이다.

국내에 이른바 '희망의 인문학'을 소개하며 인문학 강좌 열풍을 선도한 성 프란시스 대학 인문학 과정의 경우, 2012년 10월 현재까지도 꾸준히 수업을 개설하고 본래의 취지에 맞추어 학생들을 가르치고 있다. 노숙인들에게 인문학을 가르침으로써 '정신적으로 고양된 삶'을 제공하기, 그리하여 스스로 가난과 맞서 싸울 수 있는 힘을 준다는 목적에 걸맞게, 문학, 철학, 예술사, 역사, 작문 등의 강의가 충실히 제공되고 있는 것이다.

실망스러운 경우도 없지 않다. 물론 수강자들의 관심과 참여도, 교육 수준 등을 고려해서 수업을 진행한다는 점을 감안해도 그렇다. 이전까지는 '백화점 문화 강좌'라는 이름으로 진행되었을 법한 수업들이 고스란히 '인문학 강좌'가 되어 있는 경우도 있고, 도무지 인문학과는 관련이 없는 수업들도 한 자리를 차지하는 경우가 적지 않다. 가령 허브 키우기, 우쿨렐레 치는 법, 사진 잘 찍는 요령 등을 가르치고 배우기도 한다. 그것이 2012년 현재 성행하고 있는 '대중적 인문학'의 풍경이다.

앞서 말했듯이 사람들이 무언가를 배우고 싶어 한다는 사실 자체만으로도 충분히 긍정적이라고 평가할 만도 하다. 이미 질리도록 공부하라는 소리를 들어온 사람들이 귀한 여가 시간을 활용해 술을 먹고 노래방에서 탬버린을 흔드는 대신, 이름도 낯선 서양 철학자 등의 케케묵은 이론을 공부한다? 여러모로 고무적인 일이다. 모르는 것을 배우는 즐거움, 지난시대의 누군가 남겨놓은 텍스트에서 현재를 향한 메시지를 읽어내는 쾌감을 사람들이 알아갈수록, 한국 사회의 정신적 지반은 탄탄해질 것이다.

두 개의 인문학

하지만 현실이 그리 간단치만은 않다. 언론 보도 및 해당 단체의 커리큘럼 등을 검토해보면, 인문학 교육 내용은 크게 두 가지로 나뉜다. 앞서 말했듯 굳이 '인문학'이라고 분류할 필요가 없을 듯한 일반적인 교양강좌들 한 묶음이 있다. 그 반대편에는 사실상 대학원 수준으로 진행되는, 고대 희랍어 혹은 영화비평에 쓰이는 현대 철학 수업들이 있다. 전자에 해당하는 교양 수업들이 작금의 '인문학 열풍'을 양적으로 보여준다면, 후자에 해당하는 전문적인 인문학 강의들은 그 열풍의 바닥에 자리 잡은 학문 에너지의 질적인 측면을 표상한다.

문제는 양적인 측면과 질적인 측면이 상호작용하는 대신, 일종의 평행우주를 형성한다는 데 있다. 대중적인 '인문학'을 강의하는 사람들은 틈틈이 '상아탑 속의 철학', '너무 어려운 외국어가 난무하는, 우리의 삶과 관계없는 인문학' 등을 비난한다. 하지만 너무 어렵고 전문적이어서 일반인들이 알아들을 수 없는 인문학은 비단 상아탑 속에만 존재하는 것이 아니다. 철학아카데미로 대표되는 '대학교 바깥의 인문학 교실'의 전문 강의들 역시 어렵기는 마찬가지이다. 대학 체제 내에서 다 다루지 못하는 것들, 혹은 심화 학습이 필요한 주제들이 주로 커리큘럼에 오르기 때문이다.

가령 "기존의 대학과는 달리 위로부터 아래로 흐르는 한 방향의 흐름만이 있는 것이 아니라 배우는 자가 가르치고 가르치는 자가 배우는 다방향의 흐름"을 모색하며, "세대와 세대가 합류하고 운동과 운동이 서로 가르치면서 전문가와 일반인, 전위와 대중의 구분이 사라지는 공간"을 지향하는 '다중지성의 정원'의 2013년 1분학기 프로그램을 살펴보자. 생태주의와 불확실성 등에 대해 배우는 2박 3일 여행 코스인 '불확실성과 무의식'도 있지만, 철학과 대학원의 한 장면을 그대로 옮겨온 것처럼 보이는 것들도 적지 않다.

대략 1년 정도에 걸쳐 푸코의 『말과 사물』(이규현 옮김, 민음사)을 읽고, 그래도 끝나지 않을 경우 다음 학기로 이어지는 '푸코의 『말과 사물』 강독'이나, 프랑스어 문장을 읽고 말하는 연습을 하기 위해 알베르 카뮈의 『이방인』을 함께 읽는 '『이방인』 불어로 함께 읽기' 등의 과목에서, 우리는 지성인이 아닌 예비 직장인을 길러내기에 급급한 한국의 대학들이 놓치고 있는, 혹은 놓치고 있다고 우리가 아쉬워하는 인문학 수업들의 면모를 엿볼 수 있는 것이다. 개중 '만만해' 보이는 '모닥불 인문학'조차, 그 참고문헌 목록을 보면 입이 떡 벌어진다. 『일방통행로』(발터 벤야민 지음, 조형준 옮김, 새물결), 『게오르그 짐멜의 모더니티 풍경 11가지』(김덕영 지음, 길), 『감시와 처벌』(미셸 푸코 지음, 오생근 옮김, 나남출판), 『무통문명』(모리오카 마사히로 지음, 조성윤·이창익 옮김, 모멘토), 『인정투쟁』(악셀 호네트 지음, 문성훈·이현재 옮김, 사월의책), 『시지프의 신화』(알베르 카뮈 지음, 이가림 옮김, 문예출판사), 『그들은 자기가 하는 일을 알지 못하나이다』(슬라보예 지젝 지음, 박정수 옮김, 인간사랑), 『포스트 모더니즘의 환상』(테리 이글턴 지음, 김준환 옮김, 실천문학사) 등이 거론되고 있는 것이다.

이른바 '암흑기'로 불리는 중세가 시작될 무렵 수도원에서 고대인들의 문헌과 지식을 보존했던 것을 연상시키는 이러한 수업들은, 그러나 지금 우리가 말하는 '대중적 인문학'과는 거리가 있다. '더욱더 쉽고 말랑말랑하게 대중들에게 지식을 전달할 것'을 요구하는 목소리가 커지고 있다. 인문학이라는 간판을 내걸고 온갖 종류의 수업이 진행된다. 그중 대부분은 엄밀한 의미에서 인문학과는 별 상관이 없다. 인문학이 태동하고 발전해온 역사를 되짚어보면 그렇다는 것이다. 하지만 한국 사회의 일천한 학문 역사와, 어쨌건 최대한 많은 사람들에게 폭넓은 교양 수업을 제공해야 한다는 수요 공급의 원리가 맞물려, '사람과 삶을 이야기하는 모든 것'이 곧 인문학으로 통용되고 있는 현실이다.

과천시 문원도서관에서 2013년 1월부터 진행하는 '2013년 문원도서관 1분기 교육-문화강좌'의 내역을 살펴보자. 일반인 스물다섯 명을 대상으로 한 주제별 인문강좌가 있고, 1월부터 3월까지 매달 한 가지씩 주제가 바뀐다. 그리하여 해당 강의를 신청한 과천 시민은, 1월에는 '그림으로 보고 이야기로 듣는 고대사'를, 2월에는 '동의보감의 지혜'를, 3월에는 '중남미 문학의 황홀경: 삶·사람·사랑'을 배우게 된다. 여기서 우리는 역사학과 한의학, 그리고 중남미 문학의 상위 범주로 '인문학'이 제시되어 있다는 사실을 확인할 수 있다.

바로 그런 종류의 인문학이 현재 각광받고 있다. 현재 한국어의 맥락에서 '인문학'이란 '사람 사는 이야기'에 가까운, 사실상 특정한 내포가 없기 때문에 그 외연을 무한정 확장할 수 있는 교양 수업들의 집합이 되어가고 있는 것이다. 계속 강조하는데, 필자는 이러한 현상 자체를 비난하려는 것이 아니다. 단지 이 과정에서 우리가 매우 중요한 무언가를 놓치고 있다는 점을 지적하고 싶을 따름이다.

인문학의 시작과 역사

우리는 너무도 쉽게 이야기한다. 人文學. 사람 인, 글월 문, 배울 학. 인간과 글에 대한 공부가 인문학 아닌가요? 물론 글자 하나하나의 의미를 풀어놓은 다음, 역사적 맥락을 전혀 고려하지 않고 해석한다면 그런 결론이 나올 수밖에 없다. 하지만 인문학, 특히 서유럽에서 발전하여 지금 우리에게 수입된 인문학은 다른 학문과 구별되는 자신만의 요소가 있다.

서양 고전학자 파이퍼가 쓴 『인문정신의 역사』를 통해 내막을 살펴보자. 중세에서 근대로 넘어가던 서구 세계는, 십자군전쟁 이후 쏟아져 들어온 고대 그리스와 로마의 고전들을 주목하게 되었다. 기존의 기독교적 질서에서는 볼 수 없었던 자유롭고 인간적인, 즉 신 중심의 사고가 아닌 인간 중심의 사고를 하는 내용들이 그 텍스트에 담겨 있었던 것이다.

하지만 고대로부터 내려온 문헌들을 해독하기란 결코 쉬운 일이 아니었다. 책들은 다양한 필사본 형식으로, 결코 완전하지 않은 형태로, 개별 필사본마다 내용이 조금씩 다르게 전해져왔다. 그러므로 여기서 몇 가지 문제가 발생한다. 어떻게 '원본 텍스트'를 확보, 혹은 확정할 것인가? 이를 어떻게 올바로 해석해낼 것인가? 해석해낸 내용을 어떠한 방식으로 다른 이와 공유하고 피드백을 받아 지식의 선순환구조를 확립할 것인가?

바로 그런 고민들이 모여 이른바 '고전문헌학'을 태동시켰다. 그 출발점에 선 사람이 바로 14세기 이탈리아 시인 프란체스코 페트라르카

"현재 한국어의 맥락에서 '인문학'이란 '사람 사는 이야기'에 가까운, 사실상 특정한 내포가 없기 때문에 그 외연을 무한정 확장할 수 있는 교양 수업들의 집합이 되어가고 있는 것이다."

(Francesco Petrarca)이다. 그는 로마의 역사가 티투스 리비우스(Titus Livius)가 남긴 책을 토대로 역사책을 쓰기 시작했다. 하지만 한 가지 행위를 통해 동시대 및 이전 세대의 고전 연구자들과 다른, 새로운 경지를 개척하게 된다.

페트라르카는 자신의 역사책을 집필하면서 리비우스의 주요 주제들을 고르고, 베껴 쓰고, 보충하는 데서 머물지 않았다. 페트라르카가 직접 쓴 필사본이 발견되면서 그가 텍스트의 원본에 문제가 있다고 확신할 때면 텍스트 자체를 복원하기 위해 노력했다는 사실이 밝혀졌다. 그는 텍스트의 비판-편집(editio critica)의 부활을 선도했다. 텍스트의 여백에 달아놓은 주석은 다른 이들의 저작과 달리 단순한 예증이나 설명에 머물지 않았다. 두 필사본을 대조할 때마다 그는 다양한 독법(讀法)을 인내심 있게 기록했고 여러 문장을 기교 있게 교정했다. 당대의 어느 학자도 이런 작업을 해낼 재능이나 행운을 갖지 못했다.

우리가 아는 서양의 인문학은 바로 이렇게 시작되었다. 물론 그 전에도 고전 텍스트, 특히 성경을 읽고 주석을 다는 비판적 독서는 오래 지속되었지만, 원전 자체를 비판적으로 검토하여 사실상 원전을 '확립'해나가는 학문은 바로 페트라르카의 시대에 출발한 것이다.

그렇게 수많은 고대 그리스 로마인들의 텍스트가, 마치 조각난 도자기를 흙에서 파낸 후 한 조각씩 섬세하게 이어 붙여 복원하듯 되살아났다. 그중 페트라르카를 포함해 수많은 독자들에게 큰 영향을 미친 사람이 바로 고대 로마의 정치가 키케로였다. "페트라르카는 키케로에게서 로마인이 그리스인을 단지 학문의 모델로만 생각하는 것이 아니라 '가장 사람다운 사람(genus humanissimum)'이라고 생각했다는 것을 배웠다."

그때부터 고전 문헌을 연구함으로써, 잊혀졌던 '사람다움'을 탐구하는 학문이 자리 잡게 되었고, 당대인들도 이를 "인간에 대한 학문(studia humaniatis)"이라고 부르기 시작했다. 이후 다양한 맥락에서 인문학, 혹은 인문주의라는 말이 쓰였지만, 그 중심에는 언제나 그리스 로마 고전에 대한 문헌학적 연구가 자리 잡고 있었다. 물리학자인 베르너 하이젠베르크(Werner Heisenberg)의 『부분과 전체』(김용준 옮김, 지식산업사)에도, 20세기 초 독일의 김나지움에 다니던 학생 하이젠베르크가 기숙사 지붕에 누워 하늘의 별을 바라보며 플라톤의 『티마이오스』의 한 구절을 곱씹는 장면이 등장한다. 그것이 바로 서양에서 지속되어온 인문학의 역사와 전통이다.

지금 여기의 '신과 싸우기 위하여'

고전 문헌에 대한 비판적 독해와 더불어, 인문학을 인문학으로 만들어준 것은 다름 아닌 그 내용이었다. 인간을 만들었고 전지전능하여 모든 것을 관장하는 신의 말씀이 아니라, 특정한 시대를 살다 간 어떤 '사람'들이 쓰고 남긴 텍스트를 고전문헌학자들은 연구했다. 그 속에서 낡았지만 새로운, 새 시대에 어울리는 다른 인간의 모습을 발견한 것이다. 프랜시스 베이컨(Francis Bacon)은 『새로운 아틀란티스』(김종갑 옮김, 에코리브르)라는 책으로 과학 문명이 만들어내는 새로운 세상을 꿈꾸었다. 마찬가지로 최초의 인문학자들은 그들 손에 주어진 텍스트를 '새로운 아틀란티스'로 보고 세월의 더께를 털어내는 일에 평생을 바쳤다.

인문주의자들에게 '인문학'이란, '신학'이 아닌 그 무언가였다. 지금은 누구도 철학과 신학이 갈등 관계에 있다고 생각하지 않을 것이다. 하지만 당시에는 상황이 매우 달랐다. 키케로는 기독교를 믿지 않았다. 기원전 106년에 태어나 예수가 탄생하기 전에 죽었으니 당연한 일이다. 하지만 어찌됐건 고대 그리스 로마의 작가들은 '이교도'였고, 이교도의 글을 연구하고 읽고 흠모하고 애호하는 행위는 심각한 도전으로 받아들여질 수도 있는 일이었다.

모든 고대 문헌 연구자들, 인문주의자들이 다 이단으로 몰렸거나 고초를 겪었다는 말은 아니다. 그들은 자신들이 지금까지 묻혀져 있었던 '새로운 옛 사람'을 복원하고 있다는 사실을 인식하고 있었다. 즉 자신들이 기독교적인 세계 속에서 '신학이 아닌 그 무언가'를 하고 있다는 사실을 알았다는 말이다.

우리의 현실로 돌아와 보자. 한국에서 '인문학'은 지금 여기의 지배적인 사고방식 및 세계관과 자신을 차별화하고 있는가? 돈을 벌고, 성공하고, 출세하라는 자본주의적 계시 앞에서, 묵묵히 다른 텍스트를 읽어나가며 '새로운 옛 사람'을 찾아내는 인문학은 어디에 있는가?

너무 쉽게만 흘러가고, 많은 수강생을 확보하는 데만 급급한 나머지, 작금의 인문학 교실들은 이처럼 중요한 기능을 잃어가고 있는 게 아닐까. 대중들과 소통하는 '쉬운 인문학'과, 상아탑에 자리 잡지 못하고 대중들에게 이해받지도 못하는 '어려운 인문학'이 서로 손을 잡을 때, 우리 앞에 놓인 문제를 풀어나갈 실마리가 주어질지도 모른다.

------- 2부 -------
잃어버린 인문학

사람도 잊히고 책도 잊힌다. 가끔 오래전 친구들이 모이면 잊힌 추억들을 꺼내고 잊힌 사람들을 떠올리면서, 지금은 어떻게 지내는지 궁금해한다. 인문학 세계에서도 문득 떠오르는 공부거리들이 있다. 가령 한때 우리 가슴을 뜨겁게 달구었던 사회과학이 그렇다. 2부에서는 주로 두 가지 관점에서 잃어버린 동전처럼 아쉬움을 남기고 우리 손을 빠져나가 버리는 학문들을 다룬다.

첫째, 사람들을 매혹시켰던 '사회과학', '독문학', '대하 역사소설 담론', '비평' 등이다. 사회과학은 한때 한국 사회 변혁의 실천적 요구에 대한 지성의 응답으로서, 학문 세계에 뛰어드는 많은 젊은이들을 매혹시켰다. 현실의 폭력 앞에서 인문학이 젊은이들 손에 무기를 들려주지 못할 때 사회과학은 그 위대한 일을 해냈다. 도대체 무엇이 잘못된 걸까? 오늘날 그런 실천적 힘을 기대하며 사회과학을 기웃거리는 사람은 거의 없다. 「운동으로서 사회과학은 어떻게 되었나」는 바로 사회과학의 이러한 현재의 위상을 과거에 비추어 점검해본다.

근대 학문과 교육 제도가 창설될 때 한국에서 가장 각광받은 외국 학문 영역을 꼽자면 단연 '독문학'이었다. 독문학은 단지 하나의 외국 문학에 국한되지 않고 서양 문화 자체를 체험하는 장이라는 의미를 지녔다. 그러나 인터넷 시대에 들어 급속도로 강화된 영어의 전 세계적 위상이 던지는 그림자 아래 독문학의 지위는 처참할 만큼 실추되었다. 「학문 언어로서 독일어는 사라졌는가」는 독일어의 이러한 위상 변화의 의미를 추적하면서 오늘날 자칫 간과되기 쉬운, 영어 이외의 외국어와 문화 공부의 중요성을 깨닫게 해준다.

대하 역사소설은 한때 문단과 일반 대중 모두에게 가장 사랑받는 문학이었다. 한국의 대표적인 작가들이 이 영역에서 『토지』, 『장길산』, 『객주』 등의 중요한 작품을 내놓았다. 오늘날 이러한 대하 역사소설의 생산과 폭넓은 향유는 찾아보기 힘들며, 우리는 다음과 같은 의구심에 휩싸인다. 역사소설의 쇠퇴는 역사의 발전 자체가 신뢰를 잃었기 때문인가? 역사소설의 몰락은 역사 발전이라는 거대 담론의 몰락을 보여주는 현상인가? 「대하 역사소설은 여전히 가능한가」는 이러한 인문학적 문제를 염두에 두고 역사소설의 축소된 위상을 점검한다.

아울러 한국 인문학의 종합적이고 창조적인 성과를 가늠할 수 있었던 영역으로 문학비평을 빼놓을 수 없다. 「비평은 어떻게 전체에 대한 통찰을 회복할 것인가」는, 현재의 한국 문학비평이 상업주의, 저널리즘, 소아적 분파주의에 휩말려 비평가가 소속된 출판사의 출판물에 관한 리뷰어로 전락한 문제 상황을 드러낸다. 그리고 문단 자체, 세계문학, 문학 교육 등 비평이 맺고 있는 다양한 관계 속에서 그것이 마땅히 나아가야 할 방향에 대해 구체적인 전망을 제시한다.

둘째, 오늘날 단지 사회과학이나 독문학뿐만이 아니라 '인문학 자체'도 어떤 의미에선 잃어버린 학문이 되었다. 바로 '과학'이 전통적으로 인문학이 차지하고 있었던 영역을 넘봄으로써 인문학은 자신의 영역을 잃어버렸고 이런 추세는 여전히 지속되는 듯하다.

이런 상황에 의문을 던지면서 「인문학은 과학에 자리를 내주어야 하는가」와 「심리학은 뇌과학에 자리를 내주어야 하는가」, 이 두 편의 글은 과학주의의 허를 밝힘으로써 과학으로 흡수될 수 없는 인문학 고유의 과제를 분명히 한다. 구체적으로 전자는 사회생물학적 연구와 최근의 진화심리학 등을 비판하며, 인문학 주제들이 과학에 흡수될 수 있다는 생각은 낡아빠진 환원적 학문 통일 이념의 재탕임을 드러 낸다. 후자는 뇌과학에 대항하여, 심리 활동이 죄다 뇌에 의해 결정되 고, 모든 것을 뇌의 작용으로 환원해서 설명할 수 있다는 주장에 회의 를 품는다. 오히려 심리 활동의 비밀은 실험실의 뇌가 아니라, 살아 움 직이는 인간이 노출되어 있는 다양한 사회 환경과 관련을 맺고 있다. 그렇기에 인간 마음의 비밀은 이런 사회 환경에 대한 인문학적 성찰을 무시하고서는 해명될 수 없다는 점을 보여준다.

　마지막으로 「사회과학은 사회공학으로 남을 것인가」는, 자연과학이 나 심리학과는 또 다른 차원에서 오랜 경쟁자이자 협력자였던 인문학 과 사회과학의 관계에 대한 통찰을 제공한다. 앞서 말한 「운동으로서 사회과학은 어떻게 되었나」가 한국 사회의 구체적인 사회운동사를 대 상으로 한 성찰이라면, 이 글은 원론적인 차원에서 사회과학의 본성 에 초점을 맞추고 있다. 필자는 "사회과학의 시대는 흔적도 없이 사라 지고 이제 새로운 시대", 바로 인문학의 시대가 왔다는 진단에서 논의 를 시작한다. 자연과학과 인문학 사이에서 태어난 사회과학은 인문학 적 성격, 즉 우리 사회에서 삶의 방향을 제시해주는 일(정향적 지식의 제 시)에 매진하면서 영광을 얻었지만, 1990년대부터 자연과학의 측면, 즉 공학적 성격을 지나치게 강조하면서 쇠락하게 되었다. 필자가 생각하 는 사회과학의 활로는 상실한 인문학 측면, 그러니까 삶의 방향성을 열어주는 일을 되살리는 것이다. 물론 이는 오늘날 인문학 붐의 어두 운 측면, 즉 자본주의의 입맛에 맞추려는 의도를 경계하면서 이루어 야 할 과제이다.

7장 운동으로서 사회과학은 어떻게 되었나

김원 •

운동의 시대, 사회과학의 전성기

'운동으로서 사회과학'을 설명할 때 1991년 이후 오늘날까지 가장 큰 변화는 '마르크스주의의 퇴조'라고 할 수 있다. 애초 사회과학이 운동과 동의어로 사용되진 않았다. 하지만 1980년 광주, 시민군의 절대 공동체, 이념의 급진화, 노학연대 그리고 보편적(유기적) 지식인 담론을 통해 사회과학은 현실을 변화시키는 자원으로 자리 잡았다. 구체적으로 말해 1980년대 마르크스주의(혹은 마르크스주의 사회과학)는 한국 사회를 어떻게 변혁할 것인가를 둘러싼 현실의 과제와 씨름하면서 복원되었던 것

• 서강대학교 사학과를 졸업하고 같은 대학 정치외교학과 대학원에서 석사와 박사 학위를 받았다. 서강대학교 사회과학연구소와 성공회대학교 노동사연구소를 거쳐 지금은 한국학중앙연구원 사회과학부 교수로 재직하고 있다. 지은 책으로 『여공 1970, 그녀들의 反역사』, 『87년 6월 항쟁』, 『사라진 정치의 장소들』(공저) 등이 있다.

이다. 사회 성격 논쟁, 국가 성격 논쟁, 계급론 논쟁 등은 이런 이유로 의미가 있었다. 이 점에서 정확히 규정한다면 '1980년대 사회과학'이라는 표현이 올바르다.

사회과학의 시대인 1980년대에 한국의 비판적 지식인은 노동계급을 대변하는 보편적이며 실천적인 지식의 생산자이자, 이들을 해방시키기 위해 사회혁명과 사회변혁에 나선 예언자적 기능을 수행하는 '존재'였다. 광주민중항쟁 등 결정적 국면을 경험하며 비판적 지식인들은 1960~1970년대 자유주의 지평 안에 존재했던 이전 세대와 인식론적 단절을 경험했다. 이런 결정적 계기를 통해 '유기적 지식인'이자 해방을 위해 노동계급과 연대를 지향하는 '연대적 지식인'을 지향했다.

이는 사회과학을 무기로 삼은 집단적 실천의 모색으로 가시화됐다. 이른바 민족-민중적 학문 공동체가 공식 출범했던 중요한 기점은 1988년 6월 학술단체연합 심포지엄이었다. 이날 서울대학교 사회학과 김진균은 기조 발제에서 기성 학계와 민족-민중적 학문 공동체의 단절을 지배적·소시민적 세계관과의 단절, 이론적 보수성과의 단절, 서구 이론의 맹목적 도입에 몰두하거나 한국의 현실을 실험 대상으로 삼는 학문적 비주체성에 대한 단절로 규정했다.

최초로 1986년에 결성되었던 산업사회연구회는 기관지《경제와 사회》 창간호를 통해 진보적 학술 연구자들의 연구 활동 영역이자 보수 학계가 관심 영역으로 삼지 않았던 연구 주제에 대한 과감한 접근, 한국 근대사에 대한 총체적인 상을 정립하기 위한 거시이론틀의 확립, 분과학문의 경계를 뛰어넘는 긴밀한 학제적 연계 등을 목표로 제시했다. 또한 학술운동의 4대 과제로 변혁운동의 실천적 문제의식에 입각한 이론적·실증적 연구 성과의 창출, 변혁운동에 기여하는 정세 분석과 전략·전술 수립을 위한 이론적·실증적 기여, 사회학계 내부의 학문의 주도성 확립과 사회학계의 전반적인 쇄신을 위한 집단적 실천 그리고 학문적 권위를 기반으로 한 정치적·이데올로기적 실천을 천명했다.

다시 말해 지식이란 통로로 운동을 보는 관점을 버리고 전체 운동의 당면 과제를 지식인 운동이 어떻게 수렴할 것인가를 고민했다. 또 이러한 집단적인 운동과 실천을 위한 사상 통일과 목적의식을 기초로 합의된 내부 규율과 집단적 힘을 강조했다. 결국 운동의 시대인 1980년대 역사적 사회과학의 복원을 통해 추구했던 지식 운동에서 가장 소중했던 가치는 '현실'과의 긴장을 통해 문제를 해결하려 했던 점이다. 이는 포스트사회과학 시대 이후 현실에 관여하는 연구 및 글쓰기와 거리를 두거나 학문의 전문성에 따른 분화가 대세가 된, '탈정치화' 흐름과 극단적으로 대조되는 움직임이다.

1991년 5월과 포스트주의

1980년대 사회과학은 지배 권력에 대항하는 강력한 동원력을 보여주었다. 하지만 1991년 5월 투쟁의 패배와 현실사회주의 붕괴처럼 특정한 국면에서 급작스럽게 약화될 수 있는 '불안정한 것'이었다. 여기서 한 가지 짚고 넘어가야 할 점이, 운동으로서 사회과학이 한국에 수용되는 시점이다. 서구에서는 이미 1970~1980년대에 사회주의의 몰락과 마르크스주의의 위기가 공공연히 논의되었다. 하지만 역설적으로 한국에서는 운동으로서 사회과학을 상징한 마르크스주의가 1980년대에 '복원' 되었다. 이는 한국과 세계사의 시간차를 드러내는 사건이었고 1991년 사회주의가 붕괴되자 혼란을 가중시키는 결과를 초래했다.

운동으로서 사회과학이 전환되는 결정적 국면은 1991년 5월 투쟁이었다. 강경대 열사 치사 사건 이후 한 달이 넘도록 펼쳐진 거리의 정치는 1987년 6월 이후 부활한 전민항쟁에 가까운 저항이자 죽음으로 뒤덮인 고통스러운 투쟁이었다. 여기에 가담한 사람들은 1991년 5월의 패배를 목도해야만 했다. 1991년 5월은 운동으로서 사회과학의 핵이었던 마르크스주의의 퇴조를 동반했다. 그해 8월, 남한사회주의노동자동맹 중앙위원 박노해의 사형 구형과 겹쳐 발생한 소련 쿠데타의 실패와 체제 붕괴는 1980년대 복원된 사회과학에 엄청난 충격이었다.

사회주의권 붕괴 이후 민족-민중적 학문 공동체 진영은 1980년대 지적 패러다임을 둘러싼 자기반성, 교조주의 비판, 개방성 등을 표방하기 시작했다. 대표적으로 사회구성체 논쟁이 1990년대 초반 사실상 종결되었다. 일각에서는 사회주의권 붕괴 이후 "마르크스주의 사회과학의 위기는 현실의 위기 이전에 현실과 진지하고 성실하게 대면하지 않았던 바로 '사회'과학자들의 게으름 때문이 아니었을까. (……) 정말 심각한 위기는 철학의 부재에 있는 것이 아니라 한국 사회의 구체적인 사실을 자기의 학문의 중심 과제로 여기면서 논의를 진행하기보다는, 그것을 끊임없이 대상화하고 이제는 거기서 출발했다는 사실조차 망각하는 모습에서 유래하지 않을까."라고 강도 높게 비판하기도 했다.(김동춘, 「산사연 칼럼 사막을 건너는 법」, 《경제와 사회》 제14권)

이처럼 위기가 가속되자 1990년대 들어 보편적·저항적 지식인 모델

"하지만 포스트주의가 마르크스주의의 대체물로 등장한 것은 포스트주의가 수용된 방식에 문제가 있었음을 시사한다 (물론 이에 격렬히 반대했던 마르크스주의 진영의 책임도 있다)."

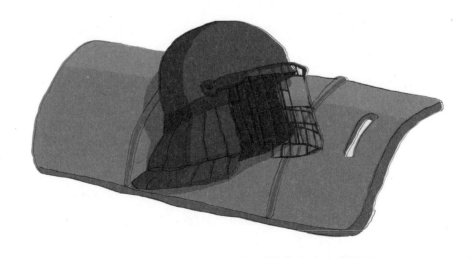

에 균열이 생기기 시작했고 그간 학문 공동체의 지적인 저수지였던 '대학 내 재생산 구조'는 위기에 봉착했다. 민간정부가 들어선 이후 민족-민중적 학문 공동체는 이전과 달리 동질적인 지반 위에 서 있지 못하게 되었다. 점차 구성원들이 제도권 학계에 자리 잡게 되자 '전문성' 혹은 '전문적인 연구'가 강조되었다. 어느 순간부터 1980년대 민족-민중적 학문 공동체가 지향했던 바와 달리 학문이 현실의 검증을 받지 못하고 외려 현실을 추종하거나 외부 충격에 의해 지(知)의 유행이 순식간에 바뀌어갔다.

이런 와중에 이른바 '포스트주의'가 본격 등장했다. 당시 포스트주의는 논자들의 의도와 무관하게 마르크스주의의 '대안'으로 해석 및 논의되었다. 실제로 1991년 현실 사회주의가 붕괴되자 비판적 지식인들이 연대의 대상으로 상정했던 민중과 노동계급은 변혁 주체로서의 의미를 의심받기 시작했다. 수많은 포스트주의가 논의되었지만 '마르크스 역사관의 재검토'(이병천 지음, 《사회경제사학》 4호, 1991년), 『마르크스주의의 위기와 포스트마르크스주의 Ⅱ』(이병천·박형준 편저, 의암), 『포스트모더니즘과 비판사회과학』(김성기 지음, 문학과지성사) 등은 마르크스주의를 대체하는 이론으로 논의되었다. 노동자계급 중심성, 역사적 유물론의 고수 등을 둘러싼 논쟁은 온갖 오해와 반목을 불러일으키다가 해결되지 못한 채 정리되었다.

하지만 포스트주의가 마르크스주의의 대체물로 등장한 것은 포스트주의가 수용된 방식에 문제가 있었음을 시사한다.(물론 이에 격렬히 반대했던 마르크스주의 진영의 책임도 있다.) 1980년대에 복원된 운동으로서 사회과학의 소중한 유산은 '현실'에 근거한 사회과학 연구였다. 한국 사회를 어떻게 바꿀 것인가를 이론이란 형식으로 탐구했던 것이다. 하지만 포스트주의에는 1980년대 사회과학의 문제의식이 쉽게 발견되지 않는다. 포스트주의 수용 과정은 구체적인 현실과 정세에 대한 착목이 결핍돼 있다는 비판에서 자유로울 수 없다. 단적인 예로 안토니오 그람시(Antonio Gramsci)를 필두로 광범위하게 수용된 서구 마르크스주의는 문화, 이데올로기, 상식 등 상부구조의 문제를 둘러싸고 고심을 거듭했다. 이들이 상부구조에 천착한 이유는 여전히 변혁은 가능한 상황이나 보수화되고 체제 내화된 노동자계급과 운동의 문제를 해결하기 위해서였다. 하지만 국내의 포스트주의 수용에서 이런 문제의식은 쉽게 발견하기 어렵다.

사라진 변혁의 자리, 포스트사회과학의 시대

하지만 1991년 이후 마르크스주의가 퇴조하고 그 자리에 포스트주의가 자리 잡은 것은 인정할 수밖에 없는 '사실'이다. 그 결은 다르지만 푸코, 들뢰즈, 발리바르, 자크 랑시에르(Jacques Rancière), 아감벤 등 마르크스주의를 초과하는 이론들이 한국에 자리 잡고 있다. 여기서 유의할 점은 국내에 소개되는 상당수 포스트마르크스주의, 포스트식민주의, 서발턴 이론가들은 대부분 마르크스주의에 지적인 뿌리를 두고 있다는 사실이다. 마르크스주의가 맞닥뜨린 모순과 한계를 다른 지적인 자원을 통해 극복하려는 시도인 것이다.

마르크스주의의 전화 혹은 시민권의 정치 등으로 알려진 발리바르도 마르크스주의의 한계로 '노동자계급중심주의'를 지적한다. 하지만 그가 자본주의 사회관계에서 이제 적대성이 소멸되었다거나 이를 해체해야 한다고 주장하는 것은 아니다. 오히려 노동자계급중심주의를 어떻게 재구성하고 개조하느냐에 초점을 맞추고 있다.

이 점에서 포스트사회과학 시대에 외부에서 밀려들어오는 지적인 유행 자체를 거부할 필요는 없다. 그런 태도 역시 현실 사회과학의 아포리를 적극 해결하려는 시도를 봉쇄하는 결과를 낳을 수 있기 때문이다. 오히려 망각해선 안 될 점은 어떻게 현실의 정세와 지형 속에서 지적인 유행을 수용하느냐 하는 것이다. 다시 말해 신자유주의 체제의 한국이란 맥락에서 어떻게 이를 수용해 포스트사회과학이 처한 모순을 해결할 수 있는 자원으로 활용하느냐가 문제다.

8장 학문 언어로서 독일어는 사라졌는가

김태환 •

라틴어의 몰락

한 나라 혹은 공동체에서 일상 언어 외에 다른 언어가 학문적·문화적 세계의 교양어로 통용되는 것은 문화 격차 때문이다. 즉 문화적으로 선진적인 중심부 언어가 주변부에서 교양어 역할을 하게 되는 것이다. 중심부와 주변부의 관계는 공간적일 뿐만 아니라 시간적이기도 하다. 위대한 문화적 전성기의 언어는 그 언어를 일상어로 사용하던 사회가 사라진 뒤에도 살아남아 다른 언어들의 공동체 속에서 교양어의 위상을 누릴 수 있다. 우리에게 한문이 그랬듯이, 서양에서는 오랫동안 라틴

• 서울대학교 사법학과를 졸업하고 동 대학원 독어독문학과에서 박사학위를, 오스트리아 클라겐푸르트 대학에서 비교문학 박사학위를 받았다. 1991년 《조선일보》 신춘문예 평론 부문에 당선하며 등단하고, 계간지 《문학과 사회》 편집동인으로 활동했다. 덕성여자대학교 교수를 역임하고, 현재 서울대학교 독어독문학과 교수로 재직 중이다. 쓴 책으로 『푸른 장미를 찾아서』, 『문학의 질서』, 『미로의 구조』 등이 있고, 『모던/포스트모던』 등 다수의 역서와 논문이 있다.

어가 학식 있는 지도층의 언어로 사용되었다. 적어도 로마 가톨릭 교회가 지배하는 서양에서는 라틴어라는 공통 언어가 민족의 차이를 넘어 문화적 세계의 통일성을 보장해주었던 것이다. 그런데 근대로 넘어오면서 라틴어는 보편적 교양어의 지위를 상실한다. 종교개혁 이후 성경은 독일어, 영어 등으로 번역되어 프로테스탄트 교회에서 사용되기 시작했고, 문학 서적과 학술 서적의 출판에서도 점차 민족어가 라틴어를 압도하기에 이른다. 이는 무엇보다 요하네스 구텐베르크(Johannes Gutenberg)의 인쇄술로 책이 과거보다 훨씬 더 폭넓은 독자 대중에게 접근할 수 있는 매체가 되었기 때문일 것이다. 이러한 독자들을 실질적으로 끌어들이기 위해서 책은 사람들이 일상적으로 사용하는 언어로 저술되어야 했다. 성서를 독일어로 번역할 때 저잣거리 사람들의 입을 관찰했다는 마르틴 루터(Martin Luther)의 진술은 교양어와 일상어의 통일이라는 새로운 근대적 이상을 표현하고 있다. 루터의 번역을 통해 성경은 전승되어온 문자의 세계에서 벗어나 살아 움직이는 현실과 더 가까워졌다. 그리고 독일어는 새로운 표현 가능성과 문화적 깊이를 얻었다.

이렇게 해서 1000년 이상을 이어온 라틴어 문화의 통일성과 보편성이 무너지고 다채로운 민족 언어들이 유럽의 문화 세계를 분할하게 된다. 그런 의미에서 서양의 근대는 바벨탑의 붕괴와 함께 시작되었다고할 수 있다. 라틴어가 독점하던 문화적 가치는 여러 민족어들 사이에 분산된다. 그런데 이와 같은 탈중심 상태는 민족어들 사이에서 문화적으로 더욱 중요한 언어가 되려는 경쟁을 촉발한다. 이 경쟁의 결과는 지금 우리의 삶에까지 직접 영향을 미치고 있다. 한때는 프랑스어가 유력해 보이기도 했지만 결국 영어가 라틴어에 비견되는 전 세계의 새로운 중심 언어로 자리 잡은 것이다. 게다가 오늘날 영어는 단순히 특정 계층의 전유물인 교양어가 아니라 가장 폭넓게 통용될 수 있는 비공식적 세계 공용어라는 점에서 과거 라틴어의 영향력을 훨씬 능가하는 듯하다.

하지만 일반적 통용성이 아니라 문화적 가치라는 점에서만 본다면, 라틴어가 서구 세계에서 지니고 있던 독점적 지위를 영어가 계승하고 있다고 보기는 어렵다. 왜냐하면 서구의 근대는 다양한 민족어들의 탈중심적 경쟁 속에서 문화적 업적을 축적해왔고, 이는 결코 영어라는 하나의 언어로 환원될 수 없기 때문이다.

독일어의 부상과 몰락

그중에서도 독일어의 문화적 의의는 각별하다. 독일은 정치적으로나 문화적으로나 오랫동안 후진적인 상태에 머물러 있었다. 하지만 18세기 후반부터 문화적인 약진이 시작된다. 독일은 낭만주의 문학과 관념론 철학으로 유럽의 근대 정신을 새롭게 주조했다. 예술과 학문, 대학에 대한 근대적 이념은 독일에서 발원했다. 19세기에 독일은 가장 선진적인 대학 시스템을 구축했고, 이러한 노력에 힘입어 세계적인 학문의 중심으로 도약한다. 자연과학에서도 첨단의 연구들이 많은 독일 과학자들에 의해 이루어졌고, 이들을 중심으로 국제 학회가 조직되었다. 19세기 말에 이르러 독일어는 가장 중요한 자연과학 언어가 되었다. 자연과학의 비약적 발전은 20세기 초 독일 인문학에 큰 자극이 되었다. 독일 인문학자들은 자연과학이 놀라운 발전 앞에서 위기를 느꼈다. 그들

"한 언어의 문화적 중요성은 그 언어를 얼마나 많은 사람들이 사용하느냐가 아니라 그 언어를 통해 중요한 문화적 의미가 있는 텍스트들이 얼마나 많이 생산되느냐에 달려 있다. 짧은 시간 동안에 유럽의 주변 언어에서 문화적 중심의 자리에 올라선 독일어의 역사는 이러한 사실을 극적으로 보여준다."

은 한편으로 자연과학의 엄밀성과 정확성을 배우면서도 다른 한편으로 인문학에 고유한 방법론을 정립하기 위해 노력했다. 이 과정에서 일일이 열거하기 어려울 정도로 많은 영향력 있는 철학자와 사상가, 문학자, 사회학자, 경제학자들이 독일어권에서 배출되었다.

더욱 놀라운 것은 이 모든 발전이 독일의 국제정치적 영향력과 무관하게 이루어졌다는 사실이다. 독일은 1871년에야 통일 국가를 이루었고, 19세기 말에 비로소, (결국 실패로 돌아가고 말) 제국주의 경쟁에 뛰어들었다. 따라서 독일어는 영어나 불어와는 달리 식민지 지배를 통한 확산 기회가 거의 없었고, 오스트리아가 지배한 동유럽 정도에 영향을 미쳤을 뿐이다. 영어와 불어가 전쟁과 식민지 정책을 통해 영향력을 강화해갔다면, 문화 영웅들의 업적을 통해 얻어진 독일어의 국제적 위상은 오히려 정치가들의 잘못된 판단에 의해 추락하고 만다. 제1차 세계대전으로 격화된 민족주의적 감정의 소용돌이 속에서 독일 과학자들은 국제 학회에서 추방당했고, 이로써 영어는 자연과학의 제1언어가 될 수 있는 결정적 기회를 잡는다.

미국이 1차대전에 참전하자 당시까지만 해도 많은 독일계 미국인들이 사용하던 독일어는 적국의 언어로서 대대적인 공격 대상이 되었다. 히틀러와 제2차 세계대전은 더욱더 파괴적인 결과를 초래했다. 나치는 인종주의적 망상에 사로잡혀 독일어권에서 가장 뛰어난 작가, 예술가, 학자들을 제거하고 추방해버렸다. 많은 위대한 학자들이 학문 인생의 후반기를 영어로 다시 시작했으며, 미국의 대학과 예술계, 영화계는 독일에서 몰려온 망명객들에 의해 비약적으로 발전하게 된다. 두 차례의 세계대전을 거치면서 미국은 단순한 경제적·군사적 강대국에 그치지 않고 문화의 중심부로 떠오르게 된다. 이로써 영어는 중심 언어의 지위를 더욱 굳히게 되었다.

다시 시간을 거슬러서 '독일어의 재난' 이전 시기로 돌아가 보자. 한국은 19세기 말에서 20세기 초에 근대화의 물결에 휩쓸리면서 장구한 세월 동안 문명의 중심이었던 중국 대신에 서구 근대 문명을 새로운 중심으로 받아들인다. 그런데 이 새로운 중심은 한문으로 통합돼 있는 중국 문명과는 다른 특성을 지니고 있었다. 근대 문명의 바깥에 있던 한국 입장에서는 하나의 중심이었지만, 그 속에서는 문화의 헤게모니를 둘러싸고 적어도 세 언어가 경쟁하고 있었던 것이다. 이런 의미에서 서양 문명은 탈중심적 중심이었다. 문명의 주된 흐름에 동참하기 위해 중심부 언어를 배우는 것이 주변부의 숙명이라면, 한국인은 적어도 세 언어, 즉 영어, 불어, 독어를 모두 수용해야 하는 입장에 처하게 되었다. 한국에서 독일어를 중요한 외국어의 하나로 널리 배우게 된 이유로 흔히 일본 식민 지배의 영향을 꼽는다. 그럼 일본은 왜 독일어를 중시했을까? '일본이 독일을 후발 근대국가의 모범으로 삼았기 때문'이라는 정치적 설명이 널리 받아들여지고 있지만, 더욱 근본적인 이유는 일본이 서양 근대 문명을 철저히 흡수하려 했고 그 본질적 내용이 상당 부분 독일어에 담겨 있었다는 데서 찾아야 할 것이다. 독일어는 서양 문명에 접근하기 위해서는 피할 수 없는 여러 길 가운데 하나였고, 같은 논리는 한국에도 마찬가지로 적용된다. 즉 우리는 일본인 때문에 독일어를 배웠다기보다 서양 문명의 수용을 위해 영어와 아울러 불어를, 그리고 독일어를 배워야만 했던 것이다.

영어 헤게모니의 강화

주지하다시피 제2차 세계대전 이후 경제적·정치적·군사적·문화적 강대국으로 자리 잡은 미국의 주도하에 영어의 헤게모니는 세계적으로 점점 더 강화되었다. 자연과학계에서 영어는 링구아 프랑카(lingua franca)로서 서양 중세의 라틴어와 같은 독점적 지위를 누리고 있으며 이러한 경향은 경제학·경영학 등 다른 학문에까지 확산되는 분위기이다. 한국 사회도 해방 이후 미국의 강력한 영향권 아래 놓이면서 영어는 그야말로 압도적으로 중요한 외국어가 되었다. 중심부 문명과 이어지는 통로는 영어 하나로 충분하다는 인식이 대세가 된 지 오래이다. 한때 고등학교와 대학교에서 제2외국어 과목으로 가장 큰 비중을 차지했던 독일어의 위상도 이제는 추락할 대로 추락했다. 1990년대 이후 학교에서 제2외국어로 독일어를 선택하는 학생들의 수는 격감했다. 1980년대까지만 해도 독어독문학은 어문계열에서 영어영문학 다음으로 인기 있는 전공이었지만, 어문계열의 전공 선호도가 언어의 실용적 가치 위주로 재편되면서 독어독문학 전공은 소수파로 전락했다. 독일어는 다른 주요 언어에 비해 사용 인구가 많지 않고, 주로 유럽 일부 지역에 제한되어 있기 때문이다. 또한 철학을 비롯한 인문학 전공 대학원생들 가운데 학술적 독일어에 접근할 수 있는 사람의 비율은 현저히 줄어들었다.

독일어의 가치를 주로 문화적이고 학문적인 면에서 찾을 수 있었다면, 우리는 영어가 전면적인 헤게모니를 장악한 이 시대에 소수의 독어독문학 전공자나 독일 관련 전공자만 남겨두고 독일어와 완전한 작별을 고해야 하는 것임까? 그렇지는 않을 것이다. 아무리 전쟁의 파괴적 영향과 그후의 역사적 흐름에 따라 독일의 문화적·학문적 위상이 훼손되었다 하더라도 18세기 후반에서 20세기 전반에 이르기까지 독일어를 통해 이룩된 업적은 계속 참조해야만 하는 굳건한 문화적 토대로 남아있기 때문이다. 예컨대 20세기 후반 독일의 철학이 잠시 주춤하고 있는 사이에 유럽 철학의 중심축은 프랑스로 옮겨간 것처럼 보이지만, 사실 현대 프랑스 철학은 칸트, 헤겔, 마르크스, 니체, 프로이트, 하이데거 등 독일 철학과 사상의 전통에 깊이 의존하고 있다. 이는 어느 정도 인식의 직선적인 진보를 상정할 수 있는 자연과학과는 달리 인문학이 고전적 텍스트로의 부단한 회귀와 새로운 해석을 통해서만 발전할 수 있음을 보여준다. 한국의 주요 대학 도서관에도 독일어로 된 중요한 학술 서적들이 상당히 많이 소장되어 있다. 이는 독일어를 통해 학문을 수용해온 우리의 역사를 반영하는 것이며, 학자들은 지금도 이것들을 읽고 또 읽어야 한다. 독일어를 하는 사람이 너무나 많이 줄어들어 그 모든 책들이 도서관 깊숙이 파묻혀버린다면, 참으로 안타까운 일이다.

독일어의 운명이 주는 교훈

한 언어의 문화적 중요성은 그 언어를 얼마나 많은 사람들이 사용하느냐가 아니라 그 언어를 통해 중요한 문화적 의미가 있는 텍스트들이 얼마나 많이 생산되느냐에 달려 있다. 짧은 시간 동안에 유럽의 주변 언어에서 문화적 중심의 자리에 올라선 독일어의 역사는 이러한 사실을 극적으로 보여준다. 나는 독일어가 그렇게 되는 과정에서 민족 전통과 민족어의 고유한 가치에 대한 낭만주의적 자각이 중요한 역할을 했다고 생각한다. 그러한 자각이 민족적 특수성에 대한 폐쇄적 변호론에 머문다면 위험한 국수주의로 이어질 수 있다. 하지만 민족적 특수성에서 출발하여 그것을 넘어서는 보편적 인식과 가치를 표현하려 한 위대한 작가, 철학자, 사상가들의 노력에 의해 독일어는 세계적인 언어가 될 수 있었던 것이다.

그렇다면 우리가 독일어를 통해 배울 것은 학문적 업적뿐만이 아닐 것이다. 주변과 중심, 특수와 보편의 긴장 속에서 형성되어온 독일어의 운명 자체가 우리에게 커다란 교훈을 준다. 이런 관점에서 한국에서 한국어로 학문한다는 것의 의미에 대해서도 생각해볼 수 있지 않을까? 이는 주변 언어인 한국어 속에서 보편적인 학문 언어의 잠재력을 발견하고 실현하는 데서 찾을 수 있지 않겠는가? 오늘날 한국 학계에서는 국제화와 세계화의 가치가 중시되면서 학문의 성과를 영어와 같은 중심부 언어로 발표하는 것을 장려하고 있다. 이런 분위기 때문에 국내에서 한국어로 발표하는 논문은 2등급 논문이라는 느낌마저 들 정도이다. 이는 한국어의 학문적 가능성을 넓혀가는 데 대단히 부정적인 영향을 끼칠 수 있다. 특히 인문학은 구체적인 인간의 삶과 문화에 관한 학문이다. 따라서 인문학에서는 학문 언어와 일상 언어가 완벽히 분리될 수도 없고, 지역적·문화적 특수성을 떠나 모든 지식을 하나의 흐름으로 빨아들이는 어떤 보편적 패러다임이 처음부터 주어져 있는 것도 아니다. 그렇기 때문에 이를테면 세계의 모든 철학 논문과 저서가 영어로 저술되고 그래서 단 하나의 철학이 되는 것은 불가능할 뿐만 아니라 (설사 가능하다고 해도) 바람직하지도 않다. 그런 식이라면 우리가 알고 있는 독일 철학이란 것은 생겨나지 않았을지도 모른다. 바벨탑의 붕괴와 이에 따른 다언어적·탈중심적 상황은 성경에서처럼 인간을 혼란과 무기력에 빠뜨린 것이 아니라, 오히려 근대 문화의 발전에 크게 기여했다. 그런 의미에서 한국어를 학문적·문화적으로 더욱 풍요롭게 만드는 것 역시 세계화와 국제화에 크게 기여할 수 있다는 인식의 전환이 필요하다고 생각한다.

9장 심리학은 뇌과학에 자리를 내주어야 하는가

이남석 •

심리학보다는 뇌과학이라는 외계인

나는 꿈에서 외계인 파티에 참석한 적이 있다. 그날의 화제는 인간의 마음은 어디에 있는가였다. 빨간색 외계인은 마음이 '배'에 있다고 주장했다. "아니 왜요?" 놀란 나는 신분도 망각한 채 다른 외계인보다 먼저 물었다. 빨간색 외계인은 짐짓 여유를 부리며 대답했다. "인간들은 공복일 때는 만사에 예민해지고 포만감을 느낄 때는 만사 태평입니다. 그리고 배에 청진기를 대고 들어보면 일정한 패턴이 없이 계속 이상한 소리

● 성균관대학교와 동 대학원에서 심리학을 전공했고, 인지과학과 협동과정을 거쳐 WCU 인터랙션 사이언스학과 박사 과정을 수료했다. 한국인지과학회 간사, 한림대학교와 서강대학교 심리학 강사, 미국 피츠버그 대학 인지과학연구소 초빙 연구원, 교육과학기술부 WIST 정보운영실장 등을 거쳐 현재 심리변화행동연구소 소장으로 활동하며 긍정심리학과 행동심리학의 실제적 적용에 힘쓰고 있다. 쓴 책으로는 『무삭제 심리학』, 『사랑을 물어봐도 되나요』, 『자아놀이공원』, 『마음의 비밀을 밝히는 마음의 과학』 등이 있다.

가 나지요. 그런 것으로 봐서 복잡한 인간의 마음은 배에 있습니다." 주변 외계인들이 의심스러운 눈길을 보내자 빨간색 외계인은 1970년대 심리학 책을 꺼내 보여주었다. 그 책에는 윌리엄 셸던(William Sheldon)과 에른스트 크레치머(Ernst Kretschmer) 등의 체형과 심리의 관계에 대한 연구가 소개되어 있었다. 비만한 사람은 온화하고 사교적인 반면에 마른 사람은 예민하고 내성적이며, 근육질인 사람은 강인하고 외향적인 성격이라는 내용이었다.

다른 외계인들은 즉각 반론을 제기했다. 자신들이 잡아서 관찰한 지구인들을 보면 체형 심리학 이론과 맞아떨어지지 않는 경우가 너무 많다는 것이었다. 어느 외계인은, 마른 체형인데 외향적이고 재기발랄한 코미디언이 많아서 아예 자신은 마른 지구인을 먼저 잡는다고 말하기도 했다. 혹시 나까지 잡아갈까 싶어 몸을 사리는 사이에 파란 외계인이 입을 열었다. "그런 낡은 심리학은 이제 버려야 해요. 요즘은 뇌과학의 시대입니다. 인간의 마음은 뇌에서 나옵니다. 그러니 뇌를 연구하면 곧 마음을 알 수 있어요. 거추장스럽게 심리학 연구 방법이나 이론을 끼워서 설명할 필요가 없어요."

파란 외계인은 DNA 이중나선 구조를 발견한 공로로 노벨상을 수상한 프랜시스 크릭(Francis Crick)이 1994년에 내놓은 저서 『놀라운 가설(The Astonishing Hypothesis)』에서 한 말을 인용했다. "인간의 주체성과 자유의지는 사실 신경세포와 관련 분자들의 거대한 집합체의 행태에 지나지 않습니다." 파란 외계인은 기원전 4세기 히포크라테스도 이미 뇌가 인간의 정신 기능을 담당한다는 점을 알고 있었으며, 고대 철학자 플라톤도 최고의 덕목인 지혜의 위치를 머리(뇌)로 비유했을 정도로 유구한 역사를 자랑하는 이론이니 이건 새삼 요란을 떨 것도 없는 당연한 결론이라는 식으로 말했다. 1848년 미국 버몬트 철도 공사의 현장 감독으로 일하다 사고로 쇠막대기에 뇌의 전두엽 부분이 관통당해 성격도 변한 피니어스 게이지(Phineas Gage) 같은 사람들의 사례도 줄줄 읊었다. 그는 평생 "Tan"이라는 말만 했던 실어증 환자의 뇌를 부검해 왼쪽 뇌 전두엽 부분이 언어능력과 관련이 있음을 밝혀낸 폴 브로카(Paul Broca)의 연구를 시작으로 뇌의 각 부위가 각각 어떤 역할을 담당하고 있는지 체계적으로 설명해주었다. 그리고 인간의 뇌에는 최소 1000억 개에서 1조 개의 뉴런이 있으며, 1초당 뇌에서 만들어지는 신호는 1년간 전 세계 국제 통화의 단어 수보다 1000배 더 많다는 등의 이야기를 하면서 인간의 복잡한 마음은 충분히 뇌의 활동으로 환원해 설명할 수 있다고 주장했다. 파란 외계인이 줄기차게 쏟아내는 숫자와 예시에 입이 쩍 벌어졌다.

나를 더 놀라게 하는 것은 따로 있었다. 파란 외계인은 '심부 자극술'과 관련된 영상을 보여주었다. 뇌에 심어놓은 신경 조정 장치로 전기 자극을 가해 도파민을 활성화시킴으로써 파킨슨 병에 걸린 환자의 떨림을 억제하는 장면이 나왔다. 이어 심각한 우울증에 걸린 여성이 전두엽에 심부 자극 시술을 받아 우울한 마음이 들 때마다 손으로 버튼을 눌러 전두엽을 자극하는 장면이 나왔다. 파란 외계인은 자신감 넘치는 어조로 말했다. "프로이트가 무의식을 연구한 이후 우울증 치료에 기나긴 정신분석 상담이 필요하다고 주장했지요. 하지만 이제는 시대가 달라졌습니다. 뇌에서 우울증과 관련된 패턴이 보이면 곧 우울증으로 진단할 수 있어요. 가설 개념인 내면 아이(inner child)를 발견해 상처를 치유하느라 시간을 들일 필요가 없고 인지 행동 수정 같은 다양한 상담 훈련을 할 이유도 없습니다. 그저 지금 보신 장면처럼 뇌를 직접 진단 및 제어하면 됩니다." 여태 파란 외계인의 말에 수긍하며 신기해했지만, 우울증 사례에 대한 설명을 듣고 나서 나도 모르게 발끈하며 몸을 일으켜 소리쳤다. "그게 말이 되나요?"

뇌와 마음의 관계

뇌과학의 발전과 이에 대한 대중의 관심이 높아져 언론에서도 뇌과학 연구 소식을 심심치 않게 접할 수 있는 세상이다. 덕분에 전두엽, 측두엽, 두정엽, 후두엽, 시상하부, 해마 등의 뇌 부위와 PET, fMRI, ERP, MEG, SPECT 등의 진단 도구 같은 전문용어를 아는 사람도 많아졌다. 그러나 뇌과학 연구와 용어가 많이 퍼질수록 뇌와 마음의 관계에 대한 이해가 높아지긴커녕 더욱더 혼란스러워지는 양상을 보인다. 학계에서도 마찬가지이다.

학자 중에는 새로운 뇌과학 연구 방법으로 심리학을 포함한 기존 학문의 이론을 검증해 심리 현상을 곧 뇌의 활동으로 환원해 설명하려는 뇌 결정론자가 있다. 프랜시스 크릭, 빌라야누르 라마찬드란(Villayanur Ramachandran), 퍼트리셔 처칠랜드(Patricia Churchland) 등 대중적으로 널리 알려진 신경과학자들이 대부분 이에 속한다.

이들은 심리 과정이 곧 뇌 과정이며, 마음의 물리적 기반인 뇌와 신체기관 신경계의 구조 및 과정을 상세히 이해하지 못하면 마음에 대한 올바른 이론을 세울 수 없다고 주장한다. 그래서 때로는 기존의 심리학은 틀린 이론이거나 더 이상 필요가 없으며, 모든 것은 뇌과학으로 수렴된다고 말하기도 한다.

뇌 결정론자들은 때로 뇌의 특정 요소에 의해 모든 것이 결정된다는 과감한 주장을 펼치기도 한다. 마르코 야코보니(Marco Iacoboni)는 『미러링 피플』(김미선 옮김, 갤리온)에서 거울 뉴런(mirror neurons) 덕분에 인간이 사회적·정치적·경제적 동물로 진화할 수 있었다며 역사적 사례를 모두 거울 뉴런과 연관지어 설명했다. 다양한 학문에 기반을 둔 연구자들이 여러 변인이 작용하여 만들어낸 변화라고 이해하고 있던 현상을 뇌의 전두엽과 측두엽에 소량 존재하는 신경세포의 작용으로 설명한 것이다. 다른 뇌 결정론자가 쓴 대중서나 해당 연구에 대한 언론 보도 역시 신경세포나 부위, 신경전달물질 등의 기능에 관련한 차이를 보일 뿐 과감하게 이러한 주장을 내놓는다.

한편, 뇌과학이 심리학을 비롯한 다른 학문보다 우위에 있는 학문이라기보다는 마음에 대한 올바른 이해를 위한 협력 대상임을 강조하는 학자들도 있다. 대표적인 사람이 마이클 가자니가(Michael Gazzaniga)와 브루스 후드(Bruce Hood)이다. 그런데 이들이 무조건 다른 분야를 수용하는 것은 아니다. 혈액형이나 체형과 심리의 관계를 논하는 심리학같이 일반 직관에 의존한 통속심리학(folk psychology)을 몰아내야 한다고 주장한다는 점에서는 강성 뇌 결정론자와 같은 입장에 있다.

그러나 심리 활동이 죄다 뇌에 의해 결정되고, 모든 것을 뇌의 작용으로 환원해 설명할 수 있다는 주장에는 회의적이라는 점에서 뇌 결정론자와는 큰 차이가 있다. 마이클 가자니가의 『뇌로부터의 자유』(박인균 옮

"일찍이 100년 전 유럽 중심의 게슈탈트 심리학자들은 '전체
는 부분의 합보다 크다.'는 말로 마음과 환경의 본질을 명백히
밝혔지만, 최첨단 기술로 무장한 일부 뇌 결정론자들은 일부
뇌의 요소의 합으로 전체 마음을 설명하려 든다. 뇌 결정론자
의 주장은 사진기의 부품으로 사진의 예술적 가치 전체를 논
하려는 오류를 연상시킨다."

김, 추수밭)에 나오는 "자유의지와 책임은 개인의 뇌 자체가 아니라 둘 이상의 뇌가 상호작용하는 사회적 관계에서 창발된다."는 주장은 이러한 학자들의 입장을 대변한다.

미국의 신경과학자 짐 팰런(Jim Fallon)은 사이코패스 살인자들의 뇌를 연구하던 중 그들의 뇌에서 안와피질의 활동이 결여돼 있다는 사실을 알게 되었다. 안와피질과 극악한 범죄의 상관관계에 대해 결론을 내리기 전에 팰런은 자신의 뇌와 살인자들의 뇌를 비교했다. 그런데 놀랍게도 자신의 뇌가 살인자의 뇌와 같은 패턴으로 움직이고 있었다. 뇌 결정론에 따르면 자신도 살인자가 되었어야 하는 운명의 소유자였던 것이다.

가계의 역사를 살펴보니 실제로 조상 중에는 자신의 어머니를 죽인 살인자도 있었다. 그는 바로 미국 역사에 기록된 최초의 모친 살해범이었으며, 다른 조상 중에서도 일곱 명의 살인자가 더 있었다. 하지만 그는 부모가 제공한 좋은 양육 환경과 자신의 노력으로 살인자가 되지 않고 명석한 신경과학자가 되었다. 그는 자신의 사례를 통해 뇌의 역할보다 환경과의 상호작용을 더 주목하게 되었다.

뇌 결정론에 너무 빠져 있는 사람에게는 팰런이나 가자니가와 같은 학자들처럼 뇌를 넘어선 변인을 보라고 조언하고 싶다. 그들은 실험실의 뇌가 아니라, 살아 움직이는 인간이 노출되어 있는 사회 환경을 고려해야 하기 때문에 심리학을 중심으로 한 여러 인문학적 성찰을 무시하지 않는다. 오히려 배우자를 고르는 것처럼 세심하게 취사선택해서 껴안으려 한다.

이 밖에도 여러 부류의 학자들이 뇌과학에 대해 각기 다른 입장을 보인다. 그러나 이 세상에서는 목소리를 높여 떠드는 사람이 가장 주목받는다. 그리고 이런 이들이 수가 더 많을 뿐 아니라 주도권을 쥐고 있는 것처럼 대중을 현혹시키는 데 문제가 있다. 본의 아니게 오도되지 않으려면 현재 뇌과학 연구가 어떻게 진행되고 있는지 꼼꼼하게 살펴봐야 한다.

영국 워릭 대학교 지안펭 펭(JianFeng Feng) 팀의 2011년 연구의 경우 우울증 환자와 일반인의 뇌를 fMRI(기능성 자기 공명 장치)로 찍어 비교함으로써 우울증 환자의 경우 분노 표출과 관련된 신경회로가 제대로 활성화되지 않는다는 사실을 밝혀냈다.

이와 다르게 국내 한국과학기술연구원(KIST) 이창준 팀은 2012년 9월 우울증에 대한 놀라운 연구를 발표했다. 그동안 뇌과학자가 집중 연구해온 뇌의 신경세포가 아닌 비신경세포를 연구한 결과, 비신경세포가 직접 신경전달물질을 뿜어내 신호 전달을 활성화시킨다는 사실을 밝혀낸 것이다.

즉 신경전달물질인 글루타메이트가 TREK1(트렉1)이라는 통로를 빠르게 지나서 분비되면 우울증이 유발될 수 있다는 것이다. 이 연구 결과를 읽은 독자는 사람의 뇌를 머리에 그렸을 것이다. 그런데 이창준 팀은 쥐를 대상으로 실험을 했다. 쥐를 거꾸로 매달아 처음에는 벗어나려 아등바등 대다가 결국 포기할 때까지 우울증을 유발시킨 다음에 쥐의 뇌를 관찰했다.

기본적으로 인간의 뇌는 다른 생물과 동일하게 세포로 이루어져 있고, 세포는 동일한 물리학 법칙의 지배를 받으니 인간 뇌의 비밀을 밝히기 위해 쥐의 뇌를 연구하는 것 자체가 문제 될 리는 없다. 그러나 연구자들이 조작한 것이 사회 환경 속에서 빚어진 인간의 우울증과 본질적으로 맞아떨어지는가, 그리고 신경전달물질의 분비 증가를 곧 우울증이라고 볼 수 있는가 하는 것은 의문으로 남는다.

내 꿈에서 나온 파란 외계인이 '심부 자극술'을 설명하면서 보여준 동영상 주인공의 예를 다시 생각해보자. 만약 그녀가 아버지의 폭력과 엄마의 히스테리에 지쳐 새로운 누군가를 만나도 자신의 상처가 치유되리라고 믿거나 기대하지 않으며 굳이 다양한 인간관계를 맺지 않고 혼자 있는 시간을 늘리다가 결국 만성 우울증에 빠져들었다면 우울증의 원인을 설명하는 적절한 변인이 어릴 적의 심리적 상처일까, 아니면 현재 전두엽의 패턴일까? 우리는 간단하고 확실하게 관찰할 수 있는 뇌에 마음을 빼앗겨 정말 봐야 하는 것에 점점 눈을 감게 된 것은 아닐까?

일찍이 100년 전 유럽 중심의 게슈탈트 심리학자들은 '전체는 부분의 합보다 크다.'는 말로 마음과 환경의 본질을 명백히 밝혔지만, 최첨단 기술로 무장한 일부 뇌 결정론자들은 일부 뇌의 요소의 합으로 전체 마음을 설명하려 든다. 뇌 결정론자의 주장은 사진기의 부품으로 사진의 예술적 가치 전체를 논하려는 오류를 연상시킨다.

경박한 뇌과학보다는 진중한 심리학을 선택하는 지구인

뇌과학이 심리학의 자리를 차지하려면 우선 뇌과학이 월등하게 과학적인 가치를 가져야 한다. 현재 뇌과학은 비약적으로 발전하고 있지만 아직은 뇌의 신비를 정확히 추적하기에는 역부족이다. 그리고 상충되는 결론을 도출하는 연구들도 나오고 있어 안정된 결론에 도달하는 데에는 더 많은 시간이 걸릴 전망이다.

그렇다고 심리학이 지금 이대로 자리를 지켜야 한다는 말은 아니다. 심리학도 빨간 외계인이 빠진 통속심리학에서 벗어나 마음의 비밀을 찾으려면 과학적 객관성과 엄밀함, 명확성을 꼭 갖춰야 한다. 그래야 마음의 비밀을 밝히는 학문이라는 자리를 지킬 수 있다. 사이비 과학으로 몰려서 좌뇌 학습법, 우뇌 학습법, 전두엽 촉진법 같은 술수를 사용하는 경박한 학문에 자리를 내준다면 땅을 치고 후회할 일이다.

학자는 과학적 태도를 견지해야겠지만, 대중도 노력할 필요가 있다. 구체적인 숫자와 데이터가 나오기는 하지만, 사실은 검증되지 않은 가설과 믿음을 전파하는 경우가 많은 뇌과학 연구 기사는 더더욱 경계해야 한다. 많은 사람들이 뇌 결정론자의 주장이 구체적이라는 이유로 철학자 알프레드 노스 화이트헤드(Alfred North Whitehead)가 지적한 '잘못 놓인 구체성의 오류(the fallacy of misplaced concreteness)'에 쉽게 빠지는 듯하다.

뇌의 각 부위가 담당하는 역할이 명확히 구별되지 않았고 보편적인 뇌의 지도가 완벽하게 그려져 있지도 않은 상황에서 특정 세포나 요소의 영향력에 대한 이야기는 아무리 구체적으로 보여도 사실은 가설이나 의견을 밝힌 데 지나지 않을 수 있다는 점을 잊지 말아야 한다.

뇌를 넘어서는 마음의 범위

그런데 심리학이 뇌과학에 자리를 내주기 힘든 이유는 과학적 가치가 아닌 마음의 본질에서 찾을 수 있다. 마음은 뇌라는 물리적 근거를 갖고 있다. 이것은 뇌 진단 도구가 나오기 전인 초기 심리학자인 윌리엄 제임스(William James)가 1892년 자신의 저서 첫 장에 쓴 말이기도 하다. 그런데 물리적(신체적) 기초를 갖고 있다 해서 그것이 곧 마음이라는 뜻은 아니다. 하드웨어나 소프트웨어 하나만으로 컴퓨터의 작동을 모두 설명할 수 없듯이, 마음도 하드웨어만으로는 설명할 수 없다.

친구의 전화번호를 기억하지 못하는 사람이 스마트폰을 켜서 아이콘을 보고 전화하는 세상에서는 마음의 범위를 개인의 뇌로만 제한해 생각하기 힘들다. 사람들은 사회 연결망 서비스(SNS)를 통해 생각하지도 못한 것을 알게 되고 자극을 받아 자기 의견을 표현한다. 또 메모지나 스마트폰에 일정을 정리함으로써, 뇌는 구체적 사실을 기억하는 부담을 덜기도 한다.

즉 사람들은 마음이 작동하는 자리를 단지 뇌에 국한하지 않고 상호작용할 수 있는 인공물(artifacts)로 이미 분산·확장시키고 있다. 어떤 사람은 메모지나 일반 컴퓨터가 아니라 태블릿 PC나 스마트폰으로 글을 써야 생각이 난다고 하는데, 그렇다면 그의 생각을 형성하는 것을 온전히 뇌로만 봐야 하는 걸까, 아니면 기기로 봐야 하는 걸까?

융합 차원에서 마음을 연구하는 인지과학자들은 이미 '분산된 인지(distributed cognition)'라는 개념으로 뇌의 범위를 넘어선 인간의 마음을 연구한다. 이런 상황에서 뇌가 모든 것을 결정한다는 생각은 참신하다기보다 무모한 아이디어에 머물지 않을까?

　확실한 것은 진공 상태에서 자신의 뇌만을 의지해서 사는 이상화된 인간은 없다는 것이다. 실험실에서 연구자가 조작한 바대로 움직여야 하는 쥐처럼 사는 경우도 많지 않다. 걸출한 러시아 학자인 레프 비고츠키(Lev Vygotsky)는 『사회 속의 마음(Mind in Society)』(Harvard University Press)을 통해, 사회 관계 속에서 상호작용하는 마음이 먼저 발휘된 다음에 개인의 인지 체계가 작동한다고 주장한다. 뇌 결정론자들은 흔히 개인의 인지 체계가 투사되어 일방적으로 사람을 변화시킨다고 주장하는데 이와는 큰 차이가 있다.

　우리는 모두 마음을 가진 지구인이다. 그러나 어떤 경우에 사람들은 마치 인간 사회에서 상호작용하는 주체가 아니라, 외계인 입장에서 인간의 마음을 보려는 게 아닌가 생각되기도 한다. 지금 이 글을 읽으며 여러분이 경험하고 있는 것을 있는 그대로 생각해보자. 여러분은 그냥 뇌에 저장된 무언가를 꺼내는 것이 아니다. 나를 포함한 세상 사람들과 공유하고 있는 상징으로 표현된 정보를 처리하고 있다.

　그냥 수동적 입력이 아니다. 어떤 경우에는 내가 상큼하게 쓴 단어도 퍽퍽하게 읽을 정도로 능동적이었을 것이다. 그리고 각자의 지식 수준에 따라 이해도가 달라, 글에 나온 인명이나 개념어를 검색하며 글을 읽을 수도 있다. 이는 눈을 통해 후두엽의 시각피질에 들어온 정보를 해마에 저장된 정보와 비교해 전두엽에 투사해서 종합·판단한다고 설명하고 말기에는 아까울 정도로 다채로운 경험이라는 생각이 들지 않는가. 여러분이 파란 외계인이 아니라면 말이다.

　인문학은 '삶의 조건을 꼼꼼히 따지는 학문'이다. 삶의 조건은 다양하며, 이런 조건들이 만들어낼 수 있는 조합의 수도 다양하다. 그런데 단순성과 구체성의 유혹에 빠져 특정 조건만을 따질 경우 인문학을 오히려 빈곤하게 할 위험이 있다. 뇌는 인간이 마음을 작동시키는 데 필요한 조건 중의 하나이다. 다른 조건인 환경, 인공물, 사회적 자원을 보는 것도 게을리 하지 않아야 한다. 뇌과학자이든, 심리학자이든, 인문학자이든, 대중이든 말이다. 그래야 외계인에게 우리 자리를 내주고 마음의 위치를 묻는 상황에 빠지지 않을 수 있다.

10장 인문학은 과학에 자리를 내주어야 하는가

이상헌[●]

과학과 인문학의 경쟁

인간 존재의 가치를 탐구하고 삶의 의미를 추구하는 인문학이 학문의 지위를 위협받기 시작한 것은 최근의 일이 아니다. 인문학은 근대에들어 예전과는 달리 사람들의 관심 순위에서 점점 뒤로 밀려나는 수모를 겪어왔다. 때로 인문학적 물음과 성찰이 지대한 관심을 받기도 했지만 이는 한때의 유행일 뿐이었다. 근대 이후 인문학을 대신해 사람들의관심을 한 몸에 받고 있는 것은 과학기술이며, 오늘날 과학에 대한 대중

● 서강대학교 대학원에서 칸트 철학에 대한 연구로 박사학위를 받았다. 현재 동국대학교 교양교육원에서 강의 전담 교수로 재직하고 있으며, 지식융합연구소 수석연구원으로 활동하고 있다. 쓴 책으로『융합시대의 기술 윤리』가 있으며,『과학이 세계관을 바꾼다』,『현대 과학의 쟁점』,『생명의 위기』,『대학생을 위한 과학 글쓰기』,『기술의 대융합』,『인문학자, 과학기술을 탐하다』,『따뜻한 기술』 등을 함께 지었다. 또한『임마누엘 칸트』,『우리는 20세기에서 무엇을 배울 수 있는가』,『악령이 출몰하는 세상』,『생명이란 무엇인가? 그후 50년』(공역),『서양철학사』(공역),『탄생에서 죽음까지』(공역) 등을 번역했다.

의 태도는 관심을 넘어 믿음으로 격상된 듯하다. 과학기술은 분명 우리의 삶, 특히 근대적 삶을 떠받치는 물적 토대를 제공했다. 하지만 과학에 대한 맹신, 일부 과학 추종자들의 월권은 자칫 사람들의 판단을 흐리게 하고, 과학과 더불어 사는 우리 삶에서 인문학에 요구되는 필수 역할을 마비시키는 위험한 결과를 초래할 수 있다.

영국 철학자 톰 소렐(Tom Sorell)은 과학적 맹신의 뿌리를 근대 영국 철학자 프랜시스 베이컨과 프랑스 철학자 르네 데카르트(René Descartes)에게서 찾는다. 베이컨은 '아는 것이 힘이다(scientia est potentia).'라는 말을 통해 과학의 실용적 힘을 강조했고, 데카르트는 '진리의 절대 부동의 토대'를 찾는 급진적 학문 이념을 통해 기존의 모든 지식과 학문, 전통과 관습을 부정했다. 거기에서는 절대적으로 확실한 진리를 발견할 수 없었기 때문이다. 데카르트의 이런 생각은 과학에 대한 신뢰를 증진시킬 필요가 있는 곳에서 객관주의나 토대주의 등의 형태로 활용되었다.

환원주의자의 헛된 꿈

20세기 초 논리실증주의의 통일 과학의 이념은 이런 사상적 흐름의 한 극단으로 등장했다. 논리실증주의는 지식의 유일한 토대로서 경험을 강조하며 과학적 방법에 의한 방법론적 통일을 주장했다. 객관적으로 입증할 수 없는 것들은 지식의 영역에서 추방되었다. 형이상학은 물론 종교, 윤리학, 문학, 예술 등은 더 이상 지식의 지위를 누릴 수 없게 되었다. 인문학이 학문으로 남을 수 있는 길은 사회과학 혹은 생물학의 한 분과로 환원되는 길밖에 없었다.

과학기술의 지속적 발전에 고무된 환원주의자들은 과학적인 것과 비과학적인 것을 구분하고, 더 나아가 소렐의 말처럼 과학적인 것만이 가치가 있다고 생각하기에 이르렀다. 과학은 무한히 발전할 뿐 아니라 기존의 모든 지식과 학문의 경계를 뛰어넘을 수 있다는 생각에 사로잡혔다. 인간의 지식과 학문은 결국 과학적 지식과 학문으로 환원되리라고 믿은 것이다. 이런 시대 분위기는 과학으로 인간과 세계의 모든 것을 설명할 수 있다고 믿는 과학주의 신봉자들을 양산했다.

사회생물학자 에드워드 윌슨(Edward Wilson)이 1998년에 출간한 『컨실리언스: 지식의 통일(Consilience: The Unity of Knowledge)』(Vintage)은 환원주의적인 통일 과학 이념의 사회생물학 버전이다. 윌슨은 "근래 자연과학이 사회과학과 인문학의 경계로 범위를 확장하며 세 영역을 한데 묶고 있다."고 믿는다. 그래서 이미 사망선고를 받은 것이나 다름없는 '제 학문의 환원적 통일'을 자신의 사회생물학적 연구 성과와 최근 등장한 진화심리학을 내세워 재시도한다. 하지만 이런 환원주의는 과학적 사실과 부합하지 않으며, 에반드로 아가치(Evandro Agazzi)의 말처럼 참된 과학 정신을 부정하는 것이다. 양자역학의 등장과 더불어 거시적 대상에 타당한 법칙이 미시적 대상에까지 타당하지는 않다는 사실이 확인되는 순간 환원주의는 신뢰를 받기 어려워졌다. 최근 각광받고 있는 나노기술은 물질이 나노미터 수준, 즉 분자 이하의 수준에서 거시 세계에서 발견되지 않는 물리적 특성을 나타낸다는 사실에 착안한 것이다.

앞서 언급한 윌슨의 책은 2005년에 국내에서 『통섭』(최재천 옮김, 사이언스북스)이라는 제목을 달고 등장함으로써 때아닌 논쟁을 불러일으켰다.

상당한 비판이 있었지만 통섭이라는 용어는 일종의 유행어가 되기도 했다. 전문화로 높은 벽이 생긴 학문들의 소통 필요성이 한창 요구되는 시점이었고, 학제간 연구, 학문간 경계 넘기 등이 유행처럼 번지고 있던 때에, 최종덕 교수의 말을 빌리면, "하나로 포용하고 승화하는 원효의 화쟁(和諍) 사상과 성리학의 심통성정론(心統性情論)에 은근히 기댄" 통섭이라는 용어가 모든 학문을 평등하게 융합한다는 이미지를 떠올리게 한 걸까? 하지만 그런 사람들 가운데 윌슨의 통섭 개념이 이미 낡아빠진 환원적 학문 통일의 이념을 되살리려는 허망한 노력임을 알아챈 사람은 많지 않았을 것이다.

과학적 설명에 대한 맹신의 위험

오늘날 인문학의 위기는 과학에 대한 과도한 신뢰와 이에 대한 일부 과학 공동체의 잘못된 반응에 상당한 원인이 있다. 과학주의 신봉자들은 과학적 세계관을 통해 사람들로 하여금 윌프리드 셀라스(Wilfrid Sellars)가 말한 현시적 영상(manifest image), 즉 인간의 독특성을 인정하는 세계관을 끊임없이 의심하게 만들고, 나아가 과학적 세계관이 현시적 영상을 대체할 수 있다는 생각을 퍼뜨리고 있다.

최근 심리학이나 뇌과학 분야에서 인간의 행동과 마음에 관한 여러 연구가 진행되고 있는데, 연구 성과에 대한 신중하지 못한 해석에 언론의 과장이 더해지면 과학으로 인간의 행동과 마음을 모두 설명 가능하다는 착각을 불러일으킬 수 있다. 예를 들어 사랑의 호르몬을 보자. 도

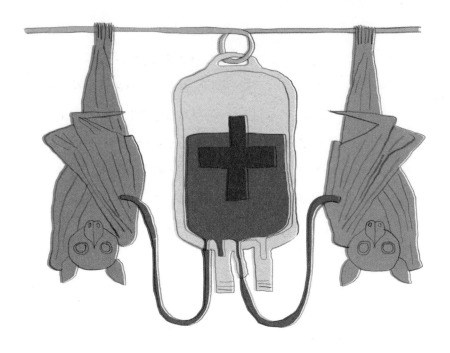

"늘 밖으로, 대상으로 향하는 과학과 달리 인문학은 안으로, 자기 자신으로 향하는 반성적 학문이다. 인문학은 주변 세계와 관련하여 자기를 인식함으로써 자기완성을 추구하는 학문이다."

파민, 페닐에틸아민, 옥시토신 등이 사랑에 빠진 사람들에게서 매우 높은 수치로 측정된다고 한다. 그러면 사랑이란 호르몬의 장난일까? 사랑의 호르몬의 수치를 높이면(혹시 복용하거나 주입하는 것으로 이런 효과를 낼 수 있다면) 누군가로 하여금 사랑의 감정에 휩싸이게 만들 수 있을까?

그런데 찬찬히 뜯어보면 인간의 사랑에서 호르몬의 역할은 결정적이지 않다는 점을 알 수 있다. 간단한 사고실험을 하나 해보자. 철수에게 사랑의 호르몬을 주입하고, A, B, C, D 네 명의 여성을 만나게 해보자. 철수는 누구를 사랑하게 될까? A일까, B일까, C일까, D일까? 아니면 네 사람 모두일까? 괴테의 『파우스트』에도 사랑의 미약이 등장한다. 메피스토펠레스는 파우스트를 마녀의 집에 데려가 사랑의 미약을 먹인다. 그것을 먹은 파우스트가 맨 처음 만난 여인이 바로 그와 사랑에 빠지는 그레첸이다. 파우스트의 사랑의 미약은 그것을 마시고 맨 처음 만나는 여성을 사랑하게 만든다. 이 점에서 파우스트의 사랑의 미약이 사랑의 호르몬보다 사랑을 더 잘 이해했다 할 수 있다. 사랑의 호르몬은 철수가 네 여성 가운데 누구를 선택할지 알려주지 않는다. 만일 네 여성을 모두 선택하게 만든다면 그것은 사랑의 호르몬이 아니다. 상대가 없는 사랑은 있을 수 없고 모두를 사랑하는 것은 아무도 사랑하지 않는 것이나 마찬가지기 때문이다.

사실 사랑의 호르몬에 관한 연구는 흔히 남녀가 사랑에 빠진 상태, 다시 말해 맹목적인 사랑의 상태에서 나타나는 신체 변화를 확인한 것이다. 실제로 사랑이라는 말은 남녀 간의 사랑이라 할지라도 초기의 맹목적 상태 이상을 뜻하고, 맹목적 상태 이후의 사랑이 진정한 사랑이 아니겠는가 물론 맹목적 사랑두 사랑의 호르몬 수치 상승마으로는 설명할 수 없다. 이런 종류의 과학적 설명은 한결같이 개념에 대한 분명한 규정 없이 항간에 유포된다. 그 때문에 사람들의 오해를 불러일으키고 과학적 사실에 대한 과도한 해석을 유발한다.

물론 과학적 사실에 대한 과도하고 성급한 해석은 일반 대중의 전유물이 아니다. 프로뵈제 부부(Gabriele and Rolf Froböse)의 『침대 위의 화학』(정수정 옮김, 이지북스)에서는 "혈액 내에 도파민이 충분하지 않으면 사람의 감정이 제대로 발전하지 못할 수 있다."고 말하면서 이탈리아 피사 대학의 정신병리학자인 도나텔라 마라지티(Donatella Marazziti)의 주장을 소개한다. 마라지티는 카사노바가 "절대적인 도파민 과잉 분비 상태"에 있었으며 그의 바람기의 원인은 "과잉 생산된 도파민으로 인해 야기된 결과"라고 주장한다.

과학으로 도덕을 설명하려는 과욕이 부른 오류

과학적 사실을 통해 인간의 삶과 인간적 가치를 설명하려는 좀 더 대담한 시도도 있다. 다른 박쥐에게 피를 나눠주는 흡혈박쥐의 행동을 언급하며 헌혈을 기피하는 인간을 꾸짖는 어떤 생물학자의 글을 보고 놀란 적이 있다. 흡혈박쥐가 "헌혈의 은혜"를 베풀 줄 안다는 사실에, 흡혈박쥐의 헌혈 "풍습"이 어려울 때 피를 받아먹은 박쥐가 "그 고마움을 기억하고 훗날 은혜를 갚을 줄 알기 때문에" 유지된다는 사실에 놀랐다. 동양 고전에서 발견할 법한 수사까지 빌려가며 교훈을 주려는 고상한 의도야 의심하지 않지만, 그런 식의 설명은 일견 유익해 보이지만 인간 존재에 대한 진지한 반성을 방해한다.

동양 고전에서 보았을 법한 수사를 유물론자로 추정되는 생물학자가 사용하다니 어딘가 이상하다. 혹시 그 생물학자는 동양적 자연주의자이거나 아리스토텔레스적 목적론자일까? 자연에도 가치가 내재하며 인간의 가치가 근본적으로 자연의 가치와 다르지 않다고 생각하는 생물학자인가? 그렇지 않다는 것은 그의 글을 끝까지 읽으면 어렵지 않게 알 수 있다. 자연에는 우리가 생각하는 도덕적 가치가 없다. 그는 박쥐가 다른 박쥐에게 피를 나눠주는 것이 옳다고 전제할 뿐이다. 물론 도덕적 가치는 아니지만 자연에도 가치가 있다고 말할 수 있다. 박쥐가 피를 나눠주는 행위는 종족의 생존에 유리하고, 개체의 생존에도 유리하다. 많은 철학자들은 이런 가치를 도덕적 가치와 구분하여 유용성이라고 부른다. 그 생물학자가 말하는 박쥐의 행동에서 찾을 수 있는 가치는 기껏해야 유용성이다. 그는 헌혈의 유용성에 대해 말하려는 것이었을까?

글의 말미에서 그 생물학자는 "자의든 타의든 우리가 헌혈을 하는 궁극적인 이유는 자신이 피를 내줄 만큼 헌신적인 사람임을 남에게 알릴 수 있기 때문일 것"이라고 말한다. 이 문장은 심리적 이기주의의 관점을 전형적으로 드러낸다. 심리적 이기주의에 내포된 지배적 가설의 치명적인 문제는 언급할 필요도 없다. 심리적 이기주의에는 은혜니 은혜 갚음이니 하는 말들이 어울리지 않기 때문이다. 심리적 이기주의의 관점을 택하면, 헌혈을 칭찬하거나 헌혈 기피를 비난할 이유도 없다. 모든 것이 이기적 동기에서 비롯된 행동이니 말이다. 헌혈한 사람은 자신에게 이득이 된다고 판단했기 때문에 그렇게 행동했고 헌혈을 회피한 사람 역시 마찬가지 이유로 그렇게 한 것뿐이다. 그리고 상황에 따라 두 사람의 행동은 얼마든지 바뀔 수 있다. 물론 헌혈을 기피하는 사람을 흡혈박쥐보다 못하다고 비난하는 글을 쓴 지은이 역시 자신에게 유리하다고 판단하여 그렇게 했다고 주장함으로써 심리적 이기주의를 일관되게 적용할 수도 있다.

그 글의 지은이가, 박쥐가 피를 나누는 행위를 들먹인 이유는 타인을 돕는 것이 옳다는 도덕적 직관을 환기시키고 싶었기 때문일 것이다. 하지만 그의 전제는 우리의 도덕적 직관과 배치된다. 우리는 타인을 돕는 사람의 자기희생을 무릅쓴 행위를 칭찬하는 것이지 처세의 현명함을 칭찬하는 것이 아니기 때문이다. 나도 언젠가는 곤궁한 처지에 빠질 수 있고, 은혜를 입은 사람이 훗날 은혜를 갚을 터이기에 나중에 도움을 받을 수도 있다고 보아(손해보험을 드는 것과 비슷한 생각에서) 남을 돕는 것은 현명한 일이지 칭찬받을 일은 아니다.

인간 존재의 다층성과 다면성에 귀 기울이는 인문학

과학이 높이 평가받는 이유는 객관성, 그리고 그에 따르는 정확성과 엄밀성 때문이다. 연구자가 연구 대상으로부터 자신을 분리하고 거리를 둠으로써 주관적 요소를 배제하고 사태 자체를 객관적으로 파악하는 것이 과학적 태도라고 우리는 생각한다. 하지만 물리화학, 경제학, 철학 등 다방면에서 학문적 업적을 이룬 마이클 폴라니(Michael Polanyi)는 이런 생각에 동의하지 않는다. 그는 암묵적 지식(tacit knowledge)이 늘 지식의 조건으로 전제되며, 통합하는 인격적 행위 없이 지식이 성립하지 않는다는 사실을 보여줌으로써 과학적 지식의 객관성과 가치중립성에 의문을 제기한다. 암묵적 지식이란 한 인격체가 성취한 지식으로, 개인적이고 인격적인 성격을 띤다. 암묵적 지식의 한 측면을 우리는 못질하는 행동에서 파악할 수 있다. 우리 눈은 못대가리에 의식적으로 초점을 두어야 하지만 망치를 든 손과 공간에 대한 보조 의식이 없다면 못질은 실패할 것이다. 이런 보조 의식이 암묵적 지식이다. 암묵적 지식은 완전히 검증되지 않는다. 그러므로 완전한 검증을 거친 지식 체계가 가능하다는 객관주의의 지식 이념은 환상에 지나지 않는다 할 수 있다. 미국 철학자 리처드 로티(Richard Rorty)도 인간을 거울 같은 존재로 파악하는 잘못된 은유의 결과물인 유물론과 실재론을 전제하는 과학이 인간의 다른 활동들에 비해 특권적 지위를 요구하는 것은 정당화될 수 없다고 말한다.

인간은 사물 존재와 달리 가치론적, 의미론적 차원을 가진다. 인간 존재의 가치와 삶의 의미는 과학의 단선적 시각을 통해서는 드러나지 않는다. 과학은 인간의 물질적 차원을 드러낼 뿐이다. 인문학은 인간 존재의 다층성과 다면성에 귀를 기울인다. 삶의 주관성을 외면하지 않는다. 이런 인간의 독특성을 탐구하는 한 방법으로 강영안 교수는 텍스트 읽기를 강조한다. "전승된 텍스트를 수용하고 그것을 매개로 자신의 삶과 주변 세계를 이해하고 또다시 새로운 텍스트를 생산, 전승하는 인격적 활동이 인문학적 활동"이라고 말한다.

늘 밖으로, 대상으로 향하는 과학과 달리 인문학은 안으로, 자기 자신으로 향하는 반성적 학문이다. 인문학은 주변 세계와 관련하여 자기를 인식함으로써 자기완성을 추구하는 학문이다. 철학, 문학, 역사, 종교, 예술을 공부하는 이유는 바로 개인과 공동체의 삶을 이해함으로써 인간의 자기 이해를 풍요롭게 하기 위해서다.

그러므로 21세기 과학기술 사회에서 인문학은 더욱더 중요한 역할을 수행해야 한다. NBIC(나노 기술, 생명공학, 정보통신 기술, 인지신경과학)로 대표되는 21세기 최첨단의 과학기술들이 가공할 위력을 발휘한다면 분명 인간의 삶과 인간 사회에 전례 없는 변화를 몰고 올 것이다. 급격한 변화는 우리의 삶과 기술을 크게 괴리시킬 것이다. 더욱이 이런 기술들에 내재된 위험은 우리의 상상을 뛰어넘을지도 모른다. 나노 오염, 바이오 테러리즘, 네트워크 붕괴, 인명 살상 로봇, 다소 허구적인 잿빛 덩어리 지구 시나리오까지. 인문학은 바로 이 지점에서 중요한 역할을 할 수 있다. 인간 존재와 삶에 대한 진지한 반성을 통해 과학기술의 부정적 영향을 줄이고, 위험을 예방하며, 과학기술과 인간 존재의 가치가 조화를 이루는 길을 모색하는 역할 말이다.

11장 대하 역사소설은 여전히 가능한가

정영훈

대하소설의 시대

몇 권 이상이라고 정해진 기준은 없지만 보통의 장편보다는 긴 소설들을 대하소설이라 부른다. 대하 역사소설이라고 부르는 경우도 있다. 주로 과거의 역사적 사실이나 사건들을 다루기 때문이다. 어느 쪽이든 엄밀한 의미의 양식 개념은 아니다. 그저 "사건의 연면한 지속과 시간의 장구한 흐름"(권영민)이 필요하다는 점에서, 대개는 우리가 경험했던 과거의 중요한 시기를 배경으로 하고 있다는 이유로 이런 이름을 붙인 듯하다.

● 서울대학교 국어국문학과와 동 대학원을 졸업했다. 중앙신인문학상(평론)으로 등단했고, 《세계의 문학》 편집위원으로 활동하고 있다. 저서로 『최인훈 소설의 주체성과 글쓰기』, 주요 평론으로 「윤리의 표정」, 「윤리적 주체의 자리—이승우론」 등이 있다. 현재 경상대학교 국어국문학과 교수로 재직 중이다.

한때는 누구나 이런 소설 한두 편씩을 읽고는 했다. 『태백산맥』(조정래 지음, 해냄), 『장길산』(황석영 지음, 창비), 『지리산』(이병주 지음, 한길사), 『임꺽정』(홍명희 지음, 사계절), 『토지』(박경리 지음, 마로니에북스) 같은 작품들. 개성적이고 매력적인 인물들에 이끌리고, 역사책에 한두 줄 언급된 사실을 생동감 넘치는 구체적인 이야기로 실감하고, 지금은 사라지고 없거나 사는 곳이 달라 접하기 어려운 옛말과 토속어들에 흥미를 느끼면서 이런 소설들에 눈길을 주었던 것이다. 소설을 집어 들게 한 충동은 한결같지 않았다. 문학에 대한 열정, 특정한 시대의 삶과 현실을 보다 생생하게 경험하고픈 지적 욕구, 체제 전복적인 삶을 살았던 인물들을 통해 현실에서 얻지 못한 것을 대신 얻어보려는 욕망이 작용하기도 했다. 무엇보다 이만큼 재미있는 오락거리를 찾기도 쉽지 않았다. 이를테면 이들은 문학작품이면서 역사서이고 교양서이고 사상서이고 오락물이었던 것이다.

공교롭게도 소설을 읽고 비평하는 일을 업으로 삼은 이후로는 이런 소설을 읽을 일이 거의 없어졌다. 단편을 비중 있게 다루는 문단 분위기 때문이기도 하지만, 최근 들어 이런 소설들이 쓰이지 않는다는 점이 더 중요한 이유이다. 단편 위주의 문단 분위기를 쇄신하기 위해 장편소설 대망론이 나올 정도였으니, 그보다 몇 배나 긴 대하소설의 등장은 애초에 기대할 수 없는 일이었을 것이다.

대하소설이 불가능한 현실

대하소설이 여전히 가능한가 하는 질문에 미리 답해보자면, 그리 쉽지 않아 보인다. 문단 안팎을 두루 살펴보고 문학을 둘러싼 여러 환경들을 생각해보면 이렇게 답할 수밖에 없다. 다들 알다시피 오늘날 소설은 서사를 전달하는 여러 매체들과 경쟁하고 있다. 영화나 텔레비전 드라마와의 경쟁에서 소설이 승리할 수 있을까. 근래에 있었던 문단 내부 논의에서 작가와 비평가들은 다른 매체들과 공약 불가능한 어느 지점에 문학을 문학이게 하는 무엇(문학적인 것)이 있지 않은가 하는 의견을 제출하기도 했다. 소설에서 다른 매체들과 공약 가능한 가장 뚜렷한 요소가 이야기이고 보면, 여러 소설 형태 가운데서도 이야기 요소가 가장 강한 대하소설은 문학적인 것에서 가장 거리가 먼 양식이라 할 수밖에 없을 것이다.

역사적 사실의 재현을 바라보는 최근 입장들 때문에도 대하소설을 기대하기 어렵다. 대하소설은 전통적인 의미의 소설들, 우리가 흔히 리얼리즘 소설이라고 뭉뚱그려 이르는 소설들의 한 극점에 있다. 이들은 역사적 사실을 있는 그대로 최대한 폭넓게 그리려 한다. 역사적 사실이라고 했지만, 이는 충분히 알려져 있지 않거나 권력의 입맛에 맞게 윤색 혹은 변형되어 있어 위험을 무릅쓰고 폭로해야 하는 사실인 경우가 많고, 작가들은 당대 역사학계의 성과들을 두루 섭렵하고 발품을 팔아 소설의 무대를 답사하고 나서야 소설 쓰기를 시작할 수 있었다. 소설의 사실(史實) 왜곡, 예를 들면 『장길산』에서 상업자본의 형성과 관련한 여러 이야기들이 실제에 비해 한 세기나 앞서 있다는 식의 비판은, 작가와 독자 모두 소설이 사실의 진실된 재현이라는 입장을 공유하고 있었기에 가능했다.

대하소설은 역사적 사실들을 복원하려는 열정이 만들어낸 양식이다. 독자들도 이러한 명제를 자연스럽게 받아들이면서 읽어왔다. 그러나 오늘날은 누구도 이런 식으로 역사소설을 쓰거나 읽지 않는다. 가령 김훈의 『남한산성』(학고재)에서 인조를 비롯한 인물들이 남한산성에 갇혀 있는 현실은 당대 동아시아 정세와 역학 관계를 성찰하지 못하게 한다. 우리는 소설에서 인간이 지닌 가능성이 특수한 상황과 마주치면서 현실화되는 광경을 목도할 뿐이다. 문제가 되는 것은 구체적인 시공간 속에 놓인 개별 현실이 아니라 인간의 가능성을 실험하기 위한 장소로 선택된 보편적 현실이다. 이는 문학적으로는 의미가 있을 수 있지만 역사적으로는 큰 의미가 없는 공간이다. 사료를 근거로 했다고 해서 이런 주장이 부정될 수는 없다. 무엇보다 이런 식의 형상화로는 대하소설식의 서사적 확장은 거의 불가능하다.

우리 근대소설사에서 대하소설은 1970년대 들어 양산되었다. 대하소설처럼 긴 형식이 필요했다는 것은 기존의 서사 형태로는 담아낼 수 없는 이야기가 있었다는 뜻일 터다. 이를테면 다양한 인물과 사건을 충분히 담아내는 데 제약을 느꼈거나 시대 현실을 좀 더 폭넓게 그려보고 싶은 욕구가 생겼다 할 수 있다. 이런 인식에 이르게 된 데는 대중의 출현도 한몫했을 성싶다. 많은 대하소설들이 민중을 역사의 주체로 내세운다. 민중은 몇몇 예외적인 개인이 아니라 다양한 인물 군상들을 통해 좀 더 잘 드러난다. 하나보다는 둘이, 둘보다는 넷이 민중을 더 잘 표현할 수 있다. 이런 이유로 대하소설은 적절한 형식이 될 수 있었다. 역으로 대하소설을 쓰기 위해서는 민중의 이야기가 들어갈 수밖에 없었다고 할 수도 있다. 현실을 넓고 깊게 그리는 데 민중들의 일상보다 더 좋은 소재는 없기 때문이다. 요컨대 민중들에 대한 관심이 대하소설의 창작으로 이어지고, 대하소설을 쓰기 위해 민중들의 삶의 현장으로 들어갔다고 할 수 있다.

오늘날에도 여전히 민중은 역사의 주체일까. 프랑스의 비평가 뤼시앙 골드만(Rucien Goldmann)은 문학작품의 진정한 생산 주체는 작가 개인이 아니라 그가 속한 계급 전체라고 보았다. 작품에 통일성을 부여하는 것은 세계관인데, 이 세계관은 개인의 생산물이 아니라 집단의식의 산물이기 때문이라는 이유를 들었다. 골드만은 나중에 세계관 개념을 매개하지 않고 소설과 사회구조의 상동성을 직접 설정하는데, 그가 세계관 개념을 폐기하게 된 이유 중의 하나는 노동자계급의 몰락이었다. 골드만은 이런 맥락에서 알랭 로브그리예(Alain Robbe-Grillet)의 소설을 읽었고, 거기서 인간의 수동성과 사물의 자율성, 비인간화 같은 주제들을 발견했다. 골드만의 이런 분석을 우리의 논의에 그대로 적용할 수는 없지만, 이른바 전 지구적 자본주의를 피부로 경험하고 있는 오늘의 현실과 노동운동이 거의 아무런 역량을 발휘하지 못하는 상황에서라면 대하소설 속의 인물들처럼 열정적이고 활력 넘치는 인물 군상을 집단적으로 형상화하기란 쉬운 일이 아닐 것이다.

글로벌한 세계, 분열된 주체

대하소설은 보통의 장편에 비해 서사가 크게 확장되어 있다. 서사는, 서사 시간을 길게 하거나 공간을 확대함으로써 확장할 수 있다. 지금 우리가 살고 있는 시대는 글로벌한 시대, 자유롭게 세계를 오갈 수 있는

"타자를 대상화하고 편집증에 사로잡힌, 마땅히 해체되어야 할 존재로서의 주체가 아니라 공간들을 연결하고 관계를 맺어주는 중심으로서의 주체, 소통의 매개가 될 수 있는 주체. 대하소설이 새롭게 쓰일 수 있을까? 가능성의 일부는 이 새로운 주체를 만들어낼 수 있느냐에 달려 있을 것이다."

시대, 누구라도 컴퓨터 모니터 앞에 앉아 세계 정세를 한눈에 파악할 수 있는 시대다. 공간의 확장이라는 면을 염두에 둘 때, 어쩌면 지금이야말로 대하소설을 쓰기에 어느 때보다 유리하고 대하소설 창작이 자연스러운 시대가 아닌가 생각되기도 한다. 그러니까 실제로 대하소설이 쓰이고 있는가 하는 문제와는 별도로, 서사를 최대한 확장한 형태인 대하소설이야말로 이 시대를 가장 잘 표현할 수 있는 서사 형태가 아닌가 생각해보는 것이다. 그러나 사정은 정반대다. 지금 우리의 경험이 구성되는 방식 속에서는, 대하소설이야말로 절대로 쓰일 수 없는 서사 장르로 보인다. 글로벌한 시대에 우리 경험이 구성되는 방식과 대하소설이 탄생할 수 있는 조건은 서로 다르다는 이야기다.

대하소설이 쓰이기 위해서는 서사적 중심, 이를테면 다양한 인물들이 펼쳐내는 개별 서사들을 묶어놓을 수 있는 중심이 있어야 한다. 그래야 서사를 확장할 수 있다. 1970년대에 대하소설과 더불어 우리 소설의 특징으로 지목되었던 연작소설은 바로 이 점에서 대하소설과 친연성이 있다. 연작소설에서 개별 서사들을 묶어주는 중심은 『소설가 구보씨의 일일』(최인훈 지음, 문학과지성사)처럼 육체적인 자기동일성을 지닌 개인이 될 수도 있고, 『우리 동네』(이문구 지음, 민음사)나 『원미동 사람들』(양귀자 지음, 확인)처럼 인물들이 공유하는 하나의 공간이 될 수도 있다. 대하소설의 경우도 사정은 다르지 않다. 가령 『태백산맥』이 그토록 다양한 인물들과 서사적 요소들을 갖추었음에도 모든 이야기가 '벌교'라는 제한된 공간으로 수렴되고 있다는 점에서 이를 짐작할 수 있을 것이다. 세계의 다양한 공간들로 확산되는 『아리랑』의 경우도, 결국 이야기의 출발점은 군사이었다 우리에게는 이러한 의미의 중심, 주체가 없다. 오늘 우리가 경험하는 공간의 확장은 세계 곳곳을 누비는 할리우드 액션영화들처럼, 스펙터 클을 경험하게 하고 다양한 풍광들을 감상하게 하는 역할을 할 뿐이 다. 이들은 다만 주인공의 동선을 따라 이어져 있을 뿐 내적인 근거가 없이 이어져 있는 공간들일 뿐이다. 책임질 수 없는 공간, 책임지지 않 아도 좋은 공간. 그에 비해 대하소설이 우리에게 펼쳐 보인 세계는 가능 한 세계, 공감할 수 있는 세계이고, 서로를 충분히 책임질 수 있고 그래 야 하는 세계, 그렇기에 책임지지 않는 누군가를 윤리의 이름으로 비난 하거나 비판할 수 있는 세계다. 책임져야 할 타자가 감당할 수 없을 만 큼 많아서 그들의 고통이 우리를 우울증 상태로 내모는 세계가 아니라 우리가 감각할 수 있는 세계다.

　공간이 확장된 만큼 서사 역시 확장될 수 있을 것이다. 하지만 그렇 게 해서 확장될 수 있는 서사는 우리가 대하소설에서 발견할 수 있었던 공간에서 펼쳐지진 않을 것이다. 우리는 세계 곳곳에서 타전되는 고통 에 무방비 상태로 노출되어 있다. 이 많은 고통들로부터 우리 자신을 구 해낼 수 있을까. 무수한 고통들은 우울증을 낳고, 도처에 널린 고통들 을 수용하되 반응하지 않게 만들어버린다. 화면에 비치는 무수한 고통 을 목격하면서 그에 대한 감정적인 반응마저 모니터에 위임하고 있다고 나 할까. 우리에게는 이제 새로운 의미의 주체가 필요하다. 타자를 대상 화하고 편집증에 사로잡힌, 마땅히 해체되어야 할 존재로서의 주체가 아니라 공간들을 연결하고 관계를 맺어주는 중심으로서의 주체, 소통 의 매개가 될 수 있는 주체. 대하소설이 새롭게 쓰일 수 있을까? 가능성 의 일부는 이 새로운 주체를 만들어낼 수 있느냐에 달려 있을 것이다.

그 많던 대하소설의 독자들은 다 어디로 갔을까

하나의 물음이 남아 있다. 그 많던 대하소설의 독자들은 다 어디로 갔을까. 대하소설은 예전만큼 독자들의 관심을 끌고 있지 못하다. 이유는 무엇일까. 먼저 대하소설만이 아니라 소설이 전반적으로 예전만큼 읽히지 않고 있다는 점을 지적해야겠다. 일본의 평론가 가라타니 고진(柄谷善男)의 말마따나, 소설이 정치가 할 수 없었던 영역을 떠맡는 식의, 무엇인가 심각하고 자못 진지한 역할을 하던 때가 있었으나 이미 오래전 일이다. 소설 읽기가 예전만큼의 긴장을 안겨주지 못하게 되면서 상당수 독자들이 소설 읽기를 그만두게 되었다. 대하소설의 독자들 역시 예외는 아닐 터. 다만 사람들이 소설을 읽지 않게 된 이유와 그중에서도 대하소설을 읽지 않게 된 이유가 반드시 일치하지는 않는다. 대하소설에 주목하면서 논의할 경우 이와 관련된 이유를 좀 더 깊이 모색할 필요가 있을 듯하다.

대하소설의 기능적인 역할, 바꾸어 말해 독자들이 대하소설을 읽으면서 얻으려 했던 것은 무엇이었을까. 우선은 역사에 대한 실감을 들 수 있을 것이다. 1930년대에 나온 소설들에서 뚜렷하게 확인할 수 있듯이, 역사소설은 역사에 대한 정확한 지식을 전달하는 매체라기보다는 이를 맛깔나게 포장해 적절히 소비할 수 있게 해주는 매체에 가깝다는 평가를 받기도 한다. 그러나 사정이야 어찌되었든 독자들은 묘사된 것들이 역사적 사실에 가깝다는 느낌을 받으며 읽어왔다. 여느 역사소설들에 비해 규모와 디테일 양면에서 더 넓고 깊은 대하소설의 경우야 더 말할 나위가 없다. 그러하니 대하소설을 읽으려 했던 이유에는 까짓 여사를 알고자 하는 지적인 욕구가 있었다고도 할 수 있겠다. 이런 해석은 기능적인 면에서 대하소설을 대체할 만한 독서물이 시장에 대거 유통되고 있는 오늘의 현상을 상기시킨다.

시오노 나나미의 『로마인 이야기』(김석희 옮김, 한길사)를 보자. 역사학계에 종사하는 어느 연구자는 이 책을 소설로 분류했다. 역사서가 마땅히 갖추어야 할 엄밀함이 결여되어 있다는 말이겠지만, 서술 방식이나 이야기의 전개 양상이 소설과 비슷하다는 판단도 한몫했을 것이다. 역사와 소설의 중간 지대에 놓인 이들 독서물이 대하소설의 독자 상당수를 흡수했다는 해석은 지나치지 않다. 이들은 기존 역사서들과는 달리 역사 속 주인공들의 삶을 깊이 들여다보고 그들이 품었던 욕망과 맞닥뜨려야 했던 운명을 곡진하게 그려낸다. 그러면서 사건이 일어난 다양한 원인들, 이를테면 정치적 상황과 경제적 조건, 지리적 여건 등에도 관심을 기울인다. 이런 책에 익숙해진 독자에게 대하소설은 비경제적인 독서물일 것이다. 간결하면서 재미있는 데다 더 많은 정보를 전달해주는 책을 제쳐두고, 대하소설을 읽으면서 인물들이 주고받는 대화에 귀 기울이고, 그들이 펼쳐내는 삶을 재구성하고, 역사적 의미를 부여해야 하는 까다로운 작업을 감내할 이유가 무엇이란 말인가.

서사적 경험의 측면에서도 할 수 있는 이야기가 있다. 앞에서 썼듯이 대하소설은 소설의 다양한 형태 가운데서도 서사적인 측면이 가장 확장되어 있는 양식이다. 독자들이 대하소설을 찾은 이유 가운데 하나도 이 점에 있다. 서사 자체의 영향력이 줄어들었거나 대하소설 같은 규모의 서사를 사람들이 감당할 수 없어서 대하소설이 독자를 잃어가고 있다고 보기는 어렵다. 우리가 경험하는 서사의 총량은 이전 시대와 비교하여 결코 적지 않다. 우리에게 필요한 서사적 경험의 최소치가 있다고 가정해본다면, 대부분은 영화와 텔레비전 드라마 들이 채우고 있다. 이런 상황에서 소설이 비집고 들어갈 틈은 제한돼 있다. 대하소설은 특히 더 그렇다. 「태조 왕건」, 「해신」, 「주몽」, 「대조영」, 「연개소문」 등 대하드라마들의 연이은 성공은 대하소설의 쇠퇴와 대비된다. '본방'을 사수하고 지난 이야기를 복기하기에도 힘겨울 만큼 다들 충분히 바쁘다. 하물며 대하소설이라면 어떻겠는가.

생물학자인 리처드 도킨스(Richard Dawkins)의 어법을 빌리자면, '역사를 소재로 하는 거대한 규모의 서사'라는 이기적 유전자는 자신을 복제하고 재생산하기에 가장 효과적인 기계로 대하소설이 아닌 다른 무엇을 선택했다. 서사의 입장에서는 그것이 『로마인 이야기』류의 역사물이 되었건 영화나 드라마가 되었건 무슨 상관이겠는가. 사람들의 뇌를 서사적 경험으로 채울 수 있다면 그걸로 충분하기 때문이다. 이는 독자 입장에서도 마찬가지일 테고, 이런 맥락에서라면 오늘에 이르러 대하소설이 잘 쓰이지 않을뿐더러 독자 역시 드물어졌다는 사실로 우울해할 이유는 없을 것이다. 다만 콘텐츠가 매체에 어느 정도 종속적이라는 점에서, 이들 매체를 통해 전달되는 서사가 대하소설과는 어떤 차별성을 갖는지, 질적으로 충분히 만족스러운지, 수준과 성취 면에서 대하소설을 넘어설 수 있는지 관심을 가지고 들여다볼 필요는 있겠다.

얼마 전 소설가 김주영의 인터뷰 기사가 신문에 실렸다. 거기에는 『객주』(문이당) 완결편에 관한 이야기도 있었다. 이미 2년 전부터 열 권을 쓴다는 이야기가 나왔는데, 곧 작품을 볼 수 있을 듯하다. 그보다 앞서 지난해 2월에는 소설가 문순태의 『타오르는 강』(소명출판)이 완간되었다. 모두 아홉 권이다. 처음 나왔을 때보다 두 권이 늘었다. 애초에 쓰려 했으나 자료 부족으로 할 수 없었던 광주학생운동 이야기를 최근의 연구들을 참고하여 덧붙였다는 후문이다. 이 두 작품으로 대하소설은 어떻게든 명맥을 유지하게 된 셈이다. 대하소설이 앞으로도 계속 쓰일지에 대해서는 여전히 회의적이지만, 일단 이런 이야기들은 젖혀두고 시간과의 길고 질긴 싸움에서 승리한 두 작가에게 경의를 표한다.

12장 비평은 어떻게 전체에 대한 통찰을 회복할 것인가

우찬제[•]

오래된 의혹

1980년대 초에 김현은 1970년대 비평을 정리하면서 이렇게 말했다.

> 나는 이제야말로 문학비평가가 정말 해야 하는 것은 무엇인가를 명확하
> 게 생각해야 할 시기라고 생각한다. (……) 문학비평은 문학비평이 문학
> 비평으로 남을 수 있게 싸워야 한다. 그 싸움과 동시에 문학비평은 문학
> 비평이 정말 할 수 있는 것은 무엇인가, 문학비평이란 무엇일 수 있을까.

[•] 서강대학교 경제학과와 동 대학원 국문학과를 졸업했다. 1987년 《중앙일보》 신춘문예 문학평론 부문에 당선하여 문학 활동을 시작했다. 《세계의 문학》, 《오늘의 소설》, 《비평의 시대》, 《포에티카》, 《HITEL문학관》 편집위원으로 활동했으며, 소천이헌구비평문학상과 김환태평론문학상, 팔봉비평문학상 등을 수상했다. 저서로는 『욕망의 시학』, 『상처와 상징』, 『타자의 목소리』, 『고독한 공생』, 『텍스트의 수사학』, 『프로테우스의 탈주』, 『불안의 수사학』 등이 있다. 현재 서강대 국문학과 교수로 재직 중이며, 《문학과 사회》 편집동인으로 일하고 있다.

1980년대의 앞자리에 나는 그 질문을 나에게 되풀이하여 던진다.

「비평의 방법」, 『전체에 대한 통찰』(나남출판).

이는 매우 근본적인 질문이어서 비평가들이 언제든 제기할 만한 문제가 아닐 수 없다. 김현 이전에도 있었고, 그후에도 거듭 제기된, 그만큼 오래된 질문이다. 그럼에도 불구하고 이 질문에 대한 우리의 소회는 매우 곡진하다. 김현이 타계한 1990년 이후 이 질문은 더욱 절실하게 다가왔고, 또 20여 년이 지난 요즘은 더욱 절박한 문제가 되었다.

무엇보다 정보 자본주의와 소비 자본주의가 전 지구적으로 위력을 떨치는 현실에서 그 누구도 자유로울 수 없게 되었다. 불연속적인 것과 연속적인 것이 얽히고설킨 나날의 삶은 존재의 불확정성을 가중시키고 있으며, 파시스트적인 속도로 질주하는 문화 변동으로 인해 문화 지체라는 말조차 무색하게 여겨질 정도다. 공유하는 인간 경험과 문화 체험의 정도는 날이 갈수록 줄어들고, 그에 따라 개개인의 삶과 의식은 더더욱 파편화되는 경향을 보인다. 경제적·문화적으로 이전보다 풍요롭고 화려하고 다채로워 보이지만, 정작 내면의 행복지수나 문화적 감동지수는 하향 곡선을 그리고 있다. 작은 인간, 왜소한 인간들의 불안감이나 피로감, 존재 박탈감이 길고 짙은 그림자를 드리운다. 작은 인간들은 나날이 상품을 소비하며 살지만, 소비의 주체인 자신마저 부지불식 간에 더 큰 타자에 의해 소비되거나 소진된다.

비평으로 좁혀 말하더라도 사정은 마찬가지다. 현실의 전체 지형은 물론이거니와 문화와 문학의 전체 지형도를 그릴 수 있는 '전체에 대한 통찰'을 갖추기 매우 어려운 상황에 처해 있다. 이는 비평가 개인의 성실성 여부에서만 생겨나는 문제가 아니다. 현실이 너무나 복합적이고 혼돈스러워서 성실한 비평가조차 그런 예지와 종합에 대한 꿈을 잃을 정도이다. 아주 오래전에 헬렌 가드너(Hellen Gardener)는 유행이라는 파괴의 물결 앞에서 탁월한 작가들을 보호해주는 것(The Limits of Literary Criticism)이 비평의 임무라고 말했는데, 그 임무를 다하기도 쉽지 않게 되었다. 게다가 문학적 전망 제시에 힘을 실을 수 있느냐 하면 그마저도 여의치 않아 보인다. 또 비평가 자신이 문학에 대한 새롭고 독자적인 의견을 전개하여 비평 자체에 예술적인 창조성을 부여하는 비평 행위 역시 활발한 것 같지 않다.

그렇기보다는 여러 경로에서 의심과 의혹의 눈초리를 받고 있는 실정이다. 비평가들이 문학적 진정성과는 별개로 상업주의나 저널리즘에 휘말리고 있고, 자신들의 권력을 유지 내지 강화하기 위한 소아적 분파주의에 사로잡혀 있다. 또 많은 작품을 읽지 않거나 읽더라도 제대로 읽지 못하고, 비평적 판단력이나 감식안에 문제가 있으며, 비평적 평가 기준이 모호하거나 타당하지 않다. 문학 텍스트 현실에 근거하지 않고 자신의 입장만을 앞세운 발언만을 하거나 문학 생산이나 문화 수준 향상에 별 도움이 안 되는 지엽말단적인 논의로 시간을 소모할 뿐 아니라 기생적인 주례사 비평에 머문다 등등, 여러 의혹과 추문에서 자유롭지 못하다.

물론 이런 의혹의 시선이나 추문은 어제 오늘의 일이 아니다. 예로부터 작가들은 불만을 토로해왔다. 존 콜린스(John Collins)를 "작품을 좀먹고 사는 벼룩"으로 혹평한 알프레드 테니슨(Alfred Tennyson)이나, "시인을 평가하는 것은 오로지 시인만의 임무이며, 그것도 모든 시인의 임무가 아니라, 최상의 시인만이 할 수 있는 일"이라고 한 벤 존슨(Ben Johnson)의 비판을 비롯해, "악의에 찬 평자들은 시시한 작가들의 하위 서열 중에서도 이류에 속한다."(P. B. 셸리(P. B. Shelly)), "자신을 돌아보면서 평자들은 생산 능력을 잃어버린 환관들의 모습을 발견한다."(조지 스타이너(George Steiner)), "심지어 가장 저급한 시도 그 시에 대한 언급과 같거나 더 나을 수밖에 없다."(존 그레이(John Gray)) 등이 그런 사례들이다. 에드워드 모건 포스터(Edward Morgan Forster) 역시 "비평은 적절치 못하다."면서, 그 이유로 비평이 무엇을 해야 하는지에 대해서는 한번도 말한 적이 없고, 대신 해서는 안 될 것만 지적했다고 언급한 바 있다.

『문학비평의 전제』(현대미학사)에서 이런 사례들을 원용하면서 K. K. 루스벤(K. K. Ruthven)은, 평자들은 항상 고전이라고 불리는 작품에서 평가 지침을 받음으로써 평가 기준의 하향을 막으려고 노력하는데, 이러한 기준으로 인해 항시 부당한 대접을 받아야 하는 젊은 작가들을 미리 규정된 원칙에 의거해 평가하는 것은 마치 뒷거울을 보면서 운전하는 것과 같으며, 기껏해야 눈앞에 놓인 상황과 충돌하는 결과를 가져올 뿐이라고 경고한 바 있다.

또 '비평가 없는 예술과 독자 없는 비평가'라는 시사적인 제목의 글에서 미국의 비평가 메리 프랫(Mary Pratt)은 "대부분의 예술 작품에 대해 사실상 비평이 쓰이지 않고 있는 형편이고", "대부분의 비평이 읽히지 않고 만다."(폴 헤르나디 지음, 『비평이란 무엇인가』, 최상규 옮김, 예림기획)는 사실을 지적한 바 있다. 김현이, 비평가가 정말 해야 하는 것이 무엇인가를 생각해야 하는 시기라고 말했던 무렵이었다. 물론 이런저런 의혹의 시선들에 시비의 여지가 없는 것은 아니나, 그보다는 발본적 성찰을 통해, 문학비평이 무엇으로 어떻게 소통할 것인가에 대한 새로운 가능성을 모색하고 실천해야 할 때임은 분명해 보인다. 그렇다면 비평은 어떻게 새로운 가능성에 도전할 수 있을 것인가.

우리 시대 비평의 과제

첫째, 문학과 현실의 전체적 상황과 맥락의 성찰을 위한 비평적 긴장을 늦추지 말아야 한다. 두루 아는 것처럼 정보/소비 자본주의가 만개한 가운데 현실은 매우 빠른 속도로 변화하고 있다. 생태계의 전면적 균형 상실과 아울러 생명의 전체성에 대한 인간 감각의 파괴와 상실 경향이 심각하다. 그런 가운데 문화 일반은 비속화 일로에 있으며, 상징적이거나 실제적인 폭력으로부터 인간 삶은 자유롭지 못하다. 새로운 세계 자본주의 질서 속에서 계급 문제나 불평등 문제에 대한 성찰은 물론이고 한반도 내의 분단 문제, 민족 문제 역시 비평적 성찰의 긴장을 요하는 대목이 아닐 수 없다. 무한경쟁 시대의 타자의 윤리학이나 디지털 시대의 윤리학에 대해서도 우리는 적극 성찰해야 한다.

우리네 일상생활 자체도 얼마나 문제적인가. 이미 오래전부터 근대 이성이 의심받고 전체성이 회의받기 시작했으나, 우리는 여러 맥락에서 그것들을 의심하고 회의하면서도 현묘하게 새로운 시대의 윤리 감각을 역동적으로 성찰할 필요를 느낀다. 현실과 문화, 문학에 대한 진정한 비판과 전면적 성찰을 바탕으로 문학과 인문 문화의 건강성을 추구하고, 세계의 생명력의 불꽃을 다시 지필 수 있어야 한다. 문화적·현실적 맹목으로부터 벗어나 진정한 가치를 추구하고 그것으로 인간 역사의 수레바퀴를 새롭게 굴릴 수 있는 비평적 긴장과 성찰이 어느 때보다 절실히 요구되는 시점이다. 그러니까 비평의 종언은 없다. 문제가 깊고 넓을수록 비평의 주제도 심화될 수 있는 법이다.

둘째, 해설과 비판의 담론을 넘어 비평은 생산과 창조의 담론을 지향해야 한다. 물론 기존에 비평이 견지했던 해석과 비판의 담론은 그 자체로 새로운 창조와 생산을 위한 기획들을 함축하고 있었다. 하지만 이제 좀 더 적극적으로 생산과 창조의 담론이 되어야만 비평의 새로운 지평이 열릴 터다. 불연속적이고 불확정적인 현실에서 인간 의식의 신명에 상응하는 상상력을 회복하는 방안은 무엇일지, 새로운 문학 지도 그리기를 위한 세계 탐색의 가능성과 방향은 어디서 찾을 수 있을지에 관해 비평이 창조적인 지혜를 보여줄 수 있기를 희망한다. 경험된 세계이거나 경험하기를 소망하는 세계에 대한 상상적 공동 제작자라는 자의식을 지닐 때, 비평은 창작의 진정한 타자가 될 수 있을 터이다.

나아가 문학의 새로운 존재 방식에 대해서도 창작자 이상으로 고민과 지혜를 생산적으로 나눌 수 있어야 한다. 요컨대 비평과 창작의 관계에서 비평이 사후성(事後性)에만 머물지 말고, 비판과 반성의 사후성은 물론 새로운 창조와 생산에 적극 관여하는 동시성이나 사전성(事前性)의 영역까지 포괄할 수 있었으면 한다. 동시대의 의미심장한 주제들에 대한 예민한 탐색과 첨단 감각, 오랜 인문학적 지혜와 교양 등이 조화롭게 어우러져 생산된 비평은 독자들과 행복한 소통의 지평을 열게

"현실의 전체 지형은 물론이거니와 문화와 문학의 전체 지형도를 그릴 수 있는 '전체에 대한 통찰'을 갖추기 매우 어려운 상황에 처해 있다. 이는 비평가 개인의 성실성 여부에서만 생겨나는 문제가 아니다. 현실이 너무나 복합적이고 혼돈스러워서 성실한 비평가조차 그런 예지와 종합에 대한 꿈을 잃을 정도이다."

될 것이다.

셋째, 자설(自說)적인 비평 이론을 계발하고 이를 바탕으로 살아 있는 비평적 쟁점을 부각시키는 가운데 대화적 비평을 모색해야 한다. 가벼운 인상비평이나 가십성 비평, 주례사 비평 등이 만연하면 비평은 점점 왜소화되고 주변으로 밀려날 운명에 처할 것이다. "작품을 좀 먹고 사는 벼룩" 신세는 곤란하지 않겠는가. 또 소비 자본주의의 쳇바퀴에 휘말려 가볍게 소비되거나 소진될 여지마저 있다. 무엇보다 이미 이루어진 창작물에 대한 기생성에서 벗어날 길이 없을 터이다.

비평의 자기 정체성과 존재 기반을 다지기 위해서라도 우선 비평 이론에 대한 심화된 성찰이 요구된다. 20세기 후반에 서구에서 많은 비평 이론들이 개진되고 실험되었다는 사실을 우리는 잘 알고 있다. 형식주의 비평, 구조주의 비평, 마르크스주의 비평, 정신분석 비평, 독자 반응 비평, 신화 비평, 탈구조주의 비평, 탈식민주의 비평, 페미니즘 비평, 신역사주의 비평, 생태주의 비평 그리고 또 다른 이름의 많은 비평 방법들을 우리는 학습했다. 페르디낭 드 소쉬르(Ferdinand de Saussure), 클로드 레비스트로스(Claude Lévi-Strauss), 죄르지 루카치(Georg Lukács), 골드만, 피에르 마슈레이(Pierre Macherey), 미하일 바흐친(Michail Bakhtin), 프레드릭 제임슨(Fredric Jameson), 테리 이글턴(Terry Eagleton), 줄리아 크리스테바(Julia Kristeva), 주디스 버틀러(Judith Butler), 프로이트, 카를 융(Carl Jung), 라캉, 푸코, 들뢰즈, 펠릭스 가타리(Felix Guattari), 지젝, 지그문트 바우만(Zygmunt Bauman), 아감벤을 비롯한 많은 논자들을 탄력적으로 주목한 바 있다. 여기에 노장 사상이나 불교의 윤리 감각, 유가의 사상이나 퇴계학 등 동아시아의 담론들을 보태고 융합하고 새롭게 성찰하면 수용을 넘어선 새로운 비평 이론의 구상도 가능할 것이다.

비평 이론의 틀이 넉넉하고 튼튼할 때 비평 담론의 적절성 및 정당성과 생산성을 높일 수 있다. 비판적 대화나 논쟁의 경우에도 마찬가지다. 아울러 비평 이론을 바탕으로 한 전작 비평의 저작도 우리 시대의 과제이다. 단편소설 중심의 근대소설사를 거쳐 어느덧 당당한 장편소설의 시대를 맞이했다. 비평도 자기 체계를 명실상부하게 갖춘 전작 장편 비평의 시대를 열어나갈 때 새로운 활력을 얻을 수 있을 것이다.

여러 사례가 있겠지만, 노스롭 프라이(Northrop Frye)의 『비평의 해부』(임철규 옮김, 한길사)를 떠올려보자. 현대 미국 문학비평을 개관하는 자리에서 프린스턴 대학 석좌교수인 월튼 리츠(Walton Litz)는 새로운 비평 시대의 전주곡으로 프라이의 『비평의 해부』를 주목했다. 프라이에 와서야 비로소 비평가는 특별한 지식과 힘을 가지고 더 이상 예술가의 시종이 아닌 동료가 되었다고 리츠는 지적한다.

인간성과 문화에 깊은 관심을 기울였던 프라이는, 비평가가 독자적인 창조력을 가지고 예술가와 독자 사이에 위치할 수 있는 가능성을 보여주었다는 것이다. 여러 면에서 『비평의 해부』는 조직적 상상력의 결과물이라는 것이 리츠의 견해다. 일찍이 영국의 비평가 프랭크 커모드(Frank Kermode)도 1958년에 쓴 서평에서 "이 책은 핵심적이고 자주적이고 윤리적이라는 면에서 하나의 문학작품이 되어버린 비평서라고 생각하는 것이 합당할 것"이라고 적은 바 있다.

넷째, 문학 교육에 실질적으로 기여하는 비평의 역할을 적극 탐색해야 한다. 비평은 예로부터 폭넓은 의미에서 문학 교육의 장이기도 했다. 흔히 말하는 대로 인문 문화적 가치를 계발 보존 전승하고, 비판적 시민을 교육하며, 문화적 능력을 함양한다는 측면에서 문학 교육과 비평은 실질적으로 협력해야 한다. 문학의 위기, 비평의 위기, 문학 교육의 위기는 운명을 같이하는 것이다. 문학 교육 현장은 수준 높은 문학 교양과 비판적 안목을 지닌 독자 또는 예비 창작자를 양성하는 곳이다. 이 목표가 실효를 거둘 수 있을 때 한 사회의 문화적 능력은 향상된다. 이러한 기반에서 진정한 문학과 비평의 생산 및 소통이 가능해질 것이다.

그런데 수준 높은 문학 교육을 위해서는 교육 재료가 충분해야 한다. 좋은 작품과 그것을 읽고 판별하고 해석하고 비평할 수 있는 안목이 제공되어야 하는 것이다. 비평가들이 그런 실질적인 교육 재료를 폭넓게 제공해야 한다. 문학 교육 현장에 양질의 재료와 동시대의 문제적 측면들에 대한 살아 있는 쟁점을 제공할 수 있을 때, 비평의 사회적인 영향력도 증대될 것이며, 독자 없는 비평의 불우한 운명도 개선될 수 있을 것이다.

다섯째, 한국 문학의 세계화에 실질적으로 기여할 수 있으면 좋겠다. 이 과제는 안팎으로 열려 있다. 한국 문학과 담론을 세계에 널리 효과적으로 알리는 것이 하나라면, 세계 문학의 수준에 비추어 한국 문학이 부단히 혁신할 수 있도록 돕는 것이 다른 하나이다. 10여 년 전 미국의 어느 대학에서 문학 교수와 대화를 나눌 때의 일이다. 내가 라캉과 지젝 이야기를 하니까, 그녀는 그런 담론은 자신도 잘 아니 자기가 모르는 동양/한국의 담론 이야기를 해달라고 했다.

2011년 가을 멕시코 과달라하라 국제도서전에서 한국 문학 이야기를 하는데, 에스파냐어 독자들은 한국 문학의 맥락에 대해 더 듣고 싶어 했다. 올림픽이나 월드컵을 개최한 나라, 휴대폰이나 자동차를 잘 만드는 나라 이야기가 아니라 문학 이야기의 다양한 맥락을 알고 싶어 했다.

세계 문학적 보편성을 염두에 두면서도 한국 문학의 특수성을 잘 설명할 수 있는 심화된 담론을 정립하는 데 게을리 하지 않아야 할 이유는 참으로 많다. 드라마나 영화, K-POP을 중심으로 한 한류가 문학으로 심화될 때, 한국적인 가치의 세계화는 진정한 깊이를 확보하게 될 것이다. 아울러 세계 문학의 첨단 감각에 대한 감식안을 바탕으로 한국 문학이 세계 문학과 탄력적으로 소통하고 혁신적으로 대응할 수 있도록 다각적인 지혜와 정보를 제공하는 것도 우리 시대 비평가들의 몫이다. 번역이나 홍보의 문제에만 집착할 것이 아니라 번역·홍보할 것의 심미적 가치를 혁신하는 일 역시 중요하기 때문이다.

여섯째, 전위적인 실험정신으로 비평의 새로운 스타일을 창조해나가야 한다. 흔히 언어는 소리와 침묵으로 구성되어 있다고 말하는데, 창작 텍스트가 그렇듯이 비평도 실험된 영역과 실험되지 않은 영역으로 이루어져 있다. 이미 실험된 고답적인 비평 언어와 관점, 스타일로는 새로운 시대의 비평 역할을 다하기 어렵다. 실험되지 않은 영역에서 새로운 비평의 탄생을 부단히 꿈꾸어야 한다. 구축, 해체, 재구축의 과정을 반복해온 담론의 질서와 계보를 헤아리면서, 정녕 새로운 비평 언어와 관점, 스타일로 문학과 비평의 역사를 새롭게 열겠다는 다부진 정념과 지혜가 요구된다.

인문학의 전위로서 비평을 꿈꾸며

　우리 시대 비평의 과제는 이 밖에도 많을 것이다. 요컨대 나는 비평의 위기를 넘어 새로운 가능성을 여전히 꿈꾸고 싶다. 비평이 사회 문화의 주요한 조감도나 나침반 역할을 담당하고, 인문 문화의 신경 중추가 되어 문화 대중들과 폭넓게 소통하는 꿈을 말이다. 의미심장한 문학 담론으로 한국과 세계의 문학/문화 지도를 역동적으로 바꾸어 나갈 소망을, 비평의 이름으로 견지하고 싶다.

　창작 텍스트를 추수하는 소박한 해설자를 넘어 비평으로 문학의 꿈을 새롭게 꾸고, 인문학적 지혜의 벼리를 알리는 역동적 기획을 추구하고 싶다. 인문 문화의 전위가 되고, 인문 문화의 소통을 통해 문화 대중들과 더불어 위안과 행복의 감각을 나눌 수 있는 담론의 공간으로서 비평의 자리를 모색하고 싶다. 그러니까 새로운 가능성을 탐문하는 도전으로서의 비평의 꿈은 여전히 현재진행형이다.

13장 사회과학은 사회공학으로 남을 것인가

전상진•

인문학의 시대

'인문학의 시대'를 사는 사회과학자로서 나는 묘한 감정을 느낀다. 반가움, 질투심, 열패감, 기시감이 엉킨다. '닥치고 무엇' 따위에 휘둘리지 말라는 조언이 반갑지만, 사회과학이 아닌 다른 것에 열광하는 분위기가 부럽다. 사회과학이 '시대정신'을 읽지도, 시대의 열쇳말도 제공하지 못한다는 점에서 열패감이 생기고, 무엇보다 기시감을 느낀다.

내 대학 동기 중에 멋쟁이가 있었다. 당시 파격적이던 퍼머 머리에

• 독일 빌레펠트 대학에서 박사학위를 받았으며, 현재 서강대 사회학과 교수로 재직 중이다. 여기에 실린 글과 관련한 논문으로는 「사회학의 위기에 대처하는 두 가지 방법」, 「사회학의 위기에 대처하는 또 다른 방법」, 「사회학과 시대진단」이 있다. 최근에는 '자기계발', '음모론', '교육의 경멸'에서 나타나는 독특한 '책임 귀인'의 규칙들이 연결되는 '오묘한' 기제를 연구하고 있다.

범상치 않은 더블재킷을 소화해내던 그 친구가 애용하던 아이템은 책이었다. 불심검문에 걸리지는 않을 정도의, 그러나 '의식'을 보여주는 한두 권의 사회과학 도서들, 그것으로 자신의 매력을 완성했다. 과거 '사회과학의 시대'에는 "근육보다 사상이 울퉁불퉁한 사나이"가 인기가 높았다. 매력은 외모와 돈만이 아니라 의식과 사상으로도 표현되어야만 했다.

오늘날 인문학의 열풍에서 내가 느끼는 기시감의 정체는 바로 이것이다. 한때 사회과학이 패션 아이템으로도 쓰였던 것처럼, 그 자리를 이어받은 인문학이 매력을 완성하는 도구가 되었다!

사회과학의 시대는 흔적도 없이 사라지고 이제 새로운 시대가 왔다. 사회과학의 부침을 돌이켜 보면 새로운 시대, 즉 인문학 열풍이 부는 시대의 사회적 맥락을 따지는 데 유용한 단서를 찾을 수 있다. 물론 인문학의 유구하고 찬란한 역사에 비해 사회과학의 역사는 짧고 초라하다. 그러나 대선배를 감히 가르칠 수 있는 이유는 사회과학의 태생적 특성과 압축적 경험 때문이다. 이로부터 현재 열풍을 겪는 인문학에 제공할 수 있는 몇 가지 시사점을 추출할 수 있다고 믿는다. 더불어 사회과학의 전략도 챙겨보려 한다.

먼저 밝힐 점은 사회과학에는 다양한 분과들이 속해 있다는 것이다. 모두 고려할 수는 없는 노릇이라 나는 사회학의 출생만을 염두에 둘 것이다. 친숙한 사안이기에 다루기 쉽고, 그럼에도 비교 대상인 인문학 및 자연과학과는 구별되는 사회과학의 특성적 차이(differentia specifica)를 또렷이 보여줄 수 있기 때문이다.

사회학의 부상과 쇠락

사회학의 출생 시기는 대략 19세기 말과 20세기 초인데, 당시 두 세력이 지식 세계의 헤게모니를 둘러싸고 각축을 벌였다. 한쪽엔 지식 세계의 전통적 귀족인 인문학적 지식인들이, 다른 한쪽엔 젊지만 힘센 신흥 세력인 자연과학자와 기술자들이 포진했다. 양 세력의 가장 큰 차이는 세계를 보는 관점이었다.

전통적 귀족들은 통제할 수 없을 정도로 빨리 변하는 세계에 대한 두려움을 감추지 않았다. 그들의 눈에 세계는 몰락하고 있었다. 물질적으로 삶이 풍요해지는 만큼이나 정신세계는 빈곤해졌고 전통은 파괴되었다. 인간과 정신, 전통을 이 지경으로 만든 원흉은 자연과학과 기술이다. 인문학적 지식인들의 고민은 이를 통제할 수 있는 고삐를 만드는 것이었다.

신흥 강자들은 '이미 와 있는, 그러나 아직 널리 퍼져 있지 않은' 미래를 '지금 여기'에서 실현하려고 조바심을 냈다. 세계의 발전은 '법칙적'으로 명백하고, 자신들이 만들어낸 결과물은 이를 실현할 수 있는 도구임이 분명하다. 이 도구를 적극 활용하여 번영하는 세계를 만들어야 하는데, 과거의 세력이 방해한다. 신흥 강자의 고민은 새로운 세계의 실현을 방해하는 자들을 추방하는 것이었다.

두 세력이 언제나 격전을 치르는 것은 아니었다. 두 세력의 반목을 "두 문화", 즉 인문학과 자연과학의 대립으로 묘사한 찰스 퍼시 스노(Charles Percy Snow)는 양 세력 사이에 거대한 바다가 있다고 말했다. 넓고 넓은 바다에서 새로운 움직임들이 생겨났다. 아직은 제도화되지도 체계화되지도 못한 사회학은 바다에서 세력을 키우기 시작했다. 바다라서 힘들지만 양편을 모두 살피면서 배울 수 있었던 사회학은 사회라는 전혀 새로운 대상을 가지고 인문학과 자연과학을 나름의 방식으로 조합하려는 꿍꿍이를 꾸몄다.(볼프 레페니스(Wolf Lepenies))

사회학이 보기에 인문학은 인간과 역사를 대상으로 "삶의 정향(定向, Lebensorientierung)", 곧 삶의 방향을 정하는 데 필요한 지식, 좌표를 정하고 세우는 데 도움이 되는 지식, 무엇보다 삶의 의미를 밝혀주는 지식, 즉 정향지(定向知) 생산에 주력한다. 자연과학은 사물을 대상으로 삼아 삶의 구체적인 문제를 해결하는 데 쓰이는 기술적·공학적 지식 생산에 전념한다. 두 문화와 다른 세 번째 문화를 세우려는 사회학은 사회문제 해결에 필요한 공학적 지식은 물론이고, 정향지를 제공할 수 있다고 믿었다. 요컨대 삶과 세계의 의미를 제공하는 사회공학이기를 기대했다.

앞서 말한 바처럼 두 문화가 대륙에 진영을 구축했다면, 세 번째 문화인 사회학은 바다에 둥지를 틀었다. 태풍이 몰아치면 바다는 위험한 곳이 된다. 그럴 때는 기상 조건이 더 나은 대륙 한편에 잠시 피신해야 한다. 다시 말해 사회학은 상황에 따라 진자(振子) 운동을 한다.

제도화가 시작된 당시에도 사회학은 이미 진자 운동을 했다. 영국과 프랑스의 사회학이 자연과학의 모델에 기대어 나름의 길을 모색했다면, 독일의 사회학은 인문학에 근접한 영역에서 독자 생존을 꾀했다. 이는 사회적 수요와 동맹의 문제다. 신흥 세력과 함께 전통 귀족에게 대항하는 것이 유리하고 과학적 특성에 대한 사회적 인정이 높을 경우에는 첫 번째 전략을, 전통 귀족과의 동맹이 유리하며 정향지에 대한 사회적 요구가 높을 때는 두 번째 전략을 선택했다.

사회학의 출생 과정에서 포착할 수 있는 사회과학의 특성적 차이는 두 가지다. 첫째, 두 문화와 구별되는 사회과학의 과업은 정향지와 공학적 지식의 '연금술적' 결합이다. 둘째, 상대적으로 불안정한 기반 때문에 상황에 따라 양 측을 오가는 움직임이 필요하다.

10년 이상의 시차가 있지만 한국과 서구에서 있었던 사회과학의 전성기는 첫 번째 특성적 차이가 빛을 발한 때다. 1960~1970년대 서구의 국가들은 사회공학적인 지식이 크게 필요했다. 미국은 냉전 체제의 중심축으로서 체제 경쟁에서 우위를 점하기 위해, 또 성장을 위해 더 발전적이고 안정적인 사회체제를 구축하려 했다. 서유럽 국가들은 전쟁의 폐허를 물질적이고 제도적으로 재건해야만 했다. 특히 미국과 소련에 비해 낙후된 정치, 교육, 사회 제도 전반의 리모델링이 절실했다. 물론 사회과학이 각광을 받은 이유는 또 있다.

사회는 풍족해졌고 제도는 안정을 찾았다. 하지만 많은 사람들은, 특히 대학생들과 젊은 노동자들은 물질적 번영과 안정 이상을 원했다. 자신들을 옭죄는 권력과 권위에서 벗어나기를 원했다. 현실 이상의 무엇, 해방을 원했다. 사회과학은 이 욕구를 채워줄 수 있었다. 과거의 모든 소원을 실현한 것처럼 보이는 현실이 실은 조작임을 폭로했다. 이를 가능하게 하는 권력과 권위의 비밀도 폭로했다. 결정적으로 새롭고 자유로우며 해방된 미래 비전을 제시했다.

아쉽게도 사회과학이 제공한 두 지식은 서로 조화를 이루지 못했다. 사회과학의 입장에서 한 가지 위안이 있다면, 다른 두 문화와 동맹을 맺지 않고도 홀로 꿋꿋이 살아갈 수 있다는 사실을 확인한 것이었다.

"소비, 육체, 쾌락 이외의 정향지가 필요하지 않은 사회에서 사회과학은 사회공학에만 전념할 수밖에 없었다. 연구 문제는 잘게 쪼개고, 연구 방법은 과학적 엄밀성을 보여줄 수 있어야만 했으며, 연구 결과는 숫자와 수식, 통계로 표현해야 했다."

1980년대 한국의 상황도 비슷했다. 권위적 국가는 경제성장을 안정적으로 뒷받침할 수 있을 뿐 아니라 자신의 정당성을 강화할 수 있는 제도적 기반을 마련하려 애썼다. 그래서 사회공학적 기술들이 필요했다. 정향지에 대한 사회적 요구도 커졌다. 더 많은 민주주의와 새로운 미래를 꿈꾸던 많은 이들은 자신과 사회의 좌표를 정하는 데 쓸 수 있는 지식들이 필요했으며, 사회과학은 그들의 갈증을 풀어주었다.

사회과학 내부의 균열

전성기를 경험한 한국의 사회과학은 1990년대에 갑작스레 쇠락한다. 난국을 타개하기 위해 사회과학은 자연과학의 모델에 기대는 정도, 즉 과학성을 높이기 위해 노력했다. 이는 사회과학의 두 번째 특성적 차이인 진자 운동의 모습이다. 사회과학이 과학으로 방향을 튼 가장 중요한 이유는 그동안 제공해온 정향지에 대한 사회적 요구가 사라졌기 때문이다. 사회과학적 정향지의 현실태인 사회주의권의 몰락으로 그 가치는 급격히 떨어졌다.

사회과학이 제공할 수 없는 새로운 정향지에 대한 요구들이 커졌다는 점도 지적해야 한다. 일종의 문화적 자유주의라 할 수 있는 이 요구는, 모든 사회 영역에서 힘을 발휘하는 권위주의와 공동체의 압력에 대한 개인들의 반발이었다. '이제 내 뜻대로, 내 멋대로 살고 싶다!'

선진국 반열에 들어섰다는, 후에 환상임이 밝혀질 자부심은 소비 기본주의와 본격적인 개막과 함께 소비주의적 개인과 그들의 '더미'

에 불과한 사회를 완성했다. 내 삶의 의미는 오로지 소비로만 답할 수 있다.

소비, 육체, 쾌락 이외의 정향지가 필요하지 않은 사회에서 사회과학은 사회공학에만 전념할 수밖에 없었다. 연구 문제는 잘게 쪼개고, 연구 방법은 과학적 엄밀성을 보여줄 수 있어야만 했으며, 연구 결과는 숫자와 수식, 통계로 표현해야 했다.

1997년에 이미 시작된 21세기는 생존주의(김홍중)와 자기계발(서동진)의 시대였다. 이제 생존을 위해 분투해야만 했다. 아무리 생존이 어렵더라도 이미 자유와 소비의 세례를 받은 터라, 과거의 '규율사회'로 돌아갈 수는 없었다. 비록 생존을 위해 가혹한 규율, 즉 자기계발을 선택하는 도리밖에 없었지만, 그 선택은 자발적이고 자유롭거나 그렇게 보여야만 했다.

이 시기에 사회과학 내부의 분과적 균열은 돌이킬 수 없을 정도로 제도화된다. 경제학과 경영학, 그리고 심리학은 '기타 사회과학'과 완전히 결별한다. 경영학은 자기계발을 정향지로 삼고 현실의 문제 해결(취업)을 위한 최고의 '생존'공학이 된다. 경제학은 가장 과학적인 '수학'공학으로서 위용을 뽐내고, 더 나아가 비용과 편익 계산만이 유일한 삶의 좌표임을 설파하는 정향지를 사회에 유포한다.

심리학은 의학과 연계하여 새롭게 태어난다. 심리학은 위의 두 학문과의 차별화 전략으로서 '의학'공학이기를 원했다. 그렇게 심리학은 생존경쟁에 지쳐 질병에 시달리는 개인들을 '치료'하고자 한다. 심리학은 또한 '시대에 걸맞은' 정향지 제공에도 매우 적극적이다. '삶의 문제를 사회적으로 해결할 수 없다. 문제는 당신 안에 있다!'

사회공학이라는 한쪽 날개로 근근이 연명하는 사회과학은 세 학문의 분가로 더 옹색해졌다. 특히 세 학문의 상품들에 밀려 사회과학은 정향지 시장에 진입조차 할 수 없었고 이에 대한 반작용으로 더욱더 과학 쪽으로 기울었다. 사회적 사안에 대한 관심은 '과학적' 연구와 교육을 방해할 뿐이다. 이렇게 사회과학자들은 대학과 연구소에 칩거했다.

언제나 주류가 있으면 비주류, 반골이 있게 마련이다. 사회과학에서도 마찬가지인데, 21세기가 시작하고 10년가량 지난 현재, 정향지를 수공업적으로 생산하는 반골들의 상황은 더 열악해졌다. 인문학이 본격적으로 반격에 나섰기 때문이다.

생존주의와 자기계발의 시대를 살아온 사람들은 사회가 강요하는 정향지에 염증을 느끼기 시작한다. 내가 사는 이유가 정말 성공밖에 없는 걸까? 죽도록 자기계발한다고 내 삶이 나아지기나 할까? 세상은 왜 이리도 정의롭지 못한 걸까? 왜 그런 것들이 문제조차 될 수 없는 거지? 대체 나는 왜, 무엇을 위해, 어떻게 살아야 하는 거지? 인문학에 대한 관심이 뜨거워진 이유는 바로 이 때문이다. 기존의 정향지에 환멸을 느끼고 대안을 찾으려는 대중의 거센 요구 때문이다.

인문공학의 미래는 어떻게 될 것인가

현재 인문학 열풍에서 특기할 만한 점은 사회과학이 등장하던 시기와 사뭇 달라진 인문학과 자연과학의 모습이다. 후지의 위에 둥둥한은 말할 필요도 없다. 하지만 인문학의 형세는 이제 보잘 것 없다. 자연과학의 강해진 힘은 인문학의 과거 영토를 정복한 데서 확인할 수 있다. 자연과학은 이제 기술적이며 공학적인 영역을 넘어 정향지의 영역마저 점령할 태세다. 종교에 대한 최근 논쟁에서도 알 수 있듯이 자연과학은 이제 세상의 모든 것에 간섭한다.

인문학은 애초의 세력권인 정향지 영역에서 반격에 착수했고, 놀랍게도 사회공학적 영역에서도 활발히 활동을 시작했다.('희망의 인문학') 수많은 "인문학 행상인"들이(표정훈) "새로운 자본주의가 필요로 하는 정신"(서동진)에 부합하는 '인문'공학적 상품을 생산하기 시작했다. 그런데 거기서 사회과학에서 분가한 세 학문의 향기, 혹은 악취가 난다. 생존·수학·의학 공학과 인문학은 새로운 자본주의의 입맛에 딱 맞는 세계와 인간에 대한 정향지를 '섹시'하게 치장하고 포장하는 데 크게 기여한다.

사회과학은 이제 어떤 전략을 취할 수 있을까? 과거의 사회(과)학의 창설자들이 기대했던 사회공학과 정향지 생산을 결합해야 한다. 결합이 힘들다면, 두 가지 사회적 요구에 분업으로 응하면 될 것이다.

분업은 두 유형으로 나눌 수 있다. 첫째, 사회과학 내부의 분업이다. 감히 판단컨대, 사회공학의 요구에 더 부응할 필요는 없어 보인다. 문제 해결을 위한 과학적 지식은 이미 충분히 제공하고 있다. 당장 보완이 필요한 것은 정향지 생산이다. 둘째, 인문학과의 분업이다. 과제가 너무나 막중하고 경쟁자들이 너무나 막강하기에 사회과학이 홀로 감당할 수 없을지도 모른다. 이런 맥락에서 분업에 기초한 인문학과의 동맹도 생각해봄 직하다.

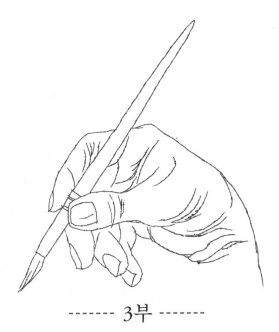

3부

싸우는 인문학

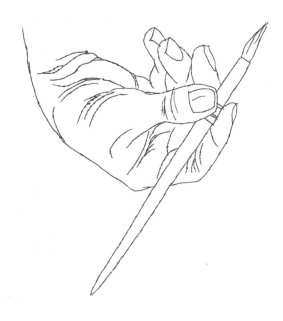

망치를 들고 생각하는 것이 문제다. 인문학에는 두 가지 계보가 있다. 하나는 기존의 가치를 정당화하고 옹호하는 것이요, 다른 하나는 망치를 들고 기존의 질서와 가치의 궁전을 깨트리는 것이다. 이때 인문학은 니체의 말처럼 창조자가 되며, 그 사유는 세계에 대한 새로운 입법이 된다. 물론 망치를 들었을 때 인문학은 자신의 숨겨진 여러 이름 가운데 한 가지를 세상에 공개하는데 바로 '싸우는 인문학'이다. 3부에서는 오늘날 우리네 질서와 가치의 허약한 모습을 드러내고 그 틈을 비집고 들어가 싸우는 인문학의 현장을 추적한다.

「마르크스주의를 대체할(계승할) 저항의 철학은 어떤 것인가」는 최근 좌파 정치철학의 지형도를 일목요연하게 보여준다. 정치철학의 장에서 마르크스와 푸코의 유산을 상속받은 철학자들이 제도적인 정치 '바깥에서' 어떻게 해방을 모색하는지 보여준 후 그 한계 역시 지적한다. 아울러 이 한계를 극복하기 위해 왜 '민주주의 제도 자체를 민주화하려는 노력, 민주주의 헌정을 봉기적인 민주주의 운동에 의해 개조하고 변혁하려는 노력'이 필요한지를 설명한다.

「여성학은 성폭력 담론을 통해 무엇을 말하고자 했나」는 성폭력에 깃든 여성주의의 문제의식은 기존의 성범죄를 더 무겁게 처벌하고 엄단해달라는 요구라기보다, 시민적 권리의 주체로서 여성이 누려야 할 성적 자유와 자율성에 대한 인정의 요청이라는 점을 부각시킨다.

「한국 현대 시는 어떤 힘을 가지고 있나」는 시의 중요한 과제인 '현실 참여' 문제를 생각하는 글이다. 최근 몇 년 사이 정치의 급격한 보수화와 더불어 일어난 비극적인 사건들 앞에서 사람들은 '시'를 바라보았다. 시는 정치적 사안을 표현하는 명제도 명제를 치장하는 수사도 아니다. 그런데 이러한 시가 어떻게 현실과 싸울 수 있는 힘을 얻어내는지 이 글은 보이고 있다.

「인문학은 한국 영화를 어떻게 변화시켰나」는 영화의 핏줄 속으로 들어가 에너지 음료처럼 요동치는 인문학의 움직임을 포착한다. 1990년대 이후 한동안 인문학도들의 가장 큰 관심사는 영화였다고 해도 과언이 아니다. 이러한 관심의 인도를 받아 인문학적 소양과 학문적 배경을 갖춘 많은 인재들이 영화계에 유입되었다. 이들이 갖춘 인문학적 소양이 영화판에서 구체적으로 어떤 변화를 일으키고 결실을 거두어들이고 있는지 일목요연하게 보여준다.

「사도 바울은 왜 급진 정치철학자로 각광받는가」는 오늘날 정치철학계의 쟁점이 되고 있는 사도 바울의 급진적인 정치적 입장을 들여다본다. 기독교의 보수적 교리의 지층을 다진 인물이라는 겉모습과 달리 바울은 니체와 같은 종족으로서, 현행 가치들을 파괴하는 자, 율법을 비롯한 당대의 질서와 싸워나가는 자였다. 율법 철폐라는 바울의 작업은 인문적 정신에게 망치를 꺼내 들고 삶을 수리하라는 사명을 일깨워준다.

「인문학이 노동자의 무기가 될 수 있는가」는 현실의 다양한 조건을 정면으로 응시하면서 인문학이 진짜 노동자가 손에 들 수 있는 무기인가를 고민한다. 지금의 고삐 풀린 자본주의를 넘어서는 새로운 사회를 전망하고, 노동자를 포함한 주체를 고민한다면, 그 시작은 그런 주체의 현실적 삶과 밀착된 '대안 인문학'이 되어야 한다는 점을 이 글은 강조한다. 대기업 임원의 인문학과는 다른, 노동자의 '삶의 고양'에 초점을 맞춰 재해석한 인문학이 도래해야 한다는 것이다.

14장 마르크스주의를 대체할(계승할) 저항의 철학은 어떤 것인가

진태원●

마르크스라는 유령

마르크스주의를 대체할(계승할) 저항의 철학은 어떤 것인가라는 질문에는 깊은 애매성이 있다. 우선 질문 자체에 이러한 애매성이 표현되어 있다. '마르크스주의를 대체하는 저항의 철학'과 '마르크스주의를 계승하는 저항의 철학'은 뚜렷하게 서로 대립하는 표현이다. 마르크스주의를 대체한다는 것은, 마르크스주의에 대해 사망확인서를 발부하는 것이고, 따라서 마르크스주의의 이론적·정치적 효력 상실에

● 연세대학교 철학과와 동 대학원을 졸업하고, 서울대학교 철학과에서 「스피노자 철학에 대한 관계론적 해석」이라는 논문으로 박사학위를 받았다. 현재 고려대학교 민족문화연구원 HK 연구교수로 재직 중이다. 지은 책으로『알튀세르 효과』,『라깡의 재탄생』,『서양근대철학의 열 가지 쟁점』,『서양근대윤리학』(이상 공저) 등이 있다. 옮긴 책으로는 피에르 마슈레의『헤겔 또는 스피노자』, 자크 데리다의『법의 힘』,『마르크스의 유령들』, 에티엔 발리바르의『우리, 유럽의 시민들?』,『정치체에 대한 권리』,『폭력과 시민다움』 등이 있다.

대한 긍정을 전제하는 반면, 마르크스주의를 계승한다는 것은 향후 등장할 저항의 철학은 어쨌든 마르크스주의에 기반을 두어야 한다는 점을 전제하고 있기 때문이다.

그렇다면 이러한 애매성은 기획자나 편집자의 실수일까? 필자가 보기에 이러한 애매한 표현은, 기획자나 편집자의 의도이든 그렇지 않든, 사태 자체의 진실을 정확히 반영하는 것 같다. 데리다 식으로 말한 다면, 오늘날 저항의 철학을 모색하는 이들은 한편으로 마르크스주의를 애도하고 마르크스주의라는 죽은 것을 떠나보내야 하지만 다른 한편으로는 마르크스주의라는 유령을 다시 불러올 수밖에 없기 때문이다. 어떻게 마르크스주의의 죽음을 인정하면서 동시에 그것을 살려낼 것인가?

바깥의 정치로서 현대 유럽 사상

필자가 '바깥의 정치'라는 이름으로 표현하고 싶은 현대의 많은 철학자·이론가들이 공유하는 문제의식이 바로 이것이다. 알랭 바디우(Alain Badiou)와 랑시에르, 아감벤과 지젝, 안토니오 네그리(Antonio Negri) 같은 현대의 대표적인 좌파 이론가들은 각자 나름의 방식으로 해방의 정치를 추구하며, 이러한 정치를 제도적인 정치 바깥에서 찾고 있다. 이들은 현대 정치의 대표적인 모델로 간주되는 자유민주주의 정치체가 이상적 정치체가 아니라 오히려 진정한 의미의 민주주의를 억압하거나 배제하는 지배의 체제라고 간주한다. 따라서 인민의 권력으로서 민주주의를 실현하기 위해서는 자유민주주의 체제 바깥에 존재하는 진정한 정치의 장소를 발견하여 거기에 근거하여 기존 체제를 넘어설 수 있는 길을 모색할 필요가 있다고 본다.

바깥의 정치는 이중의 유산을 공유하는 것으로 보인다. 하나는 마르크스주의가 남긴 유산이다. 마르크스주의는 두 가지 측면에서 현대적인 바깥의 정치의 기원이라고 할 수 있다. 첫째는 자유민주주의 또는 부르주아 민주주의의 허구성과 기만성에 대한 비판 모델을 제시했다는 점이다. 특히 초기 마르크스 저작에서 발견되는 이러한 관점에 따르면 민주주의가 주장하는 시민들의 평등과 자유는 부르주아의 계급적 이익 추구를 은폐하는 형식적이고 기만적인 수사에 불과하다. 둘째는 경제적 착취에 근거를 둔 계급투쟁을 진정한 정치의 쟁점으로 파악한다는 점이다. 마르크스주의에서 법과 정치는 경제적 생산관계에 기반을 둔 상부구조이며, 부르주아 국가는 자본가 계급의 계급 이익을 보장하고 실현하기 위한 도구일 뿐이다. 따라서 제도 정치의 영역은 진정한 정치의 장소와 무관한 허상에 불과하다.

다른 하나는 푸코의 유산이다. 푸코는 마르크스주의자로 보기는 어렵고, 오히려 마르크스주의적인 관점을 넘어서는 이론적·실천적 경로를 개척하기 위해 노력했다. 이러한 작업, 특히 1970년대 이후의 작업에서 마르크스주의와 비견될 만한 자신의 고유한 '역사유물론'(물론 푸코 자신은 이러한 용어를 사용한 적이 없다.)을 만들어내려고 시도했다는 점은 주목할 만하다. 이것은 두 가지 의미에서 그렇다.

첫째, 푸코는 마르크스주의와 마찬가지로, 자유주의자들의 관점에 기초하여 근대 사회의 형성 과정을 분석하지 않고 오히려 그러한 관점의 기저 내지 바깥에 있는 역사적 전개 과정을 탐색하려고 했다. 하지만 푸코는 마르크스와 달리 이러한 역사 과정을 생산력과 생산관계의 모순 과정 또는 경제적 착취 관계의 형성 및 전개 과정으로 파악하지 않고, 오히려 권력관계(처음에는 규율 권력이라 부르고, 유고작으로 출간된 강의록에서는 생명 권력 및 통치성이라고 부른)의 전개 과정으로 제시했다. 따라서 푸코는 자유주의 제도 바깥에 놓인 진정한 정치의 장소를 추구하되 마르크스주의와 다른 방식으로 그러한 작업을 수행했다는 점에서, 바깥의 정치의 한 전범을 제시해주었다고 말할 수 있다.

둘째, 푸코는 이러한 분석을 통해 예속화(assujettissement)와 주체화(subjectivation)라는 문제를 진정한 정치의 쟁점으로 제기한다. 이것은 고전 마르크스주의와 현대 사상을 가르는 핵심 문제 중 하나라고 할 수 있다. 고전 마르크스주의에도 예속화와 관련된 문제 제기는 이미 존재했다. 특히 루카치는 『역사와 계급의식』(조만영·박정호 옮김, 거름)에서 마르크스의 물신숭배론과 막스 베버(Max Weber)의 합리화 이론을 종합한 사물화(Verdinglichung) 개념을 바탕으로 부르주아 사회에 고유한 인간학적 소외 상태를 분석한 바 있다. 그리고 프랑크푸르트 학파의 1세대 학자들(막스 호르크하이머(Max Horkheimer), 테오도르 아도르노(Theodor Adorno), 헤르베르트 마르쿠제(Herbert Marcuse) 등)은 이러한 루카치의 분석을 현대 산업사회의 소외된 생활양식에 대한 분석으로 확장했다.

반면 푸코는 예속화의 메커니즘을 경제적 착취관계나 상품관계에서 찾지 않고, 규율 권력이나 통치성의 측면에서 설명하고 있으며, 더 나아가 권력론의 기반 위에서 예속화 메커니즘에서 벗어날 수 있는 주체화 양식의 문제를 제기하고 있다. 푸코가 보기에 고전적인 해방의 문제 설정(노동해방 투쟁 및 성해방 투쟁, 반(反)식민 해방 투쟁 등을 포함하는)은 계급 지배나 성적 지배 또는 식민 지배를 통해 억압된 보편적 인간 본성을 가정하고 있다는 점에서 문제가 있을 뿐만 아니라, 해방 이후 주체들 사이의 자유로운 관계 형성이라는 문제를 제대로 해명하지 못한다는 점에서도 문제가 있다. 이 문제를 해명하기 위해서는 권력에 관한 새로운 관점이 필요할 뿐만 아니라, 주체화에 관한 독자적인 문제 설정이 요구된다.

푸코의 문제 제기는 현대 사상가들이 폭넓게 공유하고 있는 것으로 보인다. 가령 랑시에르는 주체화의 문제를 자신의 민주주의론의 핵심 요소로 제시하고 있으며(『불화(Mésentente)』), 발리바르 역시 루이 알튀세르(Louis Althusser)와 스피노자, 푸코의 논의에 기반하여 정치적 주체화를 현대 민주주의의 근본 과제로 제기하고 있다.(『우리, 유럽의 시민들?』(진태원 옮김, 후마니타스), 『정치체에 대한 권리』(진태원 옮김, 후마니타스). 물론 우리는 그를 바깥의 정치를 추구하는 사상가로 간주할 수는 없다.) 아감벤의 경우는 푸코의 장치(dispositif) 개념을 원용하여 주체화의 문제를 탐색하고 있다(『장치란 무엇인가?』(양창렬 옮김, 난장)). 지젝은 라캉의 정신분석학과 헤겔 철학에 기반을 두고 (무의식적) 주체의 문제를 현대 사상의 근본 과제로 제시한 바 있다(『이데올로기라는 숭고한 대상』(이수련 옮김, 인간사랑), 『까다로운 주체』(이성민 옮김, 도서출판b)). 또한 네그리와 하트는 다중이라는 새로운 정치적 주체에 기반을 둔 정치학을 추구하고 있다(『제국』(윤수종 옮김, 이학사), 『다중』(정남영·서창현·조정환 옮김, 세종서적)). 따라서 푸코는 현대 사상가들, 특히 바깥의 정치를 추구하는 사상가들의 주요한 이론적 원천이라고 할 수 있다.

바깥의 정치의 문제점

그런데 이러한 바깥의 정치는 꽤 심각한 문제점을 지니고 있다. 바깥의 정치가 자유민주주의 제도 바깥에서 진정한 정치의 장소를 찾는 것은 충분히 수긍할 수 있다. 현대 자유민주주의 정치체들은 보편적인 인권과 시민권에 기반을 둔 민주주의 정체로 자처하고 있음에도 실제로는 사회적 불평등의 심화, 인권과 시민권의 축소, 인종 갈등과 민족 갈등, 이주자 문제 같은 많은 문제점을 노출하고 있기 때문이다. 더욱이 이것이 단순히 상황의 어려움에서 비롯한 일시적인 문제가 아니라 자유민주주의 정치체들의 구조 내지 토대에서 비롯한 근본적인 문제점이라면, 그 제도 바깥에서 정치의 장소를 찾는 것은 불가피한 듯하다.

또한 마르크스주의의 주장과 달리 이러한 한계가 경제적 착취에 기반을 둔 계급투쟁에서만 기인하는 것이 아니라(물론 이러한 착취 및 계급투쟁의 존재를 부인하는 것은 아니다.) 인종주의나 민족주의를 비롯한 이데올로기적 갈등, 성적 불평등 같은 또 다른 모순과 적대 관계에서도 비롯한다면, 그리고 마르크스주의가 이러한 복수의 모순이나 적대를 설명하고 해결하는 데 근원적으로 무기력했다면, 마르크스주의 이론과 다른 관점에서 자유민주주의 정치체의 한계를 분석하고 그 바깥에서 대안 정치의 장소를 찾는 것은 납득할 만한 일이다.

그러나 동시대의 바깥의 정치는 두 가지 난점을 안고 있다. 우선 그들이 자유민주주의 정치체를 지배의 정치체로 간주하고, 그것도 유사 파시즘적인 정치체로 간주한다면, 다음과 같은 반문이 제기될 수 있다. 바깥의 정치는 그 의도와 달리 자유민주주의 정치가 지배의 체제로 기능하는 것을 이론적·실천적으로 정당화하는 것은 아닌가? 왜냐하면 바깥의 정치에서 주장하듯이 제도 정치가 본성상 지배의 체제라면, 그리고 진정한 민주주의 정치는 그 바깥에서 추구될 수밖에 없는 것이라면, 제도 정치 자체를 내부에서 개조하는 일은 헛수고에 불과하거나 사소한 문제일 수밖에 없기 때문이다. 이 경우 제도 정치 내부에서 어떠한 퇴락이나 퇴행이 일어나더라도 그것을 비판하거나 개혁하는 것은 어렵게 된다. 제도 정치는 원래 그런 것이고 그 폐해의 결과는 해당 체제 내부에서 살아가는 것밖에 달리 대안이 없는 사람들이 고스란히 짊어지게 된다. 따라서 과연 동시대의 여러 이론가들처럼 제도적인 민주주의 정치와 바깥의 정치 사이의 근원적 양립 불가능성을 전제해야 하는 것인지, 이는 오히려 정치적 주체화의 가능성을 약화시키고 민주주의 정치 추구에 장애가 되는 것은 아닌지 질문해 볼 수 있다.

또 하나의 문제점은 역사성의 부재라는 점이다. 역사성이라는 말은 두 가지로 이해할 수 있다. 하나는 현재의 지배적인 정치체가 초역사적이거나 영원한 정치체가 아니라 역사적 한계를 지닌, 따라서 언젠가는 극복되고 대체될 수밖에 없는 역사적 체제라는 것을 의미한다. 역사성의 이런 측면은 바깥의 정치의 이론가들이 폭넓게 공유하고 있다. 하지만 다른 한편으로 역사성의 또 다른 의미는 지배적인 정치체가 이러한 역사적 한계 내에서도 끊임없이 변화하며 역사적으로 상이한 형태들을 통해 존재한다는 것을 의미한다. 발리바르는 마르크스주의자들은 계급투쟁을 '전부 아니면 전무'라는 식으로만 사고한다고 비판한 적이 있다. 곧 계급투쟁이 자본주의를 파괴하지 않는 한 자본주의는 계속 동일하게 그대로 존속한다고 생각한다는 것이다.

이는 바깥의 정치에 대해서도 똑같이 지적할 수 있다. 지배적인 정치체를 자유민주주의라고 부르든 치안이라고 부르든 생명관리 체제라고 부르든 간에, 그들은 이러한 지배적인 정치체의 역사를 분석하는 데 무능력하다. 가령 랑시에르는 『불화』에서 민주주의에 관해 새롭게 사고할 수 있는 길을 열어주었음에도 그가 치안이라고 부르는 제도 정치체의 역사를 제시하지는 못했다. 심지어 지젝에게서는 정치체의 역사 같은 문제설정을 전혀 찾아볼 수 없다. 이러한 무능력은 정치를 제로섬의 문제로 인식하는 결과를 낳는다. 자본주의 생산양식이든 자유민주주의 체제이든 체계 전체를 변혁하는 정치가 아니라면 그것은 정치가 아닌 것이다. 더욱이 지젝의 말장난에 따르면 체계를 개혁하거나 개조하려는 시도는 오히려 기존 체계를 견딜 만하게 만들기 때문에, 차라리 아무것도 하지 않는 쪽이 훨씬 더 변혁적인 태도, 진정한 정치에 부합하는 태도가 된다.

헌정과 봉기의 변증법을 위하여

따라서 바깥의 정치가 지닌 이러한 난점을 극복하는 일이 오늘날 마르크스주의를 대체할(계승할) 저항의 철학의 핵심 과제 중 하나라고 할 수 있다. 이를 위해서는 헌정(constitution)과 봉기(insurrection)의 변증법, 또는 좀 더 일반적으로 제도와 운동의 변증법을 숙고해볼 필요가

"모든 민주주의 헌정은 급진적인 보편적 해방 운동에 근거를 두고 있다. 모든 정체의 기원에는 이러한 봉기적 운동 내지 혁명이 자리 잡고 있다. 하지만 모든 혁명은 필연적으로 유한할 수밖에 없으며, 어떤 제도 속에서 물질화되고 재생산되어야 한다."

있다. 필자는 발리바르의 작업에서 이러한 변증법에 관한 가장 깊은 성찰을 찾아볼 수 있다고 믿는다.

발리바르는 바깥의 정치의 이론가들과 달리 바깥의 정치와 제도 정치를 양립 불가능한 대립물로 간주하지 않고, 양자 사이의 (목적론 없는) 변증법적 관계에 주목한다. 간단히 말한다면 이렇게 표현할 수 있을 것이다. 그가 보기에 제도 정치는 바깥의 정치로서의 봉기에 근거를 두고 있는 반면, 바깥의 정치는 제도의 영역 속에서 구현되고 관철되지 않으면 지속될 수 없다. 따라서 정치는 단지 제도 바깥에서 이루어질 수 있는 것도 아니고, 제도 내부로 국한될 수 있는 것도 아니다. 양자 사이의 긴장과 갈등, 또는 상호 견인 관계야말로 진정한 정치의 무대라고 할 수 있다. 이러한 관점에 입각할 경우에 우리는 제도적인 정치를 단순히 유사 파시즘적인 지배의 정치체로 환원하는 입장에서 벗어날 수 있으며, 예속화와 주체화의 내재적 관계를 정치체의 역사라는 시각에서 사고할 수 있다.

모든 민주주의 헌정은 급진적인 보편적 해방 운동에 근거를 두고 있다. 모든 정체의 기원에는 이러한 봉기적 운동 내지 혁명이 자리 잡고 있다. 하지만 모든 혁명은 필연적으로 유한할 수밖에 없으며, 어떤 제도 속에서 물질화되고 재생산되어야 한다. 그런데 반대로 모든 제도는 민주주의 운동의 급진적 보편성을 있는 그대로 수용할 수가 없다. 그 경우 제도 자체가 와해될 수밖에 없기 때문이다. 그러므로 모든 민주주의 헌정은, 민주주의를 표방함에도 항상 모종의 배제를 낳을 수밖에 없다. 따라서 봉기의 운동과 헌정의 제도화 사이에는 필연적으로 이율배반적인 관계가 성립하게 된다.

하지만 이러한 이율배반의 관계가 봉기의 정치, 해방의 정치를 배제하는 것은 아니다. 오히려 정반대로, 바로 이러한 이율배반 때문에 모든 헌정의 정치는 봉기의 정치를 통해 끊임없이 개조되고 보완되어야 한다. 왜냐하면 헌정 제도로 구현된 민주주의 정치는 내재된 보수성으로 인해, 웬디 브라운(Wendy Brown)의 표현을 빌리자면, 탈민주화(de-democratization) 경향을 띨 수밖에 없기 때문이다. 자유민주주의의 보편성 및 초역사성을 옹호하고 이것에 근거해 봉기적 운동의 필요성을 배제하려는 이들(위르겐 하버마스(Jürgen Habermas)나 국내의 최장집 교수 같은 이들)이 때로 보수적인 주장을 제시하는 것은 우연이 아니다.

그렇다면 봉기와 헌정, 운동과 제도 사이의 이율배반이 낳는 탈민주주의적 경향에 맞서기 위해서는 민주주의 제도 자체를 민주화하려는 노력, 민주주의 헌정을 봉기적인 민주주의 운동에 의해 개조하고 변혁하려는 노력이 필수이다. 그리고 이러한 노력이 구체적인 제도의 쇄신으로 귀결되기 위해서는 정치체의 역사와 그것에 함축된 배제의 역사에 대한 구체적인 분석이 필요하다. 이러한 작업이, 과거의 마르크스주의 및 오늘날의 바깥의 정치에 내포된, 전부 아니면 전무라는 허무주의적이고 종말론적인 관점으로부터 우리를 구해낼 수 있을 것이다.

15장 여성학은 성폭력 담론을 통해 무엇을 말하고자 했나

신상숙

성폭력이라는 화두

인문학과의 고즈넉한 만남을 통해 마음의 평정을 얻고 삶의 자양분을 보충하기를 바란 독자들이라면, '성폭력'을 화두로 풀어가는 여성학 이야기가 다소 어색하게 비칠지도 모른다. 여성학은 역사가 길지 않은 신생 학문인 까닭에 대중과의 접촉면이 상대적으로 넓지 않았고, 적나라한 폭력의 실상이라면 언론의 사회면에 차고 넘치는 각종 엽기적인 범죄 사건들을 훑어보더라도 충분히 실감할 수 있다고 생각하기 때문일 터다.

하지만 나는 단지 폭력의 잔혹함이나 범죄성을 논하려는 것이 아니다. 누구나 성폭력을 나쁘다고 말하며 이를 모르는 사람은 없을 것이

● 서울대학교 사회학과에서 공부하고 동 대학원에서 석사와 박사 학위를 받았다. 현재 서울대 여성연구소 전임대우 연구교수로 있다.

다. 1990년대 이후 우리 사회에서는 성폭력 범죄를 처벌하고 가정폭력을 방지하며 성희롱의 피해를 구제할 수 있는 법적·제도적 장치들을 마련했다. 그럼에도 불구하고 성별의 차이를 둘러싸고 발생하는 각종 폭력의 피해가 여성에게 집중되는 현실은 크게 달라지지 않았다.

여성에 대한 폭력의 역사와 저항의 자취

여성에 대한 폭력의 역사는 실로 장구하며, 오랜 세월 동안 여성들이 겪은 폭력의 피해는 가족의 명예와 여성이 지켜야 할 정조의 문제로 사사화되어 공론의 대상조차 되기 어려웠다. 과거 '박탈된 자'들의 처소로 폄하되었던 사적인 영역은 근대사회에 들어와 '프라이버시'로 표상되는 자유의 특권적인 영역으로 변모했고, 여성들은 시민권을 향한 힘겨운 행진을 부단히 지속해왔다. 그러나 생명과 신체의 안전을 보장한 근대국가의 약속은 바로 사적인 자유라는 이름하에 가족의 문턱에서 멈춰버렸으며, 공공생활의 장으로 어렵게 진출한 여성들은 정치적 배제뿐만 아니라 성희롱을 비롯한 또 다른 폭력에 시달려야 했다. 18세기 프랑스에서 '공적 여성(femme publique)'이란 말의 의미가 누구도 사유하지 않기에 모두가 공유할 수 있는 여성이란 뜻이었듯이, 산업화 시기에 우리 사회에서 통용된 '직업 여성'이란 호칭은 접객업소 종사자를 가리켰다. 이는 가정의 테두리를 벗어난 여성들의 활동을 '무질서'의 징후로 보는 따가운 시선의 산물이다.

여성해방운동과 함께 도래한 페미니즘이 두 번째 물결과 "사적인 것은 정치적이다."라는 해방의 구호가 여성들에게 커다란 반향을 불러일으킨 것은 우연이 아니다. 이 각성된 인식의 지평에서 1970년대 초부터 미국과 영국 등지에서는 폭력에 저항하는 여성들이 움직이기 시작했다. 또한 우리나라에서는 1980년대에 이러한 움직임이 처음으로 가시화되었으며, 성폭력특별법 제정 운동을 계기로 1990년대에 걸쳐 가정폭력방지법을 제정하고 성희롱 소송을 지원하는 여성운동이 활발하게 전개되었다.

'여성에 대한 폭력'과 '성폭력' 개념

1993년에 UN이 채택한 '여성에 대한 폭력 철폐 선언'은 각국 여성들의 절박한 외침에 대한 응답이었다. 선언의 제1조는 '여성에 대한 폭력(Violence Against Women)'을 "사적, 공적 영역에서 일어나는 여성에 대한 신체적, 성적, 심리적 해악을 비롯하여 여성에게 고통을 주거나 위협하는 강제와 자유의 일반적 박탈 등 성별에 기반을 둔 모든 폭력 행위"로 폭넓게 정의한다. 그러나 생물학적 성차(sex)와 사회적으로 구성되는 성별(gender)을 구분하여 사용하는 관행이 아직 확산되기 이전인 1980년대까지만 하더라도, '성폭력(sexual violence)'은 요즘처럼 섹슈얼리티와 직접 연관된 성적인 폭력뿐만 아니라 성별에 기반을 둔 여성에 대한 폭력 일반을 뜻하는 넓은 의미의 개념으로 사용되었다.

여성주의적 사유 안에서 폭력의 개별 행태나 특성의 차이를 넘어서는 포괄적인 의미의 성폭력 개념이 구성되고 설득력을 지닐 수 있었던 또 다른 이유는 폭력의 의미 이해와 관련하여 피해자의 관점과 경험 맥락이 중시되었기 때문이다. 영국의 여성학자인 리즈 켈리(Liz Kelly)는 피해자들을 인터뷰하는 과정에서 "구타를 당한 여성들은 강간을 당하거나 강요에 의해 성관계를 가졌으며, 근친강간이나 학대를 겪은 여성은 신체적 폭력 또한 경험"하는 등 어느 한 가지 폭력에 국한되지 않고 연이어 피해를 입는다는 사실을 발견했다. 바로 이 때문에 켈리는 여성들이 생애사에 걸쳐 겪게 되는 다양한 피해 경험을 '성폭력의 연속선(continuum of sexual violence)'으로 포착하려 한 것이다.

오늘날의 '성폭력' 개념은 법제화 영향을 받아 섹슈얼리티와 직접 연관된 성적인 폭력이라는 의미로 자리 잡았다. 하지만 중요한 것은, 성폭력이 '강간'이나 '추행'처럼 단지 행위의 양태를 지칭하는 용어라기보다, 행위의 의미를 해석하고 문제를 규정하는 여성주의적인 해석틀에 관한 주장을 함축한다는 점이다. 그간 성폭력과 관련된 여성운동의 행동주의적 실천은 여성학의 비판적 지식 생산과 맞물리면서 적지 않은 사회변화를 이끌어냈다. 피해 여성의 생존과 치유를 돕는 여성주의 상담이 활성화되었고, 법과 제도의 변화를 위한 여성운동이 펼쳐졌으며, 폭력에 대한 잘못된 통념을 비판하는 여성주의의 담론 실천이 지속되어왔다. 이런 활동의 구체적인 내용과 결과를 한정된 지면에서 상세히 열거하기는 어렵다. 오히려 여기서는 '성폭력'이라는 개념을 통해 피해자 관점에서 의미를 새롭게 규정함으로써 여성학이 사회에 던지려 했던 메시지의 핵심을 짚어볼 필요가 있을 것이다.

'성폭력' 개념에 담긴 여성학의 메시지

첫째, 성폭력 개념에 깃든 여성주의의 문제의식은 기존의 성범죄를 더 무겁게 처벌하고 엄단해달라는 요구라기보다, 시민적 권리의 주체로서 여성의 성적 자유와 자율성을 인정하라는 요청을 담고 있다. '성적 자기결정권' 또는 '성적 자율권'은 섹슈얼리티와 불가분의 관계에 있는 몸에 육화된 주체성에 시민권을 부여하는 단서라고 볼 수 있다. 1990년대 초에 한국의 여성운동이 성폭력을 '성적 자기결정권의 침해'로 정의한 것은 무엇보다 '정조의 죄'라는 전통적인 성범죄 관념과의 철저한 단절의 시도라는 점에서 중요하다. 가부장적 사회질서를 위반하는 성범죄를 엄단하면서도, 정조 관념이 뚜렷하지 않은 여성의 권리 침해를 인정하지 않는 문화적 이중성이야말로 정조 또는 순결 이데올로기의 지배적인 특징이라고 할 수 있다.

1980년대 말 1990년대 초의 상징적인 성폭력 사건들을 계기로 성폭력특별법을 추진한 초기 단계에서 반성폭력 운동의 시급한 과제는 성과 관련된 것이면 무조건 함구하게 만드는 전통적인 성억압 담론과 정조 및 순결 이데올로기에 내재하는 성의 이중 규범을 극복하는 것이었다. 피해자의 성적 자율성에 대한 인정의 요구를 내포하는 성폭력 개념의 출현은 '출산의 도구'와 '쾌락의 도구'로 이중적으로 객체화된 여성의 몸을 도덕적으로 자율적인 주체의 몸으로 회복시키려는 인정투쟁의 첫걸음이며, 기존의 성범죄에 각인된 정조라는 문제틀과의 단절을 선언하는 것이라고 말할 수 있다.

둘째, 여성학은 기본적으로 성폭력을 섹슈얼리티에 작용하는 성별

"인문 정신이 진정 '사람 사는 세상'을 지향한다면, 우리의 인문적 상상력은 폭력의 피해로부터 생존을 지향하는 '피해자의 관점'을 이해하고 이들의 '다른 목소리'를 들어보는 소통의 과정으로 확장되어야 마땅하다."

(gender)의 권력관계로 인해 발생하는 집합적 현상으로 보고 이에 접근함으로써 개별 사건들의 법적 구제만으로 해결할 수 없는 문화적 해석 맥락과 사회구조 차원을 가시화할 수 있었다. 남녀의 성적 욕망의 표현에 대하여 서로 다른 이중 잣대를 적용하는 차별적인 성문화의 관행은 성적 의사소통을 교란시킴으로써 폭력과 피해의 발생을 조장하고, 중립성을 표방하는 폭력에 대한 사법적 판단 기준 역시 이런 문화적 맥락으로부터 자유로울 수 없다. 또한 기존의 법령으로 보호되기 어려웠던 '성희롱(sexual harassment)'을 이슈로 만듦으로써 성폭력의 피해가 단지 성적인 자유의 침해에 그치지 않으며 여성들의 고용조건이나 교육 환경 등 생존권의 침해와 연동된 시민적 불평등이자 복합적으로 얽힌 사회구조의 문제임을 환기시켰다.

셋째, 성폭력의 범위가 기존 범죄에 국한되지 않고 성희롱을 포함할 정도로 넓어지면서 일상생활의 성문화 전반에 걸쳐 모종의 '연속선'을 상정할 수 있게 되었다. 이는 피해 여성의 경험 맥락에 대한 사회적 공감의 자원을 확보하고 폭력의 발생 구조에 대한 이해의 지평을 넓힐 수 있는 중요한 참조점이기도 하다. 물론 공권력에 의한 성폭력 외에 분쟁 시에 집단 자행되는 강간, 국가가 체계적으로 실시하는 군대 내부의 성노예제의 경우 피해 규모와 내용 면에서 한층 심각하고 참혹한 것은 두말할 나위가 없다. 1930년대부터 패전한 1945년까지 일본군에 의해 이른바 '위안부'로 동원된 여성들은 20만 명으로 추정된다. 이들은 폭행과 협박, 취업 사기, 인신매매 등을 통해 끌려가 평생의 한을 안게 되었다.

하지만, 여성에 대한 폭력에서 압도적인 비중을 차지하는 것은 '낯선 사람'에 의한 폭력이 아니라 '아는 사람', 즉 면식자(acquaintance)에 의한 피해이다. 또한 신뢰관계에 있는 면식자에 의한 폭력은 이런 '관계의 지속성'과 '공간 분리의 곤란'으로 인해 트라우마를 한층 강화시키고, 다른 피해에 노출될 가능성을 높인다는 점을 간과해선 안 될 것이다. 성매매 시장으로 진입하는 여성의 상당수가 가정폭력과 성폭력 피해 경험이 있어 가출 외에 다른 선택지가 없었다든가, 고용조건과 연관된 성희롱으로 인한 고통과 후유증이 성적인 피해의 정도만으로 측정되기 어렵다는 사실은 이를 뒷받침한다. 성폭력, 가정폭력, 성희롱이 현행 법령상 별개의 사건들로 다루어지는데 이는 불가피할 것이다. 개별 사건들의 사법적인 해결을 통한 사후적 피해 구제를 넘어 여성에 대한 폭력을 예방하려면, 사전에 사회경제적 구조와 맞물린 폭력의 계기들을 차단하고 사회안전망을 구축하는 노력을 경주할 필요가 있다. 생존자들의 목소리를 통해 확인되는 '피해 경험의 연속선'에 주목해야 하는 이유가 여기에 있다.

하지만 '성폭력'의 개념을 통해 여성들이 시도한 사회적 의사소통은 여전히 미완의 과제로 남아 있다. 이러한 소통의 물꼬가 트이지 않고 착종되는 이유는 여러 가지가 있으나 폭력의 참혹함과 비극적 결과에 분노로 반응할 뿐, 가족이나 직장, 학교 주변의 일상적인 공간이 폭력과 인권침해의 현장으로 바뀔 수 있다는 점에 눈감는 사회 분위기도 한몫한다. 법적·제도적 장치가 마련되었지만 구조적 차원을 보여주는 여성주의의 집합적인 접근과 맥락에 기반한 이해는 개별 사건을 다루는 법정 앞에서 정지된다. 여성주의는 피해 여성의 관점을 주장함으로써 중립성의 외피에 가려진 기준의 남성 중심성을 비판하는

데 성공했지만, 날로 다양해지는 여성들의 정체성과 성향을 반영하는 피해자의 보호와 권리 확보는 요원하다. 또한 '성적인 것'을 둘러싼 혼돈스러운 상황 속에서 자유를 실현하려는 개인들의 활발한 소통을 매개할 수 있는 언어들을 제시하지 못했다.

어쩌면 제3자 위치에서 성폭력 문제를 바라보는 우리 사회의 인식과 눈높이는 아직도 2012년 발생한 수원 성폭력 사건에서 경찰이 보인 무심함보다 더 낫다고 말하기 어려울 것이다. 인문 정신이 진정 '사람 사는 세상'을 지향한다면, 우리의 인문학적 상상력은 폭력의 피해로부터 생존을 지향하는 '피해자의 관점'을 이해하고 이들의 '다른 목소리'를 들어보는 소통의 과정으로 확장되어야 마땅하다. 따라서 성폭력에 대한 의사소통은 바로 '지금 여기', 우리가 몸담고 있는 친밀한 관계로부터 시작되어야 할 것이다.

16장 한국 현대 시는 어떤 힘을 가지고 있나

서동욱●

시, 쓸모없는 언어?

집에 도둑이 들면 곁에 있던 막대기라도 들고 휘둘러야 한다. 우리는 '언어'도 이런 식으로 사용한다. 위기에 처하면 다급하게 '도와줘'라고 외치고, 생존권을 위협당할 때는 무엇이 잘못되었는지 하나하나따져 묻는다. 그러니까 언어를 다른 연장들처럼 도구로 사용하는 것이다. 그리고 도구란 늘 수행하는 기능을 통해 의미를 얻으며 기능을 상실했을 때 쓸모없는 것으로 버려진다. 해어지면 미련 없이 던져버리는

●벨기에 루뱅 대학 철학과에서 석사와 박사 학위를 받았다. 1995년 《세계의 문학》과 《상상》 봄호에 각각 시와 평론을 발표하면서 책을 쓰기 시작했다. 쓴 책으로 『차이와 타자』, 『들뢰즈의 철학』, 『일상의 모험』, 『익명의 밤』, 『철학 연습』 등이 있고, 시집으로 『랭보가 시 쓰기를 그만둔 날』, 『우주전쟁 중에 첫사랑』이 있다. 역서로는 들뢰즈의 『칸트의 비판철학』, 『프루스트와 기호들』, 레비나스의 『존재에서 존재자로』 등이 있다. 현재 서강대 철학과 교수로 있으며 계간 《세계의 문학》 편집위원으로도 활동 중이다.

헌 운동화처럼.

그런데 어떤 이상한 언어가 인간의 역사와 함께해왔다. '시' 말이다. 이 언어는 도구처럼 일하지 않고 베짱이처럼 노래만 부른다. 예술가가 만든 항아리가 물을 담는 데 쓰이지 않듯이, 이 언어는 도무지 쓸모가 없다. 그런데도 사람들은 쓸모없는 돌멩이를 어루만지는 수석가처럼 별다른 용도 없는 시어를 입에 넣고 사탕처럼 굴리고 또 굴린다. 그러면 시어는 경이로운 단맛을 우리 혀 위로 흘려보낼까? "이불 속에서 누군가 손을 꼭 쥐어줄 때는 그게 누구의 손이라도 눈물이 난다." 오늘날 가장 주목받는 시인 가운데 하나인 김경주의 시구다. 저 구절은 적합한 인과관계에 대한 설명을 담고 있지 않고, 뭔가 유용한 정보를 제공해주지도 않는다. 그럼에도 누군가의 슬프고도 달콤한 입술에 자신의 입술을 포개듯 사람들은 저 구절에 입술과 혀를 가져가본다. 이 단맛의 정체는 무엇이기에 인류는 그토록 오랜 시간 시와 함께해왔을까? 오늘날 한국 시의 의미를 찾기 위해서는 시의 본성에 관한 이러한 원론적인 질문을 잊어선 안 되리라.

다시 도래한 시의 시대, 눈부신 아방가르드

최근 시가 누리는 질적, 양적 풍요를 가늠해보기 위해 또 다른 풍요로운 시의 시대, 1980년대를 떠올려보자. 1985년 출간된 한 공동 시집의 엮은이들은 이렇게 말한다. "발표 지면의 증가와도 관련 있는 것이지만, 매스컴의 표현대로 '시의 풍요 시대'라 할 정도로 많은 양의 시들이 쏟아져 나와 독자에게 '곧바로' 전달되고 있는 것이 요즘의 시단 현실이다."(『그대가 밟고 가는 모든 길 위에』(신경림·이시영 엮음, 창비, 1985)) 재미있게도 이 말은 거의 30년이 지난 지금의 시단에도 꼭 들어맞는다. 출판사들은 레드오션임에도 불구하고 여전히 시집 출판에 뛰어들어 '시인선' 하나쯤을 갖추고 싶어 한다. 인간 정신의 숭고함을 책을 통해 가시화하는 작업이 출판이라면, 이를 실제로 구현하는 인쇄기 정중앙에는 한권의 시집이 놓여야 한다는 듯이 말이다. 또한 온오프라인을 막론하고 널리 퍼져나가는 각종 시동호회, 문화센터의 시 강좌 등은 시를 읽고 쓰는 일이 거의 '국민 오락'이 되었음을 증언한다.

무엇보다 많은 뛰어난 시인들의 등장이 오늘날 시의 풍요의 핵심을 이룰 것이다. 서울예대 같은 기존의 문창과에 더하여, 1990년대 여러 대학에 문창과가 들어서면서(명지대(1990), 고려대(1998), 조선대(1998) 등등) 전문적인 시작(詩作) 훈련 기회가 많아졌고, 각종 시창작 교실이 꾸준히 합평을 활성화했다. 오늘날 활발히 활동하고 있는 많은 시인들의 배경에 이러한 전문화된 시공부의 장이 자리 잡고 있음은 부정할 수 없다. 공공의 장에서 전문적인 시인을 길러내기 위한 훈련은, 시를 유행하는 시풍에 집단적으로 휩쓸리게 하는 부작용을 낳기도 했지만, 전문적인 시공부의 장에서 이루어지는 합평이 오늘날 젊은 시인들의 수준을 유례없이 높여놓은 것은 사실이다.

어찌되었건 오늘날 시의 의의는 무엇보다 2000년대 활발한 활동을 시작한 시인들의 '개성'에서 찾아야 하리라. 한국 시는 오래도록 자기 정체성 찾기에 골몰해왔다. 청동 거울을 바라보며 죄의식을 느끼면서 자신의 정체성을 거울 속에 떠오르게 하던 시인을 생각해보라. "밤이면 밤마다 나의 거울을/손바닥으로 발바닥으로 닦아보자."(윤동주) 최근 시인들의 개성은 바로 정체성 안에 자신을 가두는 이런 '거울'을 깨뜨려버리는 데서 출발한다. "거울 속 얼굴에 미련을 가지지 마."(황성희) "더 이상 깨질 것 없구나. 거울을 버린 자는 중얼거린다."(김경인) 정체성을 비추어주는 거울을 깨뜨려버린 것이다. 정체성의 소멸과 함께 모든 것은 익명의 소용돌이로 휩쓸려 들어가 버린다. 최근 시인들의 개성은 바로 이 '익명성'을 증언하는 데서 찾을 수 있다. 그 증언은 "죽을 때까지 어떠한 이름으로도 불려지지 않으리."(황병승) 같은, 정체성에 대한 노골적인 거부로 표현되기도 하며, "나는 아직 한 장의 얼굴을 갖지 못한 흉상"(김지녀)이라는, '얼굴(정체성)'이 부재하는 신체로 나타나기도 한다.

익명성의 출현이 왜 중요한가? 거울 앞에 서서 비추어 보는 식의 자기반성은 기실 타자의 시선이 판정하는 바대로 자신을 건네주는 행위이다. 사르트르는 이 점을 정확히 짚어낸 바 있다. "사람들은 자신들이 친구에게 보이는 것 같은 방식으로, 스스로를 거울에 비추어 보는 것을 배운다." 남이 나를 어떻게 보는지 눈치를 보고 비위를 맞춰주는 일이 실제 거울에 자신을 비추어 볼 때 일어난다. 단적인 예로 우리는 타인의 시선을 염두에 두고서 거울 앞에서 머리도 빗고 화장도 하지 않는가? 이렇게 거울 속에서 타자의 시선이 원하는 바대로 자신의 모습을 그려나가는 식으로 사람들은 기존의 문화와 가치에 순응한다.

그러니 거울을 깨뜨려버리는 최근 시는 기존 문화 안에 있는 모든 정체성에 대한 거부의 표현이며, 거울이 깨질 때 탄생한 익명성이란 '자유'의 또 다른 이름이리라. 바로 여기서, 한때 많은 논쟁을 초래했

"시는 전위의 분쇄기 속에서 기존 언어를 가루로 만드는 동시에, 정치적 맥락에서 대중들의 입장과 가치를 구체적으로 표현할 수 있어야 할 것이다. 양립할 수 없을 듯한 이 두 가지 과제의 통일, 아방가르드와 정치라는 두 토끼를 한 마리의 슈퍼 토끼로 결합하는 일이 어떻게 가능할까?"

던 최근 시의 '아방가르드적 면모'는 놀라운 힘을 얻는다. 문화 안에서 정체성을 가지지 않는 일은, 언어 차원에서는 기존의 의미, 구문의 질서 등을 파괴하는 낯선 언어의 출현으로 나타난다. 2010년 출간된 조연호의 시집 『농경시』(문예중앙)는 이러한 방향을 대표하는 한 절정일 것이다. 정체성을 지니지 않는 익명의 언어로 이루어진 시를 읽는 일은, 수수께끼를 풀 듯 시어 안에 숨겨진 의미를 독해해 낯선 시를 낯익은 평범한 의미에 종속시키는 일이 아니다. 이는 진원지 위에 서서 당황하듯 기존의 문화와 가치, 의미가 언어적 차원에서 추락하는 일을 체험하는 것이다. 이런 체험으로부터 우리는 최근 시 안에 잠재된 '정치적 위력'을 깨닫게 된다.(이러한 시의 정치적 위력이 어떻게 확산되는지를 구체적으로 드러내는 일은, 일부에서 오독을 통해 왜곡한 바와 달리, 필자의 가장 중요한 과제이기도 했다. 자세한 내용은 필자의 책 『익명의 밤』(민음사)의 2부 「시와 정치」 참조.)

시는 어떻게 정치적이 되는가

전위적인 성취가 주목받던 최근 몇 년 사이, 시를 둘러싼 논의들 가운데 큰 쟁점이 되었던 주제 가운데 하나는 '시와 정치'였다. 시가 지닌 정치적 책무란, 교과서에 등장하는 일제강점기의 저 찬란한 저항 시인들이 알려주듯, 문학 교육이 시에 부여하는 중요한 가치 가운데 하나이기도 하다. 앞서 말한 1980년대 '시의 풍요' 역시 당대의 암울한 정치적 상황에서 시가 담당했던 역할과 떼어서 생각할 수 없다. 또 다른 풍요로운 '시의 시대'인 오늘날도 문학과 운동의 그런 완전한 일치로서 시의 정치성을 꿈꿀 수 있을까? 우리 시대 '시와 정치 문제'를 촉발한 사건은 바로 '용산 문제'였다. 그리고 같은 시기 한국 시는 아방가르드의 한 극점으로 치닫고 있었다. 이 아방가르드 시는 과거의 시가 그랬듯 대중의 운동을 위한 노래가 될 수 있을까? 역사상 수많은 전위적 시도들이 알려주듯 아방가르드는 심심찮게 비대중성에서 자신의 예술적 지위를 확보하지 않는가? 또한 정치에서 필요한 언어가 정치적 명제를 분명히 전달하는 기능을 수행하는 언어라면, 앞서 얘기했듯 시는 의미 전달이라는 언어의 기능으로부터 언어를 분리하는 데서 성립하지 않는가? 이러한 시 언어와 정치 언어의 차이는 용산과 관련된 문학인들의 운동에 참여했던 한 작가의 다음과 같은 말 속에서도 암시된다. "용산에 대한 글들은 일종의 목적성을 띤 글들이잖아요. 작가가 자신의 작품을 쓰는 것과는 또 다른, 작품 자체가 목적이 아니라, 하나의 또 다른 목적이 있는 글이죠."(은승완의 말. 좌담 「새로운 제1철학: 불확실한 광장에서 나눈 불편한 우정」, 《자음과 모음》 2009년 겨울호) 우리는 정치와 시의 간극을 어떻게 뛰어넘어야 할까?

최근 시가 정치성을 획득하는 방식은 과거의 여러 시기에 수행된 것과 다른 독특한 방식이다. 시는 용도성이 없기에, 용도의 실현이 지향하는 목적을 가지지 않으며, 따라서 목적으로 설정된 정치적 과제도 명시된 형태로 가지지 않는다.(반면 1980년대의 많은 시들은 정치적 과제를 명시적으로 노출함으로써 성공을 거두었고 또 한계에 부딪혔다.) 또한 용도성이 없다는 것은, 용도성을 산출하는 주체(저자)의 '의도'와 상관이 없다는 것이다. 그러므로 주체의 의도의 직접적 표현인 어떤 정치적 명제도 시의 근본 구성에는 속하지 않을 것이다. 따라서 시의 정치적 파괴력은 시에서 구현된 고삐 풀린 익명성이, 기존 가치 체계 안의 한 지점으로 나아갈 때가 아니라 기존 가치들의 위계와 정체성 자체를 와해시킬 때 구현될 터다. 이것이 앞서 최근 시로부터 우리가 체험할 수 있는 '정치적 위력'이라 일컬은 것이다.

그러나 예술에서의 아방가르드가 정치에서의 아방가르드로 이렇게 쉽게 장애 없이 건너갈 수 있는가? 시의 일탈적 성격을 부각시키는 것만으로 정치적 파괴력을 드러냈다고 생각한다면 안일한 일이다. 뱅상 데콩브(Vincent Descombes)는 아방가르드적 예술론은 종종 "문학적 아방가르드가 필연적으로 정치적 아방가르드이다라는 식으로 비약했다."고 지적했다. 또한 "가장 단순한 초현실주의적 행위는 권총을 움켜쥐고 거리로 내려가서 군중을 향해 마구 쏘아대는 것이다."(브르통) 같은 무모한 일탈은 구체적인 정치적 사안이 쟁점이 될 때 관련된 맥락에서 아무런 기능도 하지 못하는 것처럼 보인다.

시가 우리를 기존 가치들로부터 해방시킨다면, 정치는 구체적인 가치의 위계 속에서 명제로 표현될 수 있는 입장과 주장을 가지라고 요구한다. 따라서 시는 전위의 분쇄기 속에서 기존 언어를 가루로 만드는 동시에, 정치적 맥락에서 대중들의 입장과 가치를 구체적으로 표현할 수 있어야 할 것이다. 양립할 수 없을 듯한 이 두 가지 과제의 통일, 아방가르드와 정치라는 두 토끼를 한 마리의 슈퍼 토끼로 결합하는 일이 어떻게 가능할까?

어느 젊은 시인이 노래했다. "뿔에 받혀 빨갛게 익은 사람의 속살을 이야기하는 겁니다/혁명은 이미 잿더미라구요/그냥 멍청히 서 있기만 했다는데 뇌가 완전히 익어 버렸다더군요 웰던으로요."(안웅선) 다른 편에는, '익어버린 사람들'에 대한 전혀 다른 종류의 텍스트, 바로 용산을 알리는 '리포트'가 있다. "살아서 불태워졌으며 죽어서 얼어붙은 자들이 있다."(함돈균)

전자는 아무런 정치적 명제도 담고 있지 않고, 후자는 정치적 가치판단을 지닌 명제를 함축하고 있다. 양자는 서로에게 기댈 필요 없이 완벽히 독립적이다. 그리고 이런 점에서 양자의 관계는 '비관계'다. 그런데 바로 이 두 가지가 읽는 이의 정신 속에서 '공명'한다면, 시는 정치성을 획득하는 것이 아닐까? 시는 사회적 텍스트와 비관계의 관계를 수립하고서, 용도성 없는 언어라는 자신의 독자성을 상실하지 않으면서도 정치적인 이야기가 되는 것이다.

시는 계속 살아나간다. 진동하는 시 곁에서 가치는 부스러지고 권위의 명패는 떨어져 나가리라. 이제 첫 시집을 내는 한 주목할 만한 시인이 노래한다. "아버지의 집에 내 문패를 달았다. 나와서 보라, 집보다 아름다운 이 문패를."(김상혁) 어른의 명패가 익명성 속으로 사라진다. 버르장머리 봐라. 그러나 이 혼란은 왜 즐거운 축제로 보이는가?

17장 인문학은 한국 영화를 어떻게 변화시켰나

죽음의 한 형식, 영화

『천일야화』(앙투안 갈랑 엮음, 임호경 옮김, 열린책들)에는 현자 두반과 왕에
대한 이야기가 실려 있다. 치명적인 병에 걸린 왕을 현명하게 치료해냈
음에도 두반은 대신들에게 모함을 받게 된다. 은혜를 입고도 두반을
의심한 왕은 결국 그에게 죽음을 명한다. 두반은 죽기 전 왕에게 책을
건넨다. 아무 내용이 없는, 백지뿐인 책은 잘 떨어지지 않는다. 침을 묻
혀가며 책장을 넘기던 왕은 현자 두반의 목이 떨어지기도 전에 죽는
다. 내용 없는 책은 곧 죽음이다. 누군가 태어나면 이야기는 시작되고

고려대학교에서 문학박사 학위를 받았고, 2005년 《조선일보》, 《동아일보》, 《경향신문》 신춘문
예에 동시 당선되어 화려하게 데뷔했다. EBS 「시네마 천국」, KBS 「무비무비」를 진행했으며 영
화평론가로도 활동 중이다. 쓴 책으로 『오이디푸스의 숲』, 『사랑에 빠진 영화 영화에 빠진 사
랑』, 『스무 살 영화관』 등이 있으며, 현재 《세계의 문학》 편집위원이자 고려대학교 연구교수로
있다.

194 | 3부 | 싸우는 인문학

죽고 나면 끝난다. 거꾸로 말해, 이야기가 시작되면 누군가 살고 끝나면 죽는다. 그런 점에서 영화는 죽음의 체험이다. 책을 펴는 순간 삶이 시작되듯 영화가 시작되면 한 인물은 살아 있는 인격체로 관객에게 다가온다. 그리고 마지막 엔딩 크레딧이 올라가는 순간 그의 삶은 증발되며, 이는 다시 영화가 상영될 때 반복된다.

이미지의 일회성과 반복성, 죽음과 재생 가운데 영화의 운명이 놓여 있다. 레지스 드브레(Régis Debray)는 이미지가 죽음에서 생성되었다고 말한다. 죽음이란 영원한 부재이기에 그것을 대신하기 위해 이미지가 태어났다는 것이다. 영화는 태생부터 죽음과 맞닿아 있다. 이미지와 이야기에 근간을 둔 영화, 그러므로 영화의 형식적 특성과 주제는 삶과 죽음에 대한 탐색이다. 영화는 곧 삶의 메타포이다. 하지만 우리는 엄마의 사라짐을 놀이(Fort-da)로 변주하는 아이처럼 죽음의 형식을 놀이로 만들었다. 뤼미에르 형제(Auguste and Louis Lumière)가 인간에게 선사한 첫 영화는 그런 의미에서 인류가 처음으로 집단적으로 경험한 거울 단계라고 할 수 있다. 뤼미에르의 기록영화 속에서 사람들은 움직이고 있는 자기 자신을 발견했다. 자기 발견의 공포스러운 체험은 거울 놀이의 유희로 전복되었다.

의도적으로 곡해된 가운데 영화는 단순한 오락으로 소비되었지만, 미장센(mise-en-scène)과 편집이라는 두 가지 방식을 통해 거울은 예술이 되었다. 미장센이란 공간의 재해석이며 편집은 시간의 재생산이라고 할 수 있다. 사실을 단지 반영하는 데 멈추지 않고 해석함으로써 영화는 인문학의 중요한 일부가 되기에 이르렀다.

한국 영화의 르네상스, 1990년대

인문학의 일부로서의 영화란 곧 의도를 지닌 창조자의 해석 전달 매체로서의 영화를 말한다. 세상을 자신이 본 방식대로 표현하고(미장셴), 자신이 기억하는 바에 따라 재구성(편집)하는 것이다. 그런 점에서 1990년대 한국 영화는 인문학적 황금시대를 열었다 할 수 있다. 우리는 1990년대에 단순히 보고 즐기는 오락으로서의 관람용 영화가 아니라 그것을 분석하고, 해석하고, 토론하고 싶어지는 영화들의 출현을 목격했다. 홍상수, 김기덕, 박찬욱의 영화 말이다.

홍상수는 1996년 「돼지가 우물에 빠진 날」로, 김기덕은 1996년 「악어」로, 박찬욱은 1992년 「달은 해가 꾸는 꿈」으로 각각 영화계에 데뷔했다. 이들 감독의 작품은 이전의 영화적 판단 기준, 가령 "재미있다" 혹은 "재미없다"는 직관적 평가 이상의 어떤 말, 다시 말해 담론을 요구했다. 한편 1990년대에는 다양한 시청각 매체들이 폭발적으로 공급 및 공유되었다. PC통신, 보급용 비디오 플레이어 등을 통해 사람들은 영화라는 예술을 급속도로 받아들였고 외국의 고전 소설, 철학자의 이름을 들먹이며 이들의 영화를 말하기 시작했다. 한국 영화에서 인문학의 등장은 이처럼 어떤 세대의 습격인 양 동시에 발생한 사건이었다.

중요한 것은 압바스 키아로스타미(Abbas Kiarostami)나 안드레이 타르콥스키(Andrei Tarkovsky), 잉마르 베리만(Ingmar Bergman) 같은 해외 감독들에 대한 갈증에서 시작된 이 담론이 1990년대 한국형 작가주의 감독의 출현과 깊은 연관이 있다는 사실이다. 오락성이나 대중성의 잣대 너머에 있는 홍상수나 김기덕의 영화가 출현했을 때 이미 대중은 그

"가령 박찬욱의 영화는 두 가지 방식으로 인문학적 영향력을 고백한다. 하나는 수많은 고전 영화들의 스타일에 대한 오마주로, 다른 하나는 서사적 자양으로서의 고전의 재해석으로."

것을 담론화할 준비를 마친 상태였다. 관객과 평단은 이들의 '특이한' 영화들을 인문학적 지식과 독해력, 직관적 판단과 체계화된 이론을 토대로 읽어나가기 시작했다. 그것도 집단적으로, 게다가 동시에.

인문학적 수혈의 양상들

　영화 서사는 교차편집, 클로즈업, 화면 분할 같은 양식들을 통해 점진적으로 발전해왔다. 물론 이러한 기술적 방식은 이전의 영화에서도 충분히 사용되었다. 그런데 이전에는 이런 양식들이 이야기에 몰입시키기 위해 사용되었다면 1990년대 이후 감독들의 작품에서는 낯설게 하기의 심리적 사실주의를 극대화하기 위해 사용되었다. 이전까지의 영화가 경험적 보편성을 지향했다면 이들의 영화는 이데올로기적 대중주의의 정반대편에서 개별적 구체성을 강조했다.

　가령 박찬욱의 영화는 두 가지 방식으로 인문학적 영향력을 고백한다. 하나는 수많은 고전 영화들의 스타일에 대한 오마주로, 다른 하나는 서사적 자양으로서의 고전의 재해석으로. 알려져 있다시피, 박찬욱의 영화에서는 샘 패킨파(Sam Peckinpah), 아벨 페라라(Abel Ferrara) 같은 독창적 장르 작가의 흔적들이 엿보인다. 한편 박찬욱의 작품들은 문학작품과 긴밀히 연관돼 있다. 그의 대표작인 「올드보이」는 소포클레스(Sophocles)의 희곡 「오이디푸스 왕」을 21세기 한국에서 재해석한 작품이라고 할 수 있다.

　오이디푸스라는 이름은 인문학 역사의 중요한 순간마다 빼놓지 않고 등장한다. 프로이트에겐 최초의 공포로, 들뢰즈에게는 문명의 양식으로 기입된 억압으로 읽혔다. 박찬욱은 이 고전적 해독의 끝에 새로운 각주를 다는데, 이는 질문의 전복으로 구체화된다. 말하자면 근친상간이나 기억의 문제를 다룸으로써 과연 "짐승 같은 인간은 살 가치가 없다."라는 법의 언어를 "짐승과 인간의 경계는 어디냐."라고 고쳐 묻는다. 오이디푸스는 「올드보이」의 서사적 줄거리의 중요한 토대인데 자기 자신을 찾아가는 변형 후더닛(Whodunit) 장르의 원형이기도 하다. 오이디푸스가 자기 자신이 범인임을 밝혀가는 비극적 추리극이라면 「올드보이」 역시 마찬가지이다.

박찬욱 감독이 뛰어난 스타일리스트이자 인문학자라는 점은 최근 작인 「박쥐」를 통해서도 분명히 드러난다. 이 작품은 감독이 밝혔듯이 에밀 졸라(Émile Zola)의 문제작 『테레즈 라캥』(박이문 옮김, 문학동네)이 원작이다. 하지만 「박쥐」는 『테레즈 라캥』의 단순한 각색이 아닌 뛰어난 해석이자 비평임에 분명하다. 이는 「박쥐」의 영어 제목이 갈증을 뜻하는 'Thirst'라는 점에서도 확인된다. 끝없는 갈증 같은 욕망 말이다. 사실 「박쥐」는 욕망의 드라마이다. 이 영화를 해석할 때 라캉과 지젝의 이름을 언급하고 싶은데 그런 점에서 당연해 보인다. 욕망에 대한 깊이 있는 탐색과 그에 대한 박찬욱식 해석이 바로 「박쥐」이니 말이다.

한편 홍상수는 박찬욱과는 정반대 지점에 놓인 감독이라고 할 수 있다. 거의 매년 영화를 발표하는 그에게 쏟아지는 비난 중 하나는 늘 같은 이야기를 반복한다는 것이다. 그런데, 오해해서는 안 될 부분이 비로 '반복'이야말로 홍상수 영화의 주제이자 형식이라는 점이다. 그는 작품 가운데서 반복이라는 철학적 주제를 여성의 이미지로 변주하고 기억의 차원에서 심화한다. 반복은 현대 철학에서 가장 중요한 문제 중 하나이다. 철학자 서동욱이 최동훈 감독의 영화 「전우치」에서 반복을 읽어내듯, 반복이야말로 존재가 처한 가장 명징한 사태라고 말할 수 있을 정도이다.

홍상수의 영화에서 인물과 사태는 똑같이 반복되는 듯하지만 반복의 결과는 조금씩 달라진다. 그런 점에서 홍상수에게 편집은 선명한 의사 전달의 매체가 아니라 애초부터 환유라고 보아야 한다. 홍상수는 편집을 통해 삶의 일회성이 지닌 의미의 단일성을 환유적 시로 재생산해낸다. 홍상수는 삶을 읽어내야 할 원본이 아닌 끊임없이 반복되지만 조금씩 다른 결말을 만들어내는 무엇으로 그려낸다. 비슷하게 생긴 두 여인을 은유적으로 선택하지만 이 은유는 환유적 문법의 맥락 가운데서 발산한다. 결국 홍상수에게 영화란 어쩔 수 없이 일회적일 수밖에 없는 삶에 대한 어떤 대응이다. 정작 홍상수 본인은 철학도 문학도 모른다며 손사래를 치지만 그의 영화를 보는 관객들이 니체로부터 시작해, 프로이트와 레비나스, 하이데거까지 동원하는 까닭이 여기에 있다. 그의 작품, 영화 자체가 바로 인문학이기 때문이다.

한편 김기덕 감독은 하나의 작가론으로 묶일 수 없는 비평적 영토를 창출해내기도 했다. 그는 독특한 메타포적 공간을 창출함으로써 자신만의 세계를 창조한다. '한강(「악어」)', '사창가(「나쁜 남자」)', '낚시터(「섬」)', '사찰(「봄, 여름, 가을 겨울 그리고 봄」)'처럼 현실과 동떨어진 비일상 혹은 환상의 영역에서 현실을 주조하던 김기덕의 영화 문법은 여기서 철저히 현실적인 장소로 전도된다. 이러한 전도는 현실적이며 구체적인 장소야말로 실존적 인간의 존재감을 허약하게 만든다는 사실을 보여준다. 이곳에서 클로드 레비스트로스(Claude Lévi-Strauss)가 말하는 영-제도(zero-institution)처럼 상징화를 넘어선 사건이 형성된다. 「빈 집」의 두 인물이 함께 체중계에 올라섰을 때, '0'을 가리키는 바늘처럼 김기덕은 언제나 자신만의 규칙을 생성해낸다. 그의 영화들은, 모든 작품이 바로 새로운 '0'이며, 자연스럽게 정신분석학이나 원형적 이미지에 대한 고고학적 분석을 요구한다.

한국 영화의 르네상스 그후

1990년대 한국 영화는 세 작가의 출현을 필두로 봉준호, 최동훈, 나홍진 같은 한국형 작가주의 감독이 흐름의 선두에 서 있다고 할 수 있다. 한편, 이창동은 훨씬 더 근본적 인류애에 관련한 문제를 다룬다. 「박하사탕」, 「밀양」, 「시」에서 드러난 이창동 감독의 주제는 홍상수 감독이 말하는 반복의 정반대편에 놓여 있다고 할 수 있다. 그는 삶의 근본적 아이러니를 질문 형태로 제시한다. 밀란 쿤데라(Milan Kundera)는 소설이란 덫이 된 세상에서의 글쓰기라고 말했다. 반면 이창동은 덫이 된 세상의 거울이 곧 영화라고 말한다. 삶의 일회성과 죽음의 필연성(이탈로 칼비노(Italo Calvino)) 안에서 영화는 반복된다. 시작이 있으면 끝이 있지만, 영화는 또 한 번 반복될 수 있다. 영화라는 매체의 근본적 환상성은 이 반복적 재생 가능성에 있을 터다. 그것이야말로 영화가 우리에게 준 가장 행복한 환상, 삶의 지리멸렬한 비밀의 정반대 지점이니 말이다. 한국 영화 르네상스에서 만났던 한국의 작가주의 감독들은 현재 한국 영화의 현장에 중요한 밑거름이 되었던 인문학적 자양분이라고 할 수 있다.

18장 사도 바울은 왜 급진 정치철학자로 각광받는가

서동욱[•]

네바 강을 건너는 사도 바울

  '절망의 인문학'(강양구의 개념)은 고약하다. 그것은 '인문학의 위기'가
아니다. 인문학의 위기는 인문학 장사가 안 된다는 우는소리에서 시작
되어 인문학 붐과 함께 웃는 표정을 지으며 물러갈지도 모르겠다. 그
런데 지금 확산일로에 있는 이 인문학은 어떤 인문학이며 왜 사람들
은 그것을 원하는가? 혹시 조기 영어 교육, 웰빙, 헬스, 사교댄스 같은
삶의 보약 또는 더 고약하게는 기업가의 숨겨진 수익 창출 비결 같은

• 벨기에 루뱅 대학 철학과에서 석사와 박사 학위를 받았다. 1995년《세계의 문학》과《상상》봄
호에 각각 시와 평론을 발표하면서 책을 쓰기 시작했다. 쓴 책으로『차이와 타자』,『들뢰즈의
철학』,『일상의 모험』,『익명의 밤』,『철학 연습』등이 있고, 시집으로『랭보가 시 쓰기를 그만
둔 날』,『우주전쟁 중에 첫사랑』이 있다. 역서로는 들뢰즈의『칸트의 비판철학』,『프루스트와
기호들』, 레비나스의『존재에서 존재자로』등이 있다. 현재 서강대 철학과 교수로 있으며 계간
《세계의 문학》편집위원으로도 활동 중이다.

것인가? 그것은 뇌관이 제거된 인문학이 아닌가? 우리는 머리에 달린 심지에 불꽃을 매단 다이너마이트 같은 인문학자들을 기억한다. 소크라테스의 이름으로, 스피노자의 이름으로, 니체의 이름으로 출현한 이 폭약 같은 인문학은 사회에서 통용되는 가치를 학습시키는 대신에 기존 가치들의 어두운 얼굴을 드러내 곤경에 몰아넣었다. 위험한 일에 손을 대는 인문학, 고유한 비판 정신으로 자신을 지켜온 인문학이 무장해제된 채 고작 '클리셰(cliché)의 전도사'로 나선다면, 인문학은 아무리 널리 확산되더라도 '절망의 인문학'이라 불려 마땅할 것이다.

이런 상황에서 사도 바울에 관심을 쏟는 일은 의혹을 불러일으킬 듯하다. 프랑스 철학자 바디우는 바울에 관한 책(『사도 바울』, 현성환 옮김, 새물결)을 시작하면서 사람들이 느낄 당혹감에 대해 이렇게 썼다. "그의 이름이 종종 교회, 도덕적 규율, 사회적 보수주의 등 그리스도교의 가장 제도적이고 가장 폐쇄적인 측면들과 결부되어 있어 한층 더 의심쩍은 이 '사도'가 왜 필요한 것일까?"

사도 바울을 통해 우리는 폐쇄적인 보수주의를 더 잘 익혀야 하는 것일까? 그런데 정말 바울은 기존 가치를 계속 통용시키려는 보수주의자였는가? 가장 기본적인 역사적 사실로 돌아가 보면 오히려 바울은 자기 종교의 문을 닫고 새 종교를 창시하는 혁명을 완수한 사람이었다. 그리고 자신의 인문학—만일 이 성자의 사상을 인문학으로 편입시키는 불경이 허락된다면 잠시 이렇게 부르자—을 본인이 안락하게 몸담을 수도 있었을 공동체의 주도적인 가치에 봉사하도록 하지도 않았다. 투옥됐습니다. 맞아죽을 뻔하기도 했습니다. 난파당해 망망대해를 떠돌아 다녔죠. 강도에게 위협을 당했고, 주리고 목마르고 추위에도 불구하고 헐벗었습니다. 「고린도후서」에 나오는 내용이다. 바울의 저 초상화는 당대의 법과 가치를 수호하는 관료의 모습이 아니라, 한쪽 주머니엔 헤겔의 『정신현상학』을 넣고 다른 쪽 주머니엔 브라우닝 권총을 집어넣은 채 네바 강을 건너던 또 한 사람의 사도, 레닌의 모습이었던 것이다.

구체적 일상을 혁명의 제물로 내주려는 계획

국내에서 몇 해 전부터 사도 바울에 관한 깊이 있는 현대 철학 연구서들이 번역·소개되면서 그의 혁신성에 대한 관심이 높아지고 있다. 오늘날 진보적인 철학적 사유를 대표하는 철학자들의 바울에 관한 집중적인 연구서로 바디우의 『사도 바울』, 아감벤의 『남겨진 시간』(강승훈 옮김, 코나투스) 등을 꼽을 수 있을 것이다. 이외에도 지젝의 『죽은 신을 위하여』(김정아 옮김, 길) 역시 기독교 전반을 다루며 바울을 중요한 성찰 대상으로 삼는다. 아울러 최근 국내에 소개된 주목할 만한 강의록들이 바울을 다루고 있는데, 하이데거의 『종교적 삶의 현상학』(김재철 옮김, 누멘), 그리고 야콥 타우베스(Jacob Taubes)의 『바울의 정치신학』(조효원 옮김, 그린비)을 꼽을 수 있다. 전자는 1920년과 1921년에 걸친 프라이부르크 대학 겨울학기의 강의록이고, 후자는 투병 중이던 타우베스가 하이델베르크 대학에서 1987년에 한 강의를 정리한 것으로 강연 직후 사망한 타우베스의 유언과도 같다.

과연 사도 바울이 인문학의 영역에서 해방의 출구를 찾으려는 사람들에게 길을 열어줄 수 있을까? 한 가지 유명한 구절을 통해 사도 바울의 진보성의 핵심을 보여줄 수 있을 것 같다. "각 사람은 부르심을 받았을 때의 상태를 그대로 유지하십시오. (……) 이제 때가 얼마 남지 않았으니 이제부터는 아내가 있는 사람은 아내가 없는 사람처럼 살고, 슬픔이 있는 사람은 슬픔이 없는 사람처럼 지내고, 기쁜 일이 있는 사람은 기쁜 일이 없는 사람처럼 살고, 물건을 산 사람은 그 물건이 자기 것이 아닌 것처럼 생각하고, 세상과 거래를 하는 사람은 세상과 거래를 하지 않는 사람처럼 살아야 합니다."(「고린도전서」 7장 29~31절) 소명을 받았을 때 '마치 ~가 아닌 것처럼 살아라'라는, 사도 바울이 제시하는 삶의 형식은 서구 사유의 역사에 얼마나 깊이 침투해 들어갔는가? 가령 하이데거는 『존재와 시간』(이기상 옮김, 까치글방)에서 존재의 참다운 의미를 잃어버린 비본래적 상태로부터 본래적 실존으로 나아가려 하면서, 본래적 실존을 이렇게 설명한다. "본래적인 실존이라는 것도 추락해 있는 일상성 위를 떠다니는 어떤 것이 결코 아니고, 오히려 실존론적으로 단지 이 일상의 변양된 장악 외에 다른 것이 아니다." 본래적 실존은 비본래적인 일상적 삶의 자리와 완전히 다른 것이라고 할 수 없으며, 이 일상적 삶을 다른 방식으로 장악하는 데서 성취된다. 바울 식으로 이야기하면, 비본래적인 일상적 삶을 비본래적이지 '않은 것처럼' 장악하는 것이 관건이다.

이러한 '마치 ~아닌 것처럼'은, 객관적인 질서의 변화 없이 정신 안에서만 변혁을 이루는 안일한 보수주의로 얼핏 오해되기 십상이다. 그러나 이탈리아 철학자 아감벤이 주석하듯 "현세적 상태의 폐지(~아닌 것처럼 만드는 것)는 현세적 상태를 그 자체로부터 해방시켜 현세적 상태를 사용할 수 있도록 하는 것"이다. 즉 일상을 혁명에게 내주는 일이다.

니체와 바울—서로 경쟁하는 두 파괴자

바울이 지닌 폭발력으로 인문학의 비판 정신을 다시 벼리려는 노력은, 니체의 해석에서 바울을 빼앗아 온다는, 나아가 니체의 선구자로서의 바울을 발견한다는 철학사적 의의를 지닌다. 니체는 바울을 우리가 가진 긍정적인 힘을 원한이나 가책으로 변질시키는 사제로 보고 자신의 최대 적 가운데 하나로 삼았다. 그러나 여러 철학자들이 즐겨 발견하듯 니체 안에는 바울이 있다. 바디우가 말하듯 "니체는 바울의 적이라기보다는 경쟁자이다. 두 사람 모두 인류 역사의 또 다른 새로운 시대를 열려는 동일한 염원, 인간은 극복될 수 있고 또 극복되어야 한다는 동일한 확신, 죄의식 및 율법과의 관계를 끊어야 한다는 동일한 확실성을 공유하고 있다."

니체 저작의 중요 대목에서 우리는 바울에 대한 흥미로운 패러디를 만날 수 있다. 가령 니체는 자신이 어떻게 영원회귀의 영감을 받았는지에 대해 이렇게 노래한다. "하나에서 둘로/ 그리고 차라투스트라는 지나갔다."(시 「위대한 정오」) 이렇게 갑작스런 영감을 받는 니체에게서 우리는 바울의 다마스쿠스 체험을 발견한다. 타우베스가 『바울의 정치신학』에서 지적하듯 "니체가 자신의 경험을, 즉 영원회귀의 신화를 환가져 경험으로 해석했다는 사실, 더우이 바울의 다마스쿠스 체험을

"현재의 가치들 앞에서 니체가 망치를 들어 올렸다면, 바울은 당대의 율법 앞에서 그렇게 했던 것이다. 바로 이러한 '전복'이 바울이 최근 인문학에 갖추기를 호소하는 비판적이고 실천적인 힘이다."

묘사할 때 썼던 바로 그 은유들을 가지고 그렇게 했다는 사실"과 맞닥뜨리는 것이다.

바울은 니체와 마찬가지로 긍정의 사상가이다. "하느님의 아들 예수 그리스도께서는, '예'도 되셨다가 동시에 '아니요'도 되신 분이 아니었습니다. 그리스도 안에는 '예'만 있을 뿐입니다."(「고린도후서」1장 19절) 또한 바울은 현행의 가치들을 보호하는 도덕법들을 전복하려 했던 니체와 마찬가지로 율법을 해체하려 한 자다. "그리스도께서는 우리를 위하여 십자가에 달려 저주받은 자가 되셔서 우리를 율법의 저주에서 구원해내셨습니다."(「갈라디아서」3장 13절) 현재의 가치들 앞에서 니체가 망치를 들어 올렸다면, 바울은 당대의 율법 앞에서 그렇게 했던 것이다. 바로 이러한 '전복'이 바울이 최근 인문학에 갖추기를 호소하는 비판적이고 실천적인 힘이다.

법의 폐지 또는 프루스트적 바울

니체가 이미 『아침놀』(박찬국 옮김, 책세상)의 68절에서 세세히 분석한 바 있는 바울의 주제가 있다. 비판 정신으로 무장한 현대 사상가들을 매료시키는 이 주제는 가치의 전복, 바로 '율법의 폐지'로서, 바디우와 아감벤 같은 철학자들이 이 문제에 매달렸다. 바디우는 말한다. "바울의 계획은 보편적인 구원론은 어떠한 법과도 화해가 불가능하다는 것을 보여주는 것이다." "게다가 그리스도라는 사건은 본질적으로 단지 죽음의 세국일 뿐인 율법에 대한 폐지이다."

왜 율법의 폐지는 우리를 해방으로 인도할까? 바울은 이렇게 썼다. "율법에 비추어 보지 않고서는, 나는 죄가 무엇인지 알지 못했을 것입니다. 율법에 '탐내지 말라.' 하지 않았으면, 나는 탐심이 무엇인지 알지 못했을 것입니다. 그러나 죄는 이 계명을 통하여 틈을 타서, 내 속에서 온갖 탐욕을 일으켰습니다. 율법이 없으면 죄는 죽는 것입니다. 전에는 율법이 없어서 내가 살아 있었는데, 계명이 들어오니까 죄는 살아나고 나는 죽었습니다."(「로마서」 7장 7~10절) 욕망이 어떻게 법에 부정적으로 예속되는지 이보다 더 탁월하게 표현할 수는 없으리라. 율법이 없었다면 욕망은 율법이 금지하는 대상과 연결되지도 않았을 것이다. 율법의 출현과 더불어 욕망은 율법이 금지하는 대상을 자신의 목표 지점으로 삼게 된다. 애초에 욕망이 특정 대상과 연결되어 있어서 법이 욕망에게 그 대상을 금지한 것이 아니라, 법의 금지 때문에 욕망이 금지의 대상을 향하고 있는 것으로서 정체성을 부여받는 것이다.(그리고 이것은 오이디푸스와 관련된 근친상간 금지라는 법 자체가 죄 짓는 형태로 어머니에 대한 욕망을 발생시킨다는, 들뢰즈의 정신분석 비판의 근본 논점이기도 하지 않은가?) 이렇게 보면 율법이야말로 욕망이 죄짓도록 만드는 것이며, 따라서 구원은 무엇보다 기존 법의 폐지를 통해서만 전망해볼 수 있다.

다른 한편 아감벤이 율법 비판과 관련하여 바울에게서 주목하는 것은 그의 독특한 '시간관'이다. "모든 것은 메시아 안에서 반복된다."(「에베소서」 1장 10절)는 말이 밝히듯, 바울의 시간이란 바로 '반복'의 시간이다. 키에르케고르의 반복과 만회(Gjentagelse), 니체의 영원회귀, 하이데거의 반복(Wiederholung) 등 서구에서 출현한 빛나는 반복 사상들의 맨 앞자리에 오는 바울의 반복은 물론 계절의 순환 같은 자연의 반복과는 전혀 다른 것이다. 이는 어떤 반복인가?

바울은 말한다. "'간음하지 말라. 살인하지 말라. 도둑질하지 말라. 탐내지 말라.'라는 계명이 있고 또 그 밖에도 다른 계명이 많이 있지만 그 모든 계명은 '네 이웃을 네 몸같이 사랑하라.'는 한마디로 요약될 수 있습니다. 이웃을 사랑하는 사람은 이웃에게 해로운 일을 하지 않습니다. 그러므로 사랑한다는 것은 율법을 완성하는 일입니다."(「로마서」13장 9~10절) 여기서 과거의 율법은 현재 메시아의 가르침인 '사랑' 속에서 '반복'된다. 사랑이라는 이 메시아적 현재 속에서 반복되면서 과거의 율법은 비로소 올바른 의미를 찾게 되는 것이다. 이런 반복은 아감벤이 말하는 것처럼 '즉결 심판(summary judgment)'이라 불릴 만하다. 과거의 율법들이 '심판(judgment)'을 받아 사랑이라는 참다운 의미로 '요약(summary)'되니 말이다. 헤겔 식의 표현을 빌리면 이는 율법의 '지양(aufheben)'인데, 지양은 서로 상반되는 철폐와 보존 두 가지 모두를 의미한다. 과거의 율법을 '철폐'하고 그것을 사랑의 형태로 '성취'하는 일.

이러한 바울의 반복을 더 쉽게 이해하기 위해서는 최근 활발히 새로 번역되면서 관심을 모으고 있는 마르셀 프루스트(Marcel Proust)의 『잃어버린 시간을 찾아서』(김희영 옮김, 민음사)의 가르침을 참조해야 될 것이다. 바울의 반복이야말로 가장 프루스트적인 의미에서 '잃어버린 시간을 되찾는 일'이니까 말이다. 시간을 되찾는 프루스트의 작업은 한마디로 무엇인가? 과거 사건의 참다운 의미는 당시에는 몰랐다가 지금 다시 기억해낼 때, 즉 지금 반복하면서 알게 된다는 것이다. 레오니 고모 집에서 맛보았던 마들렌과 홍차의 의미는 '당시엔 걸고 알 수 없고 지금 다시 반복될 때에야 비로소 주어진다.' 바울의 율법도 마찬가지다. 지금 메시아가 출현한 시간에 율법은 사랑이라는 형태로 반복됨으로써 참다운 의미를 얻게 되는 것이지, 구약의 시대에는 결코 그럴 수 없었다.

과거의 율법을 폐지해 역사를 두 동강 내고 현재의 시대를 열건, 과거의 율법을 심판해 사랑이라는 메시아 시대의 의미를 일구어내건, 율법 철폐라는 바울의 작업은 인문 정신이 인간의 삶에 어떻게 개입해야 하는지를 가르쳐준다. 이는 절망, 무기력, 타성, 두려움이 발목을 잡을 때마다 망치를 꺼내 들고 삶을, 그러므로 역사를 수리하라는 가르침이다.

19장 인문학이 노동자의 무기가 될 수 있는가

강양구[•]

진짜 '민중'을 만나다

15년도 더 된 군대 얘기다.(축구 얘기는 아니다!) 서울에서 대학을 다니다 뒤늦게 군대를 갔다. 논산훈련소에 입소한 것까지는 괜찮았는데 꼬이고 꼬여서 결국은 강원도 산골의 한 부대에서 26개월을 보내게 되었다. 전국 방방곡곡에서 모인 남자들 열댓 명이 마주보는 침상에서 공동생활을 하는 일은 시쳇말로 '깨는' 경험이었다.

가장 놀라웠던 일은 날마다 마주치는 진짜 '민중'의 모습이었다. 누구나 한번쯤 들어봤음 직한 수많은 일화가 있지만, 한 가지만 예를 들어보자. 입대 직전만 하더라도 다소 규범적인 여성주의자들 사이에서

[•] 연세대학교 생물학과를 졸업했다. 인터넷 신문 《프레시안》 기자로 일하고 있다. 황우석 사태 보도로 '앰네스티언론상', '녹색언론인상' 등을 수상했다. 지은 책으로 『세 바퀴로 가는 과학자전거』, 『침묵과 열광』, 『아톰의 시대에서 코난의 시대로』, 『밥상 혁명』 등이 있다.

생활했던 터라 말 한마디를 할 때도 '성정치적으로 올바른지' 고민해야 했던 터였다.

그런 내게 가장 곤욕스러운 순간은 오후 열시 불이 꺼진 후에 찾아왔다. 최고참이 입을 떼자마자 전국 방방곡곡에서 모인 혈기방장한 남정네들이 자신의 끈적끈적한 경험담을 하나씩 꺼내놓기 시작했다. 놀랐다. 나는 대한민국에서 강간이 그렇게 많이 벌어지는 줄 처음 알았다! 그들의 고백이 모두 진실이라면, 죄다 군대가 아닌 감방에 있어야 했다.

초코파이 하나에 눈빛이 번득거리고, 동료의 서툰 삽질 때문에 날아간 10분 휴식에 구타와 욕설로 답하는 이들이 과연 책에서 읽은 '혁명의 주체'란 말인가? 문득 경기도 인근의 공장에 투신했다 학교로 돌아온 한 선배가 술만 마시면 입에 달고 다니던 얘기가 생각났다. "노동자가 쓰레기인데, 노동운동에 무슨 희망이 있겠어!"

그는 이어서 항상 세상을 바꾸는 이들은 "정신적, 도덕적으로 우월해야 한다"고 강조했었다. 열댓 명의 남정네가 모여서 여자 가수의 몸매를 훑는 텔레비전 화면에 코를 박고 있는 모습은 어떤가. 시나 소설을 읽는 게 무리라면 최소한 뉴스라도 봐야 하는 것 아닌가? 이래서야 어떻게 세상을 지배하는 상식에 맞서, 그람시의 표현을 빌리자면, 대항 헤게모니를 구축하겠는가?

결국 기회가 왔다. 입대한 지 1년 동안 고생한 덕분에 병장을 달기도 한참 전에 내무반 최고참이 되었다. 혼자서 읽던 《창작과비평》, 《문학동네》에 실린 소설을 돌려 읽혔다. 점호 전 텔레비전 채널은 뉴스로 고정했다. 자기 전에는 뉴스를 본 소감도 말하게 했다. 일종의 인간 '개조' 프로젝트였다. 그 결과는 어땠을까?

인문학이 사람을 바꿀 수 있을까

인문학은 노동자의 무기가 될 수 있을까? 이 질문에 답을 하기 전에 질문을 바꿔보자. 과연 인문학이 사람을 바꿀 수 있을까?(물론 인문학의 특징을 '쓸모없음'이라고 주장하는 인문주의자, 예를 들자면 중국의 리링(李零) 같은 이들은 이런 질문 자체를 조롱할 것이다. 나도 그들의 입장에 공감하는 편이지만, 그의 주제는 이 글의 초점에서 벗어난다.)

예를 들자면 이렇다. 전 세계에 자신의 '녹색 성장'을 전파하고자 퇴임하고 나서 자전거 세계일주에 나선다는 이명박 대통령을 설득해 잠시 골방(!)에 가둬놓고 학습을 시킨다고 가정해보자. 당대의 학자들이 나서서 헨리 데이비드 소로(Henry David Thoreau)의 『월든』(한기찬 옮김, 소담출판사), 헬레나 노르베리-호지(Helena Norberg-Hodge)의 『오래된 미래』(양희승 옮김, 중앙북스), 더 나아가 《녹색평론》의 빛나는 에세이를 읽히자.

그렇게 1년이 지난 다음에 이명박 대통령이 과연 '생태주의자'로 변신할까? 그래서 도심에 마련한 '인공 어항'에 불과한 청계천과 멀쩡한 물길을 가로막아서 '인공 호수'를 조성한 낙동강의 보 앞에서 참회의 눈물을 흘리며, 자신의 '녹색 성장'이 사실은 '잿빛 성장'의 변주였음을 고백하게 할 수 있을까?

무슨 그런 얼토당토않은 예냐고 쌍심지를 켜는 이들을 위해서 다른 예를 하나 더 들어보자. 개인적으로 아는 대기업 임원은 신영복의 열렬한 팬이다. 『감옥으로부터의 사색』(돌베개), 『더불어 숲』(랜덤하우스코리아), 『나무야 나무야』(돌베개)를 수차례 탐독한 것도 모자라서, 연말연시에는 자신의 부하 직원을 포함한 지인에게 사다 뿌린 책만 수백 권이다. 이뿐만이 아니다. 신영복의 팬답게 동서양의 인문 고전에도 밝다. 같이 술잔을 기울이다 보면 생전 처음 듣는 한시를 읊고, 호메로스, 셰익스피어, 톨스토이, 도스토옙스키 작품의 한 대목을 적재적소에서 인용한다. 최근에는 단테의 『신곡』(박상진 옮김, 민음사)을 탐독한다며, 다시 읽어볼 것을 권했다.(나는 단테의 『신곡』을 '다시' 읽을 게 아니라 '새로' 읽어야 할 처지다!)

　　그렇게 동서양의 고전을 귀동냥하며 술잔을 기울이다가 꼭 분위기가 틀어지는 경우가 있다. 최근에는 공지영의 『의자놀이』(휴머니스트)를 놓고서 얘기하다(그는 공지영을 비롯한 또래 세대의 교양 결핍을 입버릇처럼 말하곤 했다!) 쌍용자동차 해고 노동자가 화제에 올라서 그랬다. 수십 년의 샐러리맨 생활을 했음에도 그의 입장은 단호했다. "정리해고는 자본주의가 제대로 굴러가기 위한 윤활유예요. 온정주의에 휘둘려서 정리해고를 부정하면 자본주의가 곧바로 멈춰서고 맙니다!" "사람과 사람이 더불어 함께하며 타인을 이해하고 존중하는" 신영복이 말하는 '관계론'은 이런 냉혹한 인식의 어디에 자리 잡고 있는가? 톨스토이를 따라 "바둥바둥 살아도 결국 땅 한 평에 묻힐 인간의 숙명"을 얘기하면서, 한국 사람의 더불어 사는 지혜 없음을 탓하던 인문주의자는 그 순간 어디로 간 것일까?

　　아마도 지금 이 글을 읽는 이들 중에도 비슷한 예를 수없이 떠올릴 수 있을 것이다. 아버지, 선생님, 남편, 애인, 상사, 동료 등. 그렇다면, 안타까운 일이지만 인문 교양의 많고 적음이 사람을 바꿀 수 없다는 불편한 진실을 우리는 인정하지 않을 수 없다. 이렇게 인문학이 사람을 바꾸는 데 무력하다면, 과연 노동자에게 인문학이 어떤 의미가 있을까?

"아마도 지금 이 글을 읽는 이들 중에도 비슷한 예를 수없이 떠올릴 수 있을 것이다. 아버지, 선생님, 남편, 애인, 상사, 동료 등. 그렇다면, 안타까운 일이지만 인문 교양의 많고 적음이 사람을 바꿀 수 없다는 불편한 진실을 우리는 인정하지 않을 수 없다. 이렇게 인문학이 사람을 바꾸는 데 무력하다면, 과연 노동자에게 인문학이 어떤 의미가 있을까?"

공동 의식을 가능하게 하는 인문학

가끔 노동조합, 진보정당 등이 노동자를 상대로 한 인문학 교육 프로그램을 개설해 알리곤 한다. 빠듯한 일정 속에서 이런 프로그램을 만드는 이들의 뜻은 분명하다. '공장, 사무실에서 고된 노동을 한 이들이 퇴근 후 텔레비전 앞에서 멍하니 시간을 보내거나, 술집에서 시시덕거리는 것보다 문학, 역사, 철학을 공부하는 게 더 낫다.'고 생각하는 것이다.

그러나 앞에서 결론을 내린 대로, 인문학이 사람을 바꾸는 데 무력하다는 사실을 염두에 둔다면 과연 이런 프로그램이 필요한 걸까? 차라리 그 시간에 좀 더 실용적인 강의, 예를 들자면 '노동자를 위한 노동법 교실' 혹은 '노동자를 위한 건강 교실' 따위를 열어야 하지 않을까? 아니, 노동자의 이익 대변을 최우선 임무로 삼은 노동조합 혹은 진보정당의 교육 프로그램이라면, 과거나 현재의 노동자들이 자신의 이익을 관철하고자 국가와 자본과 어떻게 싸웠는지를 보여주는 영화나 다큐멘터리 상영이야말로 알쏭달쏭한 문학, 역사, 철학을 공부하는 일보다 훨씬 더 가치 있지 않을까?

잠시 과거로 눈을 돌려보자. 마르크스가 노동자를 '인간 해방의 주체'로 봤던 저 혁명의 세기(19세기)에도, 결코 노동자가 (지금 통용되는 맥락에서의) 인문주의자였던 적은 없다. E. P. 톰슨(E. P. Thompson)의 『영국 노동계급의 형성』(나종일 외 옮김, 창비) 같은 책을 보면, 그때도 그들은 셰익스피어의 연극이 아니라 왕이나 자본가를 풍자하는 멜로드라마 풍의 극단에 열광했다.(간혹 그런 극단 공연은 흥분한 노동자의 폭동으로 이어지곤 했다!)

문자를 체득한 이들이 열광했던 읽을거리도 고전이 아니라 각종 사건을 '노동자의 시각으로' 재해석한 수많은 정치 팸플릿이었다.

인문학이 노동자의 무기였던 적이 없었고 앞으로도 그렇게 될 가능성이 없다면 (좀 더 솔직히 말하면 바람직하지 않다면) 도대체 노동자의 진짜 무기는 무엇일까? 역시 역사 속에 답이 있다. 19세기 노동계급 의식의 고갱이는 교양 습득을 통해서가 아니라 노동자 밀집 지역의 선술집에서 음탕한 농담을 주고받으며 형성되었다. 이는 부정할 수 없는 사실이다. 공장 사장이나 중간 간부를 도마에 올려놓고 험담을 하거나 축구 경기의 승부를 놓고 왁자지껄하게 수다를 떨면서 그들은 노동자 개인에서 노동계급이 되었다. 그리고 이런 공동 의식이야말로, 공통의 이익을 관철하기 위해 집합 행동에 나설 수 있는 가장 유력한 동기가 되었다.

그렇다면 오히려 노동운동의 몰락을 언급하는 지금 이 시점에, 노동자에게 필요한 것은 문학, 역사, 철학 같은 인문학이 아니라 그들을 하나로 묶어줄 수 있는 소통의 경험이다. 유럽의 노동운동, 사회주의 운동 초기의 헌신적인 활동가들이 무엇보다 노동자들이 일상적으로 모여서 소통할 수 있는 '민중의 집' 같은 공간을 만들었던 것도 이 때문이었다.

물론 노동자가 소통의 경험을 공유하는 데 인문학이 나름의 역할을 할 수도 있다. 하지만 이 경우 인문학은 지금 얘기하는 '교양으로서의 인문학'이 아니라 '노동자의 인문학'이어야 할 것이다. 지금 노동자에게 인문학이 필요하다면, 앞에서 언급한 대기업 임원의 인문학과는 다른, 노동자의 '삶의 고양'에 초점을 맞춰 재해석된 인문학이어야 한다.

　지금 인문학이 대다수 보통 사람의 삶과 유리된 채 유한계급의 문화 자본으로 전락했다면, 가장 중요한 이유는 당대의 인문주의자들이 이런 재해석을 방기했기 때문이다. 수백 년 전 동서양의 인문주의자들이 정리해놓은 인문학의 정전들을 여전히 신줏단지처럼 모시는 현실이야말로 그 증좌이다.

　마르크스는 『독일 이데올로기』(박재희 옮김, 청년사)에서 혁명 이후의 삶을 상상하며 "오전엔 사냥, 오후엔 낚시, 초저녁엔 목축, 저녁 식사 후에는 비평과 토론을 하는 사회"를 예고했다. 비록 서양 고전의 지적 전통 속에서 집필 활동을 할 수밖에 없었지만, 마르크스 역시 부르주아 문화와는 다른 대안문화의 가능성을 분명히 인식했을 것이다.

　여기서 지금 우리가 아는 인문학과 다른 '노동자의 인문학'이 어떤 것이어야 하는지 말할 재주는 없다. 다만 지금의 고삐 풀린 자본주의를 넘어서는 새로운 사회를 전망하고, 노동자든 민중이든 시민이든 다중이든 새로운 사회를 만들어갈 주체를 고민한다면, 그런 주체의 삶과 밀착된 대안 인문학을 고민함으로써 첫발을 떼어야 하지 않을까?

인간 개조 프로젝트의 결말

　짐작했겠지만, 군대에서 열댓 명의 후임을 상대로 진행한 인간 개조 프로젝트는 실패로 끝났다. 제대 후 풍문으로 들어보니, 내가 전역 신고를 한 그날 점호 시간 전 텔레비전 채널은 뉴스에서 걸그룹의 뮤

직비디오로 바뀌었다. 내무반 책꽂이에 꽂아둔《창작과비평》,《문학동네》는 몇 개월째 굴러다니다 결국은 소각장으로(?) 사라졌다.

그리고 신병이 들어올 때마다, 이런 얘기가 오갔다고 한다. "야, 예전에 강 아무개라는 인간이 있었어. 그 인간은 글쎄 어떻게 갈군 줄 알아! 뉴스로 사람을 괴롭혔어. 뉴스로!" "뉴스로만 갈구면 나았게요. 말도 안 되는 이상한 소설도 읽게 했잖아요. 효리 마음껏 볼 수 있는 너희는 행복한 줄 알아!" 이제야 고백하건대, 나도 점호 전에 뉴스 대신 효리를 보고 싶었다. 15년 전으로 돌아간다면, 분명히 그랬을 것이다!

------- 4부 -------

가능성의 인문학

근육이 운동할수록 자신의 놀라운 힘을 발견하듯 인문학 속에 뛰어든 사유도 그렇다. 인문학은 아직 자기 능력을 다 알지 못하는 위대한 운동선수 같다. 4부에서는 인문학의 가능성을 시험해보는 인상 깊은 시도들에 접근한다.

「새로운 민중사학은 가능한가」는 보수화한 민족주의 역사학의 대척지에 강력하게 자리 잡은 트랜스내셔널 역사학의 성과를 평가하고, 결코 잊어서는 안 되는 과제를 설정하려 한다. 바로 민중사학이다. 트랜스내셔널 역사학이 내재적 발전론의 보수성에 대한 비판을 통해 얻은 성과가 자칫 민중의 주체적 역량마저 폄하하는 방향으로 확대되는 사태를 우려하면서, 역사학의 새로운 방향성을 제시하려 한다.

「동양 현대 철학은 가능한가」는 동양철학이 고전 주석을 넘어서 현대 철학의 구성원으로 자리매김될 수 있는 가능성을 따져보는 글이다. 고전에 대한 과잉 기대로부터 고전에 대한 종속이 생기며 학문이 죽는다. 고전 주석만 있고 현대 철학이 없다는 것은 더 이상 자기 변신을 할 수 없는 죽은 학문이 된다는 것을 뜻하기 때문이다. 이 글은 이런 죽음을 넘어 동양 현대 철학의 길을 제시한다.

「한국에서 정신분석은 환자를 치료하는가」는 한국에 전무하다시피 한 '치료로서의 정신분석학'의 가능성을 타진한다. 한국에서 정신분석 연구는 외국 문학 이론의 수용사만큼이나 오랜 역사를 자랑한다. 그런데 책상 앞에 앉아 철학 책과 문학 서적을 끼고 하는 인문학 연구로서의 정신분석이 풍부하게 펼쳐진 반면, 치료 행위로서의 정신분석은 지금껏 뿌리를 내리지 못했다. 도대체 이유가 무엇일까, 치료로서의 정신분석은 무엇이며, 어떤 절차를 밟는가 등을 살피면서 이 글은 한국에서 정신분석 치료가 뿌리내릴 토양을 다진다.

「인문학자에게 지옥이란 무엇인가」는 가장 원초적인 개념이면서도 오늘날 인문학의 표면으로 쉽게 올라오지 않는 '지옥'의 문제를 다룬다. 종교인이든 아니든 사람들은 늘 지옥에 대한 공포에 휩싸여 살아간다. 모든 윤리적 행동, 도덕적 비판의 바닥에 지옥에 대한 무의식이 있다고 해도 과언이 아닐 것이다. 그런데 우리의 지옥 관념은 유아적 상상력(시각 차원에서 혐오스러운 것, 신체적인 극심한 괴로움 등)을 크게 뛰어넘지 못한다. 인문학자라면 이 지옥을 어떻게 말할 것인가? 오늘날과 같은 합리적이고 세속화된 사회에서 여전히 지옥은 의미가 있는가? 일상 속에서 사람들이 의식하지 못하더라도 지옥의 관념은 작용하는가? 이 글은 이러한 문제들에 답하려 한다.

지금은 새로운 연구자들이 인문학 분야의 정전들을 다시 번역해서 교체하는 시기다. 아울러 외국 학문의 개념을 우리말로 잘 번역·소화해 우리 학계에 안착시키려는 시도 역시 꾸준히 이어지고 있다. 이러한 상황은 번역의 위상, 번역자의 자기의식이란 무엇인지 묻게 한다. 번역의 시계(視界)의 상하좌우를 가늠해볼 때이며, 이러한 과제를 「번역의 정치학은 왜 필요한가」가 수행한다.

「SNS 시대, 인문학의 과제는 무엇인가」는 트위터와 페이스북 시대 인문학의 위상을 살핀다. SNS 시대에 우리는 기술을 통해 소통의 조건을 최적화하는 이상에 접근하고 있다고들 믿는다. 그리고 이런 소통을 통해 보편적 합의로 수렴해가는 집단지성에 대한 낙관적 전망이 등장한다. 이 글은 SNS 기술에 입각해 이상적으로 구현될 수 있다고 믿는 이 소통과 집단지성이 '지독한 환상'은 아닌지 의심한다. 오히려

SNS는 인문학으로 하여금 보편적이지 않고 편파적인 인식 방법, 중립적이지 않고 당파적인 존재의 윤리, 통합적이거나 체계적이진 않지만 그것을 대체할 수 있는 또 다른 총체성의 감각의 정치를 종용한다는 점을 이 글은 일깨운다.

20장 새로운 민중사학은 가능한가

강응천 ●

민주주의 시대에도 살아 있는 봉건 왕조

텔레비전을 켜니 한 역사학자가 나와서 조선시대에 관한 강연을 하고 있다. 간간이 농담을 섞어 방청객의 웃음을 유도하는 것이 인문학 대중화 바람을 타고 적잖이 대중 강연을 해본 솜씨다. 흥미롭게 시청하고 있는데 갑자기 귀가 의심스러워진다.

"그래서 임금님은 어재실에서 하룻밤을 주무신 뒤 망묘루에서 기다리고 계시다가 어도를 지나 정전으로 가시는 거예요."

● 서울대학교 국사학과를 졸업했다. 세계의 역사와 문화를 우리 시각에서 풀어주고 우리의 역사와 문화를 세계적·보편적 시각에서 자리매김하는 책을 쓰고 만들어왔다. 지은 책으로 『문명 속으로 뛰어든 그리스 신들』, 『세계사 신문』, 『역사가 흐르는 강, 한강』, 『청소년을 위한 라이벌 세계사』 등이 있고, 만든 책으로 『한국생활사박물관』, 『한국사 탐험대』, 『즐거운 역사 체험 어린이박물관』, 『국사 시간에 세계사 공부하기』 등이 있다. 현재 출판기획 문사철 대표로 있다.

가만있자, 이게 뭐지? 우리가 지금 왕의 다스림을 받는 조선시대에 살고 있나? 9시 뉴스 앵커가 대통령의 동정을 보도할 때도 반말을 하는데, 민주화됐다는 개명 천지에 망해버린 전제 왕국의 지배자에게 높임말을 쓰는 이유가 도대체 뭐지?

북한 방송이라도 본 듯한 착각을 일으키게 하는 장면이지만, 주위를 잠깐만 돌아봐도 고개를 끄덕이게 된다. 궁궐, 왕릉, 동상 등 왕조의 유산이 백화점, 멀티플렉스 따위 자본주의의 쇼윈도와 서울의 명소를 분점하고, 조선시대 인물이 근대적 경제 주권의 상징인 화폐의 얼굴을 독차지한다. 민중이 주인인 민주주의 시대에 민중을 억압하던 왕조의 역사가 이토록 사랑받고 있다니, 현대 한국 사회에서 유난히 두드러진 현상이 아닐 수 없다.

민중을 껴안고 시작한 민족사학

만약 민중이 직접 조선왕조를 타도했다면 오늘날 우리 앞에 펼쳐지는 모습은 달랐을 것이다. 하지만 이민족인 일제가 조선왕조를 무너뜨렸기 때문에 우리는 조선왕조에 연민을 느낄 뿐 아니라 일제가 끊어놓은 민족사의 맥을 이어야 한다는 의무감을 갖고 있다. 그 일을 오늘날 한국 역사학계의 주류인 민족사학(국사학)이 하고 있다.

그러나 우리가 잊어서는 안 될 것이 있다. 일제의 식민사학에 맞선 민족사학은 처음부터 민중(民衆)을 끌어안았다는 점이다. 신채호, 박은식 등 1세대 민족사학자들은 민족 해방 운동에 적극적으로 뛰어들었다. 그들의 민족 해방 운동이 민중과 결합되어 있었다는 것은 말이 민족 해방이지 사실은 사람의 해방을 위해 싸웠다는 뜻이다. 민족 해방(반제)이 민중 해방(반봉건)의 전제가 될 수밖에 없었던 이유는 제국주의가 민중 해방으로 나아가는 우리 사회의 진보를 가로막았기 때문이다. 1세대 민족사학자들은 이를 잘 알고 있었다. 그들은 1917년 상하이에 모여 "경술년 융희 황제가 주권을 포기한 것은 우리 국민 동지에 대한 묵시적 선위(禪位)"라며 국민주권을 선포했다. 민족 해방 운동의 목적이 단지 빼앗긴 나라를 되찾는 게 아니라 낡은 봉건 왕조를 폐기하고 근대 공화국을 세우는 것임을 분명히 했다. 그들은 빠른 속도로 민중에게 다가갔다. 우리 민족이 사대주의에 빠지기 이전의 까마득한 고대로 날아가 신화적 전통까지 뒤지던 신채호와 "민중은 우리 혁명의 대본영이다."라고 외치던 신채호는 같은 인물이었다. 일제의 침략이 없었어도 그들은 낡은 왕조를 무너뜨리는 민중혁명에 참여했을 것이다.

민족과 민중은 근대에 만들어진 개념으로 민족이 민중을 포괄한다. 민족은 이해관계가 균일한 인간 집단이 아니다. 그 안에는 하층의 민중도 있고 상층의 엘리트 계층도 있다. 민족사학은 이러한 민족 내의 차이를 보지 않고 추상적인 민족 전체의 눈으로 역사를 본다. 이는 당연히 자신들의 특수한 이익을 민족 전체의 이익으로 환원하는 엘리트층의 사관일 수밖에 없다. 따라서 민족의 하부를 이루는 민중의 시선으로 역사를 보는 민중사학이 민족사학으로부터 분리되는 것은 정해진 수순이었다. 민족사학이 공동체의 영웅이나 왕조의 지배자를 가리지 않고 민족의 원형과 동력을 찾는 반면, 민중사학은 억눌린 상태를 벗어나기 위해 애쓰던 민의 항쟁에 초점을 맞춘다.

그러나 한국에서 민족사학과 민중사학은 상당 기간 미분화된 상태로 있었거나 동반자의 길을 갔다. 제국주의와 민족 억압이라는 공동의 적이 있었기 때문이다. 정치 세계에서 중국의 국공합작, 한국의 신간회와 조선민족혁명당 같은 좌우 연합이 가능했던 것과 마찬가지 이치이다. 게다가 해방 후에도 외세의 영향으로 남북이 분단되고 미국에 대한 의존이 지속되는 바람에 민족사학과 민중사학은 연대의 끈을 놓지 않았다. 지금도 한국에서 민족사학이 좌파 역사학의 대명사처럼 불리는 현실은 여기서 유래한 것이다.

그런데 보수적 민족사학은 민족국가라는 외피를 얻은 직후부터 민중사학의 눈치를 보지 않고 국가 엘리트의 특수한 이익을 국가와 민족의 보편 이익으로 포장하는 공식 역사의 구성에 매달렸다. 친일파척결, 분단 극복, 외세 배격 등 여전히 정당성을 갖는 민족적 과제는 민중사학의 끈을 놓지 않는 진보적 민족사학의 몫으로 남아 있다. 하지만 그 끈도 1990년대 들어 좌파의 로망이던 소련과 동구권이 무너지고 국내의 정치 지형도 보수화되면서 눈에 띄게 약해졌다.

오늘날 역사에서 민중은 사라지고 한국 자본의 존엄을 높여주는 민족의 극화된 과거만이 활개치고 있다. 고대의 정복 영웅들과 민족의 위대한 군주들이 안방극장, 은막, 서점가를 정복했다. 나아가 이른바 인문학 열풍 속에서 역사학은 현존 질서를 유지·확장하는 데 필요한 데이터베이스 노릇까지 하고 있다. 정치인과 CEO들의 리더십을 논하는 자리에 왕정 시대의 지배자들이 불려나오고, 사교육 시장의 팽창을 위해 왕세자들이 불려나와 경전을 읽는다. 현대 한국의 엘리트들이 아직 감히 따라가지 못하는 조선시대의 완벽한 통치 체제를 강론하면서 전제군주를 드높이는 역사학자의 사례는 차라리 애교에 속한다.

'트랜스내셔널 역사학', 민족과 민중을 넘어 어디로

1990년대 말 신자유주의가 본격적으로 한국을 덮친 가운데 주류 민족사학에 도전장을 내민 이들이 있었다. '트랜스내셔널 역사학'이라는 생경한 코드를 공유하는 그들은 민족사학이 쌓은 국사의 아성을 허물고 민족국가를 초월한 역사 체계를 수립하자고 주장했다. 이들에 따르면 국사란 국가권력을 정당화하기 위해 민족의 역사를 신화화하는 것으로, 서유럽에서 근대적 역사 서술의 지배적 패러다임으로 발명된 뒤 전 세계로 수출되었다.

스페인과 축구를 하는 팀은 자기 스타일을 잃고 스페인처럼 화려한 경기를 하려는 경향이 있다고 한다. '트랜스내셔널 역사학'의 설명은 이 이야기를 연상케 한다. 세계의 각 지역은 서유럽이 창조한 근대 세계에 휩쓸린 뒤 서유럽을 흉내 내 민족국가를 세우고 국사를 만드는 유혹에 빠진다는 것이다. 아시아에서는 일본이 가장 먼저 서유럽과 닮은 국사를 주조했고, 일본의 지배를 받은 한국은 일본의 국사를 쏙 빼닮은 국사 체계를 만들어냈다. 오늘날 한·중·일 3국의 국가권력은 다투어 자신의 국사를 지키고 확장하기 위한 역사 전쟁을 벌이면서 이를 통해 국민을 권력 주변에 집결시키는 '적대적 공존'을 하고 있다. 이 문제를 해결하려면 국사를 해체해야 한다는 것이 이 역사학이 내린 결론이다.

그렇다면 국사의 대안은 무엇일까? 학자마다 조금씩 대답이 다른데, 선두 주자인 임지현은 아예 대안이 없다고 말한다. 문제는 판도라의 상자를 열어젖히는 것이지 그다음에 무엇이 나오고 어떻게 될지는 자신도 모르겠다는 것이다. 그리고 아직까지는 판도라의 상자도 제대로 열지 못한 것 같다. 국사를 해체하려 하면 할수록 국가는 더욱 강고한 생명력을 유지하더라는 고백이 이를 말해준다. 유럽에서 각국의 국사를 해체하여 전 유럽의 역사를 만들려고 했더니 유럽이라는 거대한 국가의 역사가 되더라고 한다. 동아시아도 그러지 말라는 법이 없다는 데 이들의 고민이 있다.

그렇다면 이들은 역설적으로 지금까지 민족사학이 철옹성이라는 것을 입증해온 셈이다. 그들의 말에 따르더라도 민족사학은 근대의 패권적 역사학이므로 근대가 건재한 한 건재할 것이다. 근대는 곧 자본주의다. 민족사학이 근대 자본주의 체제에 최적화된 역사학이라면, 이는 자본주의를 넘어서는 이론을 세워 실천할 때 극복할 수 있을 것이다. 그런데 트랜스내셔널 역사학이 그럴 의사와 능력이 있는지는 의문이다.

트랜스내셔널 역사학은 민족사학뿐 아니라 민중사학에 대해서도 비판적이다. 민중 해방을 추구하면서도 민족사학이 쳐놓은 일국사의 틀 안에 갇혀 있다는 것이다. 그리고 민중사학은 민중을 정치적 도구로 삼았을 뿐 현실에 존재하는 민중의 문화적 다양성은 무시했다고 비판한다. 그러면서 정치적이지 않은 삶을 살았던 민중 속으로 달려간다. 동학농민운동에 휩쓸리지 않은 대다수 양민들, 일제에 저항하지

"1990년대 이후 민족사학이 보수화하고 '트랜스내셔널 역사학'이 세를 넓히면서 '민중'은 촌스러운 언어가 되었다. 1980년대에 역사의 주인공으로 급부상했던 민중은 다시 변방으로 밀려나 자신의 역사를 잃어버린 존재가 되었다. 이는 신자유주의가 발호하면서 자본이 확고한 권력을 쥐고 민중이 몰락해간 현실과 맥을 같이한다."

못하고 카페와 영화관에서 근대에 적응하던 소시민들, 노동운동을 주도하는 '노동계급'이 아닌 그냥 '노동자'들……. 이런 사람들을 조사하고 인터뷰하면서 걸핏하면 '있는 그대로의 민중'을 본다고 한다.

민중사학의 과제는 인간 해방이다. 그런 민중사학을 극복한다면서 해방을 갈구하는 인간으로서의 민중이 아닌 체제 내에서 피동적으로 살아가는 민중의 모습을 다양하게 보여주는 것이 무슨 의미가 있을까? 천년만년 그런 모습으로 살라는 이야기가 아닌가?

민중사학의 부활을 꿈꾸며

1990년대 이후 민족사학이 보수화하고 '트랜스내셔널 역사학'이 세를 넓히면서 '민중'은 촌스러운 언어가 되었다. 1980년대에 역사의 주인공으로 급부상했던 민중은 다시 변방으로 밀려나 자신의 역사를 잃어버린 존재가 되었다. 이는 신자유주의가 발호하면서 자본이 확고한 권력을 쥐고 민중이 몰락해간 현실과 맥을 같이한다.

민중을 역사에서 배제하는 과정은 민중의 주체적 역량을 폄하하는 데서 시작되었다. '트랜스내셔널 역사학'이 즐겨 공격하는 역사 이론 중에 내재적 발전론이라는 것이 있다. 우리 사회 내부에도 근대 자본주의로 가는 싹이 있었는데 외세의 침략을 받아 왜곡되었다는 이론이다. 트랜스내셔널 역사학은 그것이야말로 우리도 서유럽과 똑같은 역사 발전 경로를 걸었다고 말하고 싶어 억지로 꾸며낸 허구라고 비판했다. 근대 지향의 민중운동으로 평가받아온 동학농민운동도 같은 맥락에서 폄하되었다. 왕정 질서를 부정한 적이 없는 농민운동을 무리하게 근대적 반제 반봉건 운동으로 '조작'했다는 것이다. 우리 민중이 꼭 서구적 근대로 나아가고 있었다고 해야 자존심이 충족되겠느냐는 비아냥거림이 뒤를 이었다.

그런데 지금 한국 민중이 마주하고 있는 현실은 서구적이든 뭐든 어김없는 자본주의 사회다. 따라서 지금까지의 한국사는 자본주의로 나아가는 필연의 과정일 수밖에 없다. 그렇다면 한국사에서 자본주의의 내재적 동력을 찾는 것은 지극히 당연하다. 만약 내재적 발전론에서 주장한 조선 후기 자본주의 맹아의 출현이 근거가 부족하다면, 그리고 동학이 서구적 의미에서 근대적 가치를 주장한 것이 아니라면, 도대체 이놈의 한국적 자본주의, 한국적 근대는 어디에서 비롯되어 어떤 메커니즘 속에서 발생·진화·사멸해가는지 치열하게 탐구해야 한다. 그러한 메커니즘은 두말할 나위 없이 내재적 동력을 찾아야만 규명될 것이다. 이를 부정하는 사람은 한국 사회를 외부 충격에 따라 움직이는 로봇으로 보는 것이고, 이는 결국 식민사학의 아류로 귀결된다.

사람들은 새로운 것에 혹하는 경향이 있다. 그러나 1990년대 이후 낡은 것으로 치부된 민중사학은 수억 인류의 삶을 바꿔놓은 역사적 실천을 보석처럼 품고 있다. 민중을 역사의 주체로 복권시키는 작업은 무고와 참소를 두려워하지 말고 이를 계승·발전시키는 데 있다고 믿는다.

21장 동양 현대 철학은 가능한가

신정근●

동양철학이 처한 역설적 상황

인문학의 위기라는 주장이 나온 지 꽤 오래되었다. 그중에서도 철학은 더 혹심한 추위를 견디고 있다. 문학의 경우 한국 현대 문학은 전문가와 일반인에게도 전혀 낯설지 않고 동시대 작가들이 작품을 쏟아내고 있다. 사학계에서는 역사를 과거로만 한정하는 시각을 교정하기 위해 일찍부터 고등학교의 근현대사 교과서를 집필하여 수업을 진행하며 현재의 가치를 일깨우고 있다. 이와 달리 철학은 현실과 교육

● 서울대학교 철학과에서 동서 철학을 배우고 동양철학으로 석사와 박사 학위를 받았다. 성균관대학교 유학대학에서 10여 년간 재직해왔다. 쓴 책으로『동양철학의 유혹』,『사람다움의 발견』,『사람다움이란 무엇인가?』,『어느 철학자의 행복한 고생학』,『중용, 극단의 시대를 넘어 균형의 시대로』,『마흔, 논어를 읽어야 할 시간』,『철학사의 전환』,『신정근 교수의 동양 고전이 뭐길래?』 등이 있고, 옮긴 책으로『동중서의 춘추번로: 춘추 역사 해석학』,『백호통의』,『세상을 삼킨 천자문』,『유학, 우리 삶의 철학』,『동아시아 미학』 등 30여 권의 책이 있다.

의 영역에서 자신의 존재를 알릴 제도를 전혀 마련하지 못하고 있다.

철학이 역사의 일정 단위와 만나면 고대 철학, 중세 철학, 근대 철학 그리고 현대 철학 등의 조어가 생겨난다. 이중 '현대 철학'이 다시 특정 지역과 결합하면 서양 현대 철학, 동양 현대 철학, 동아시아 현대 철학, 한국 현대 철학 같은 말들이 탄생한다. 우리는 '서양 현대 철학'에 익숙하고 그것을 알고 싶어 한다. 반면 동양 현대 철학, 동아시아 현대 철학, 한국 현대 철학 등은 현실 세계가 아니라 가능 세계에 있는 듯하며 낯설고 과연 배울 만한 가치가 있을까 하는 의구심을 품게 한다.

동양철학의 경우 역설적인 현상이 있다. 사람들은 '동양 현대 철학'에 낯설어하지만 '동양 고전'은 반가워한다. 동양 현대 철학은 몰라도 좋지만 동양 고전은 알아야 하므로 배우려고 한다. 오늘날 동양철학은 '고전'으로 환영받지만 현대 철학 중의 하나로 대접받지 못한다는 점을 알 수 있다. 동양철학자들은 일반 대중과 다른 분야 전공자의 사랑을 두루 받고 싶어 하지만 현대 철학이 부재한 탓에 마니아와 일시적인 유행이라는 테두리를 벗어나지 못한다. 현대 철학이 없다는 것은 동양철학의 다양한 전공 중의 하나가 없다는 것뿐만 아니라 학문적으로 현대(인)와 소통하지 못한다는 사실을 의미한다.

이러한 측면에서 동양철학이 과연 고전을 넘어 현대 철학의 하나로 자리매김할 수 있을지 가능성을 따져볼 만하다. 현대 철학이 없다면 동양철학은 빛나는 문화유산으로서 정리와 해설의 대상으로 남을 것이고, 현대 철학이 있다면 동양철학은 현대 사회로 옮겨올 수 있는 기회를 손에 쥘 것이다. 오해를 피하기 위해서는 개념 정의가 필요하다. '동양 현대 철학'은 전통 철학이 하저 매라과 현대 사이의 상황은 대결시켜 현대인과 현대 사회에 비판적 사고를 감행하고 정당화할 수 있는 전망을 제시하기 위해 재구성된 철학을 말한다.

개화파와 위청척사파의 대립과 그후

전근대 학문은 경사자집(經史子集)과 하위 단위로 분류되었다. 철학은 이중 어디에도 들어 있지 않았다. 잘 알다시피 철학(哲學)은 일본의 니시 아마네(西周)가 19세기 중반에 제시한 'philosophy'의 번역어이다. 우리나라는 20세기 초엽에 이정직과 이인재가 각각 칸트 철학과 서양 고대 철학사를 다루면서 '철학'이란 용어를 처음 사용한 것으로 밝혀졌다. 특히 이정직은 '철학'을 일본에서 직접 배운 것이 아니라 량치차오(梁啓超)를 통해 간접적으로 알게 되었다.

'philosophy'는 어원에 따르면 애지(愛知), 즉 지에 대한 사랑이라는 뜻이다. 여기서 알 수 있듯이 이 말은 세계를 가능하게 하는 근원에 대한 앎을 강조한다. 중국 학계는 2000년 무렵에 자신의 학적 전통에 'philosophy'가 전제하고 탐구하는 앎이 있느냐 없느냐를 두고 논쟁을 벌였다. 이중에 거자오광(葛兆光)은 전통 학문에는 'philosophy'에서 전제하는 순수하고 추상적인 앎이 없고 지식과 실천의 연계가 중요하게 나타나므로 철학 대신에 사상(思想)을 사용하자고 제안했다. 이 주장 역시 전통 시대의 학자들이 자신의 학문 활동을 실제로 '사상'으로 의식하고 있었느냐 하는 질문에서 자유롭지 않다.

개인적으로 앎의 의미를 좀 더 넓게 이해한다면 'philosophy'는 『논어』에 나오는 호학(好學)이나 호모(好謀)에 가장 잘 대응한다고 생각한다. 양자는 어원과 의미에서 상당한 일치를 보인다. 호학과 호모의 전통 학문은 철학으로 대체되기 이전까지 사회질서의 원칙으로서 개인과 사회를 규제하는 원리로 기능했다.

서세동점의 물결과 더불어 19세기에 이르면 그러한 기능이 단순한 논쟁과 변신에 그치는 것이 아니라 근원적인 위기에 봉착한다. 특히 일본 제국주의의 침략에 맞서 조선이 대한제국으로 바뀌면서 우리는 사회적으로나 학문적으로 일대 소용돌이에 휩싸이게 되었다. 개화파는 전통과의 단절만이 신세계를 열 수 있으리라 판단했고 위정척사파는 전통의 수호만이 양이(洋夷)와 왜이(倭夷)로 표상되는 야만의 도전을 물리칠 수 있다고 보았다.

개화파와 위정척사파의 대립은, 호학과 호모의 학문 활동이 철학의 이름으로 대체되는 전환을 상징하는데 이것은 이후에 나타난 학문 활동의 특성을 규정하기도 한다. 첫째, 호학과 호모로서 '동양철학'은 개화파와 위정척사파의 대립 이후에도 사회질서의 원칙으로서 전면적인 기획·주장·실천에 나설 기회를 잡지 못했다. 즉 호학과 호모는 새로운 생활 세계의 도래와 함께 현실을 규제하는 데 필요한 접점을 상실한 것이다.

둘째, 호학과 호모를 대체한 '동양철학'은 '서양철학'과 대등하게 정립하지 못하고 서양철학의 다른 이름에 불과한 '철학' 중의 하나로서 자생의 기반을 확보해야 했다. 하지만 동양철학은 늘 서양철학(또는 철학)을 기준으로 삼아, 스스로 무엇임을 주장하지 못하고 "얼마나 (서양) 철학적인가?"를 반쳐야 했다. 예컨대 후스(胡適)와 펑유란(馮友蘭)은 철학사를 집필하면서 동양철학에 "얼마나 과학적이고 민주주의적인 점이 있는가?"를 밝히고자 했다. 그래야만 철학의 리그에서 살아남을 수 있다고 생각했기 때문이다. 요즘도 서양철학자들은 동양철학에서 쓰는 용어가 맞는지 따지는 검열자 노릇을 하려 든다.

셋째, 주류의 위치를 차지한 (서양)철학은 세 가지 특성을 띠게 되었다. 하나는 약자(동양)가 배워서 강자(서양)와 같아질 수 있는 방법론으로서 철학이다. 19세기 말과 20세기 초에 다양한 서양철학이 소개되었지만 그중에서도 사회진화론이 가장 주목을 받은 데서 그 일면을 엿볼 수 있다.

다음으로 서양철학이 삶(세계)에 대한 철학적 재구성이나 대응 과정이 아니라 완전무결한 새로운 경전으로 간주됨으로써 우리가 열위에서 학습하고 존경하는 대상이지 대등한 지위에서 비판하고 토론할 수 있는 대상이 되지 못했다. 서양철학이 새로운 정학(正學)이 된 것이다.

마지막으로 식민지화로 인해 우리나라 사람들은 철학의 영역을 개인과, 개인의 내면에 한정해 철학과 삶(세계)의 연계성을 외면하게 되었다. 이는 조선시대의 여성 불교가 현대의 남성 실존주의로 바뀐 것이라 할 수 있다.

이렇게 보면 개화파와 위정척사파의 대립 이후에 우리는 동양철학과 서양철학, 즉 모든 철학에서 홍윤기의 표현에 따르면 "철학의 내재적 동력으로서 철학함"과 "학문으로서의 철학"의 괴리를 막을 수 없었다.

"동양 고전에 머무른다면 철학자가 동양철학의 테제를 정립하는 것이 아니라 고전이 스스로 말하는 격이다. 이는 동양 고전에 대한 과잉 기대이다. 과잉 기대인 만큼 폐해가 적지 않다. 왜냐하면 동양철학이 고전의 지위에 있는 한 연구자는 뒤로 물러나고 고전이 앞에 등장하기 때문이다."

비판과 자성의 목소리들

한국의 철학을 두고 여러 가지 자조적인 목소리가 나온다. 완제품을 수입해서 포장도 뜯지 않고 가르친다고 비판하거나 철학의 학계를 종합상사의 한국 지사나 출장소라고 낮추어 말하기도 한다. 또 서구의 철학 풍조가 바뀌면 한국의 철학 연구자들이 기존 철학에 대한 아무런 반성 절차 없이 새로운 전공으로 갈아탄다고 비아냥거린다. 이는 20세기 초에 '철학'이 소개된 이래로 많게는 1세기가 훌쩍 지났지만 한국의 목소리를 담은 자체 철학을 탄생시키지 못한 실상을 신랄하게 꼬집는 말이라고 할 수 있다.

전체적으로 보면 비판하는 목소리가 높지만 희망의 움직임이 전혀 없는 것은 아니다. 20세기 초에 서양철학이 수용되는 과정을 전반적으로 정리하고3 근현대사에 걸쳐 식민지 해방과 조국 근대화를 위해 철학 작업을 진행했던 철학자의 공과를 밝혀내는 중이다. 이러한 과정에서 자연스럽게 '한국 현대 실천 철학'과 '한국 현대 철학'의 위대한 출발을 위한 주춧돌이 놓이고 있다.

김석수는 강단 철학이 겪는 악순환에 관한 고민을 토로한다. "내가 배운 철학이 플라톤, 아리스토텔레스 (……) 헤겔, 마르크스 등 서양의 철학이었기 때문에 내가 가르칠 수 있는 것도 이들의 이론이 아닐 수 없었다. 내가 이 땅의 현실을 담은 철학을 하지 못했듯이 내게 배운 학생들 역시 이 땅의 현실을 담은 철학을 하지 못했다." 이에 그는 다원주의, 시민사회론, 지방의 문제, 자치의 문제 등을 중심으로 한국 현대 실천 철학의 전개 양상을 재검토했다.

씨알학회와 근현대 한국 사상사 연구 모임은 "한국에서의 철학 연구는 동양과 서양으로 나누어 주로 강대국(중국, 미국, 영국, 독일, 프랑스)의 사상들 가운데 주류로 알려진 것을 중심으로 이루어져왔다."고 진단했다. 나아가 "한국에서 동양과 서양을 분명하게 분리하는 태도는 20세기 초 일본의 동양 통합론에 의해 더욱 확산되고 습관화되었다."고 고백했다. 이러한 동서 분류의 관행에도 불구하고 서양철학과 동양철학은 소개와 모방을 벗어나지 못했다고 자평한다. 하지만 이들은 "그동안 비주류이자 비체계적인 가치관으로 치부돼왔던 근 100년간의 한국 사상사를 철학이라는 이름으로 연구하여 발간하는 것은 한국 사상계의 난국을 타개하는 데에 하나의 출발점이 될 수 있을 것이다."라고 주장하면서 한국 현대 철학의 본격 연구를 예고하고 있다.

아울러 홍윤기는 "동아시아 현대 철학의 최대 과제는, 서양철학에서 수용된 '이성 구도'를 동양철학의 '도·리(道·理)' 기획 및 동아시아 현대사의 경험과 접합하여 철학함의 내공을 확실하게 다지는 일일 것이다."라는 제안을 통해 동아시아 현대 철학의 가능성을 제안한다.

그렇다면 동양철학 연구자들은 동양 현대 철학의 가능성을 얼마나 진지하고 검토하고 있을까? 타이완을 중심으로 일찍이 전근대 유학의 가치를 현대에 확대·적용하기 위해 '현대 신유학'이란 운동을 펼쳐오고 있다. 이들은 정학과 사학(邪學)의 이분법을 완전히 떨쳐버리지 못한 채 유학의 전근대적 요소(삼강, 삼종지도 등)와 근대적 요소(성선, 인간의 관계성 등)를 구분해서 후자와 현대의 접점을 시도하고 있다.

우리나라로 보면 동양철학 연구자가 학문 활동의 방향과 목표를 동양 권내 철학의 정립에 두는 경우는 흔치 않다. 가령 수세헌 유형은 근본주의와 환원주의의 양상을 나타낸다. 환원주의는 현대 사회의 병리 현상을 탈맥락적으로 동양철학의 개념, 인물, 사상과 유비시켜 이런 방안의 만능성을 주장하는 식이다. 예컨대 공직자의 부패가 문제되면 청백리를 소환하고, 가족의 패륜 범죄가 일어나면 효(孝)를 해결책으로 들먹이고, 권리의 충돌이 주제가 되면 도의(道義)를 강조하고, 정치적 갈등이 고조되면 화합의 가치를 역설하고, 환경과 생태 문제가 등장하면 천인합일(天人合一)을 강조한다. 이에 따라 철학적 논증은 유비로, 엄밀성은 장황한 열거로 대체된다. 더 나아가 유비와 열거는 정식화가 아니라 구호로 정리된다. "효가 살아야 나라가 산다." "가정이 화목해야 하는 일이 잘된다."

이러한 환원주의의 또 다른 모습이 근본주의 성향이다. 현대 사회의 모든 문제는 서양철학 또는 서구 문명의 한계에서 비롯되었으므로 동양철학으로 돌아가 그 가치를 존중하면 모든 문제가 풀린다는 것이다. 이는 전통문화에 친숙한 사람들에게 득의에 찬 만족과 위안을 줄 수 있겠지만 그렇지 않은 사람에게는 냉소주의와 허무주의를 안길 뿐이다. 이 때문에 김용옥 같은 슈퍼스타가 동양철학의 현재적 가치를 설파하면 귀를 기울이지만 그 열기는 금세 식어버린다.

동양 현대 철학을 위해서

동양 현대 철학의 정립을 위해서는 동양철학이 고전의 지위에 안주하지 않고 환원주의와 근본주의의 만능에서 벗어나야 한다. 동양 고전에 머무른다면 철학자가 동양철학의 테제를 정립하는 것이 아니라 고전이 스스로 말하는 격이다. 이는 동양 고전에 대한 과잉 기대이다. 과잉 기대인 만큼 폐해가 적지 않다. 왜냐하면 동양철학이 고전의 지위에 있는 한 연구자는 뒤로 물러나고 고전이 앞에 등장하기 때문이다. 연구자가 고전 앞에 모습을 드러낸다고 해도 그는 경서(고전)를 풀이하는 해설사이니 텍스트와 싸우면서 대화하는 철학자가 될 수는 없다.

환원주의의 습관에서 벗어나지 못한다면 동양철학자들은 필요에 따라 이미 밝혀진 결론을 끄집어내는 게으른 탐구자가 될 뿐이다. 나아가 자신의 게으름을 돌아보지 않고 현대인의 게으름을 질타한다. 동양철학에 현대 사회의 병리 현상을 치유할 해답이 모두 들어 있는데도 불구하고 현대인은 그것을 들추어보려고 하지 않는다고 생각한다. 근본주의는 주장하는 바를 현실에 구현할 수 있는 정치 동력을 갖지 못하면 한갓 희망 사항에 지나지 않는다. 그런 식이라면 동양철학은 결코 엄밀한 논리적 사유의 길로 나아갈 수 없다.

동양철학이 동양 현대 철학으로 탈바꿈하기 위해서는 두 가지 길을 걸을 수밖에 없다. 첫째, 자기 변신 과정으로서 철학사 읽기이다. 동양철학은 경서(經書)의 주석 형식으로 연구되어온 탓에 사람들은 철학의 역사는 곧 동일성의 재연이라고 생각한다. 분명 주석은 학문의 중요한 방법이지만 주석 달기가 곧 기존 견해의 반복과 답습을 의미하지는 않는다.

후배는 선배와 다른 주석을 경서에 밀어 넣어 경서의 의미를 뒤흔들어놓았다. 예컨대 주희와 정약용의 사서 해석을 비교해보라. 주희는 주관의 극단적 확신이 가져오는 문제를 해결하기 위해 사서 곳곳에 규범의 객관성으로 해석하는 장치를 매설했다. 반면 정약용은 눈부신 광휘를 내뿜는 객관적 규범이 도덕적 개인과 도덕적 사회를 만드는 데 무기력하다는 점을 비판하고 경서의 여러 곳에서 규범의 인격성을 들추어내고 있다.

주석 이외에도 학습과 토론의 공론장인 강학(講學), 자유로운 학술적 글쓰기인 논(論)과 원(原), 논적과 쟁점을 다투던 서(書) 같은 방법이 있었다. 그들은 이처럼 다양한 방법을 종횡으로 사용하면서 철학사의 홀로서기를 시도했던 것이다. 우리가 그들의 홀로서기를 오롯이 새롭게 밝혀낸다면 동양철학은 다시금 철학으로 홀로서는 방법과 내용을 갖추게 될 것이다.

둘째, 중심과 주변의 재배치이다. 철학사를 보면 서양과 마찬가지로 동양도 주제와 현안이 교체되곤 했다. 세계의 근원으로서 기(氣)와 리(理), 도덕의 근원으로서 심(心)과 성(性), 인간의 자연성으로서 성(性)과 욕(欲) 등은 왕좌에 오르기도 하고 내려가기도 했다. 이처럼 중심과 주변을 새로이 조정함으로써 현대 철학을 할 수 있는 것이다.

예컨대 최한기의 길은 현대화를 위한 유효한 전략이 될 수 있다. 그는 서양 과학의 영향을 받아 오행과 음양의 과도한 물질성과 상징성이 자연과 인간을 설명하지도 규정하지도 못한다는 사실을 깨달았다. 아울러 초월과 내재의 모순을 지닌 리를 기의 내재적 규칙으로 재해석함으로써 세계를 있는 그대로 인식하려는 지평을 마련했다. 이로써 리와 기의 중심과 주변 관계가 역전되었다. 이후에도 최한기는 성 차별, 신분 차별, 아동 학대 등 억압과 부자유를 자연 질서로 당연시하던 세

계관을 전복하기 위해 이를 근대성과 호응하는 리(理)로 전환시키고자
했다.

'동양 현대 철학'은 동양철학이 당대인과 소통하기 위해 동양 고전
의 틀에 안주하지 않고 나아가야 할 방향이다. 현대 철학이 없다는 것
은 더 이상 자기 변신을 할 수 없는 죽은 학문이 된다는 말이다. 이 상
태에서는 동양철학이 더 이상 시대를 뛰어넘는 가치를 가진 고전(古典)
이 되지 못하고 오래된 침전물로서 걷어내야 할 대상으로서 고전(古澱)
이 된다.

누가 동양 현대 철학의 출현을 부정할 수 있겠는가! 이제 동양 현대
철학의 가능성을 현재성으로 바꾸기 위해 작은 걸음을 내디딜 때이
다. 신채호의 외침에 답할 때인 것이다.

> 우리 조선 사람은 매양 이해 이외에 진리를 찾으려 하므로, 석가가 들어
> 오면 조선의 석가가 되지 않고 석가의 조선이 되며 공자가 들어오면 조선
> 의 공자가 되지 않고 공자의 조선이 되며, 무슨 주의가 들어와도 조선의
> 주의가 되지 않고 주의의 조선이 되려 한다. (……) 아! 이것이 조선의 특색
> 이냐, 특색이라면 특색이나 노예의 특색이다.
>
> 「낭객의 신년만필」,《동아일보》, 1925.

22장 한국에서 정신분석은 환자를 치료하는가

맹정현[•]

인문학 속에 갇힌 정신분석

프로이트가 무의식이라는 신대륙을 발견한 지 100년이 되었지만, 실제 정신분석이 우리에게 주된 화두로 등장한 것은 비교적 최근의 일인 듯하다. 1990년대 말쯤이던가? 인문학계에 불어닥친 프랑스 사상의 열풍 속에서 덩달아 프로이트의 전집이 번역되어 경이로워 보이기도 했다. 하지만 당시 프로이트는 정신분석과는 무관하게, 소위 포스트구조주의나 포스트모더니즘의 유행에 덤으로 끼어 '주체의 죽음'을 보여주기에 적합한 사유의 한 갈래 이상은 아니었다. 그러다가

[•] 서강대학교에서 불문학을 공부하고 파리 8대학에서 정신분석학 석사, 파리 7대학에서 정신분석학 및 정신병리학 박사를 취득했다. 정신분석클리닉 헤윰을 운영하면서 서울정신분석포럼(SFP)에서 정신분석학을 가르치고 있다. 옮긴 책으로 라캉의 『자크 라캉 세미나 11권: 정신분석의 네 가지 근본 개념』이 있고, 지은 책으로 『리비돌로지』가 있다.

2000년대에 찾아온 인문학 열풍은 이렇게 '인문학적으로' 해석된 정신분석학을 한층 더 통속화하는 계기가 되었다.

이렇듯 정신분석에 대한 관심은 높아졌지만, 인문학 자체가 설정해 놓은 경계선을 넘어서진 않았다는 점에서 한계 역시 명백한 것이었다. 일종의 전문화된 아마추어리즘이라고 해야 할까? 인문학자들은 정신분석 개념들의 독창성에 매혹되어 그것들을 매우 대범하게 문학작품과 문화 현상들에 적용하며 즐거워했다. 하지만 막상 실천의 차원에서 그것을 인간 정신에 적용해 치료할 수 있다는 생각으로는 나아가지 못하고 머뭇거리며, 전문화된 정신분석 연구로 가는 길을 넓히진 않았던 것 같다.

물론 이러한 상황은 정작 정신분석 연구를 해야 할 곳에서 그러한 관심에 적절하게 응하지 못했다는 데도 원인이 없지 않을 것이다. 따지고 보면, 정신분석이 있어야 할 자리는 원래 정신의학과 심리학, 그 옆이 아니었던가? 정신분석의 수용사라는 관점에서 볼 때, 한국은 아시아의 이웃 나라들에 비해 결코 뒤지지 않는다. 국내 최초의 정신분석가로 알려진 김성희가 1940년대 일본에서 정신분석학을 공부하며 교육 분석을 받고 귀국한 후 전남대에 정신의학과를 창설한 후, 나름 정신의학계는 정신분석의 명맥을 유지하기 위해 노력했다. 하지만 그토록 유구한 역사를 가지고 있음에도 지금껏 정신분석학이 우리 문화 속에 안착하지 못한 것은 정신의학이 정신분석을 '학(學)'이 아닌 '술(術)'로 바라보는 관점(치료를 위한 하나의 방법론에 불과하다고 여기기 때문에 정신분석의 학문적 전제들을 진지하게 고려하지 않으려는 태도들)을 고수했고, 특유의 엘리트주의에 간혀 대중과 인문학자들이 요구에 충분히 화답해주지 못했기 때문이 아닐까?

심리학 관련 저널이나 심리학 학위 논문에서 정신분석과 관련된 연구들을 거의 찾아볼 길이 없다는 것도 이러한 상황을 방증한다 하겠다. 정신분석에 관심을 갖는 소수의 심리학자들이 있긴 했지만, 이들 역시 정신분석을 연구 대상이라기보다는 치료를 위한 기술 정도로 치부하는 학계의 분위기를 크게 바꾸진 못한 것 같다. 특히 인간의 심리를 다루는 심리학이 스스로를 강박적으로 계량화하면서 인간과학에서 사회과학 쪽으로 옮겨감으로써 질적인 연구보다는 양적인 연구가 우선시되었고, 급기야 정신분석에 대한 연구는 문학 연구자들의 몫이 되어버렸다.

그래서인지, 지역마다 정신분석연구소가 있을 뿐만 아니라 주요 대학에 정신분석학과가 설치된 외국과 달리, 국내 대학들은 유독 정신분석학에는 문을 여는 데 주저했다. 그럼에도 대중의 관심은 비교적 높은지라, 최근 대학 교육의 부족한 틈을 메우기 위해 속속 문을 연 대안학교에서 정신분석 강좌는 늘 인기 강의였고 외부 연구소는 수강생들로 북적였다.

정신분석의 방법과 차별성

이것이 정신분석과 관련한 국내 학계의 현실이라면, 이러한 부조화의 직접적인 피해는 대중의 몫이 될 것이다. 불균형한 정보 수급으로 인해, 막상 정신분석 치료에 관심이 있는 사람들은 그것이 먼 나라 이야기인 듯 여겨져 선뜻 용기를 내기가 쉽지 않다. 용기를 내어 분석가와 약속을 잡고 카우치에 누워보지만 분석 방법들은 너무나 낯설기만 하다. 혹은 조급한 마음에 마술 같은 치료법을 기대하면서 단 몇 회의 세션만으로 고통에서 해방될 수 있을 것이라 생각하지만, 그것은 말 그대로 환상에 불과하다.

외국 영화에 등장하는 몇몇 장면들을 동경하며 분석에 임하지만 정신분석의 제1원칙, "자신의 머릿속에 떠오르는 모든 것을 이야기하라."는 '자유연상'의 원칙을 실행에 옮기기란 쉽지 않다. 한 번도 해본 적이 없는 이야기이기 때문에 어떻게 이야기를 꺼내야 할지 모르는 게 당연하고, 스스로 용납할 수 없는 일이었기에 (애초의 증상을 만들어낸 것인 만큼) 그것을 털어놓기도 너무나 어렵다. 하물며 성적인 주제를 암시할 때는 정신은 다시 한번 경직되곤 한다. 물론 의식의 저항감을 대신해 꿈이나 말실수, 말과 말 사이의 틈이 나서 무의식을 대변해주기에 나름 지원군이 없진 않지만, 한국 문화 특유의 조급함은 곧바로 분석에 대한 저항감으로 변질되기 쉽다.

정신분석 치료에 대해 별로 알려진 바가 없기에, 정신분석과 기타 유사한 영역, 가령 정신의학이나 심리치료 사이에서 도대체 어떤 치료법을 택할 것인지 의문이 생기는 것도 당연하다. 정신의학과 정신분석의 차이를 단적으로 설명하자면, 정신의학이 인간의 정신질환을 하드웨어의 관점에서 바라본다면, 정신분석은 동일한 문제를 소프트웨어라는 측면에서 접근한다고 할 수 있다. 컴퓨터를 쓰다 보면 하드웨어에 고장이 날 수도 있지만 소프트웨어를 잘못 운용해 시스템에 문제가 발생할 수 있듯이, 인간은 특별한 기관의 오류 없이도 생각이나 경

"특히 인간의 심리를 다루는 심리학이 스스로를 강박적으로 계량화하면서 인간과학에서 사회과학 쪽으로 옮겨감으로써 질적인 연구보다는 양적인 연구가 우선시되었고, 급기야 정신분석에 대한 연구는 문학 연구자들의 몫이 되어버렸다."

험의 차원에서 문제를 발생시킬 수 있다.

그리하여 약물이 누구에게나 적용될 수 있는 보편자를 겨냥한다면, 정신분석은 소프트웨어의 문제는 해당 소프트웨어가 운용되어온 특수한 방식들을 점검할 때에만 해결할 수 있다는 것을 전제한다. 무엇 때문인지 몰라도 어느 날 갑자기 세상이 달라 보이고, 이유 없는 불안감에 사로잡히면서 미래가 보이지 않는다면, 이는 자신의 삶이 그동안 삶의 지표로 삼았던 보편적인 매뉴얼에 의해 지탱될 수 없기 때문일 것이다. 결국 문제를 풀기 위해서는 우선 엉켜버린 삶의 실타래를 삶 자체에서 풀어야 할 것이다.

이것이 정신분석이 다른 모든 '심리치료'와 함께 공유하고 있는 전제라면, 정신분석은 한 걸음 더 나아가 이러한 문제의 원천으로 우리가 '의식'이 아니라 '무의식'의 장에 있다는 테제를 제시한다. 즉 심리적인 문제로서의 증상은, 우리가 우리 자신에 대해 생각하는 지점이 아니라 우리 자신이 우리 안에서 타자가 되는 지점에서 기인한다는 것이다. '무의식'이란 인간 내면의 어두운 힘, 야만적인 힘이 아니라 우리가 살아오면서 지워버렸지만 그럼에도 우리의 현재 모습을 결정한 삶의 흔적들이다. 내가 사랑했지만 잊어야 했던 연인들의 흔적이며, 내가 되고자 했지만 될 수 없었던 이상(理想)의 흔적들이며, 나를 낳아준 사람들, 나를 길러준 사람들이 내게 건넨 말과 욕망의 흔적인 것이다.

마음의 병이 이러한 흔적들이 불러일으킨 심리적 갈등의 결정체인 만큼, 그런 흔적들은 의식 저편에 자리 잡고 있을 것이다. 또 그런 만큼 치료는 심층적일 수밖에 없으며 오랜 시간이 걸리게 마련이다. 심층 치료를 위해 정신분석은 면담 형식의 상담과 달리 '카우치'라는 긴

의자에 환자를 누인 채 자유연상이라는 방법을 사용한다. 자유연상
이란 자아가 자신에 관해 의식적으로 생각하고 있는 수준이 아니라
자신이 알지 못하는 자신에 관한 진실을 스스로 이야기하게 되는 지
점까지 자아를 이끌기 위한 방법인 것이다.

이를 위해 분석가는 외부에서 바라보는 관찰자가 아니라 환자의 언
어와 환상 속의 대상이 되어야 하고, 더 나아가 환자가 내보이는 증상
의 일부가 되어야 한다. 소위 전이라 불리는 현상을 통해 환자의 고통
의 원천을 분석가와의 관계 속으로 현재화시킬 때에야 비로소 감추어
졌던 거대한 현실의 뿌리가 드러나게 될 것이다. 요컨대 요즘 유행하
는 '코칭'이나 단기 상담치료가 썩은 가지나 잎사귀를 솎아내는 작업
이라면, 정신분석은 이러한 심층적인 방법을 통해 줄기를 병들게 한
마음의 뿌리가 튼튼해질 수 있도록 뿌리의 위치를 바꾸고 흙을 갈아
주는 작업인 것이다.

겨냥하는 목표가 다른 만큼 치료에 대한 관점 역시 다를 수밖에 없
을 텐데, 정신분석은 직접적인 치료 효과를 얻을 수도 있는 쉬운 방법
들을 스스로 마다한다. 실제로 프로이트는 치료를 위해 겨냥하는 모
든 시도들을 푸로르 사난디(furor sanandi, 치료광)라 칭하면서 경계했다.
치료 과정이 목전의 치료를 직접 겨냥하면, 오히려 환자의 심리적인
갈등이 더욱 깊어지고 병세가 악화될 수 있기 때문이다.

가령 우울감에 빠져 있는 환자에게 그를 괴롭히는, 삶에 대한 부정
적인 견해를 교정하기 위해 지속적으로 그의 장점을 부각시키는 이야
기를 해준다면 전혀 효과가 없지는 않을 것이다. 하지만 애초의 우울
한 마음이 자신의 행복을 견딜 수 없는, 스스로 행복감을 차단하는

데서 비롯된 것이라면 문제는 복잡해진다. 호전될 것 같던 우울감은 '당신도 행복할 수 있다.'는 감언이설에 대해 내성(耐性)을 갖춘 채 더 강력한 형태로 돌아올 수 있다. 그렇기 때문에 치료는 '개인'이 아니라 그 개인 안에 있는 '분열된 주체'를 목표로 해야 한다. 바로 이런 이유에서 프로이트는 '죽음 충동'이란 용어를 만들어냈던 것이고, 그런 한에서 분석치료는 지름길이 아니라 에둘러 가는 길일 수밖에 없다. 당장의 우울감을 걷어내기보다는 그 우울감의 원천들로 거슬러 올라가 거기에 자리 잡고 타자와의 관계, 대상들과의 관계들을 일정한 관계 속에서 재생산하는 구조("주체의 포지션")를 수정하는 것이 목표이다.

정신분석학의 현실적 고민들

앞으로 정신분석이 정착하기 위해선 풀어야 할 현실적인 난제들도 적지 않다. 일단 심리적인 고통을 받는 이들이 어려운 환경 속에서도 분석을 감당할 수 있을 만큼 분석의 문턱이 낮아져야 할 것이다. 프로이트적 정통성의 증거를 내세우기 위한 방편인지는 몰라도 현재의 방법에 따른 비용은 막대해서 이를 감당할 수 있는 계층은 극히 제한되어 있다. 프로이트가 제안한 것처럼 주 4~5회, 1회 50분, 수년에 걸쳐 진행될지도 모르는 치료는 바쁜 삶을 살아가는 현대인들로선 감당하기 어려운 것이다.

흥미롭게도 당시 프로이트에게 분석을 받기 위해 환자들이 먼 여행도 마다하지 않았다는 이야기가 있다. 이는 당시 전 유럽을 통틀어 분석가가 프로이트와 몇몇 제자들밖에 없었기 때문이기도 하지만, 환자들이 워낙 시간과 돈에 제약이 없었던 부르주아 계급의 지식층이었기 때문에 가능한 일이라 하겠다.

일찍이 프랑스의 정신분석가 라캉은 무의식의 시간은 무엇인가, 다시 말해 무의식이라는 것이 상식적인 시간과 같은 논리로 작동하는가에 의문을 제기했다. 그에 따르면 무의식은 연속적인 발달의 논리가 아닌 비약의 논리에 의해 작동한다. 그는 이러한 시간관을 주장하면서 분석 세션의 시간을 유동적으로 취하자고 제안했는데 이것은 단순히 이론적인 쟁점만은 아니었다. 바로 그렇기 때문에 라캉은 이론적인 쟁점을 빌미로 국제정신분석학회(IPA)로부터 제명당하는 유일무이한 분석가가 되었던 것이다.

하지만 정신분석이 탄생한 지 벌써 한 세기도 넘게 지났고, 대학(université)이 그 이름에 맞게 보편화되면서 지식은 특권층의 전유물이 아니게 되었다. 삶의 질 역시 향상된 결과 보다 많은 사람들이 자신의 삶과 내면에 눈을 돌리게 되었으며, 정신분석에 대한 요구는 좀 더 다양화되었다. 정신분석이 부자들을 위한 고급 취미 같은 것으로 전락해버리면서 대중이 점차 정신분석을 외면하게 된 미국과 달리, 모든 계층을 위해 자신을 낮추면서 대중의 요구에 유동적으로 적응해온 유럽의 정신분석은 우리의 정신분석이 나아갈 길을 고민하는 데 많은 것을 시사한다. 우리는 좀 더 대중의 곁으로 다가갈 필요가 있으며, 이를 위해선 무엇보다 여타 학문들에 기생하지 않고 정신분석학이 자생할 수 있는 장, 정신분석학을 학문적으로 연구하고 정신분석가들을 양성할 수 있는 고유한 장을 조속히 마련해야 할 것이다.

23장 인문학자에게 지옥이란 무엇인가

장석만

인문학과 지옥

요즘 사후 세상으로서의 지옥과 지리적 장소로서의 지옥이라는 관점은 영향력이 현저히 약화되었거나, 거의 힘을 발휘하지 못하게 되었다. 그래서 지금 우리들에게 지옥이라는 것은 생지옥이고, 메타포로서의 지옥이다. 끔찍한 고통에 시달리고 있지만 고통으로부터 벗어날 아무런 가능성도 찾을 수 없는, 그것이 우리의 지옥이다. 지옥은 원래의 의미 대신에 지금 우리에게 닥친 절망적인 고통을 나타낸다. 우리는 왜 이렇게 변형된 지옥의 개념을 버리지 않고 사용하고 있을까? 그 이유는 우리의 고통을 삶 전체의 지평에서 보려고 하며, 절망을 극대

● 서울대학교 인문대학을 졸업하고 동 대학원에서 박사학위를 받았다. 관심 분야는 한국의 근대 문화, 종교 이론, 한국인의 죽음에 대한 태도이다. 옥랑문화재단 및 한국종교문화연구소 연구원, 종교문화비평학회 회장, 《코리아저널》 편집위원, 독일 보훔이 루어 대학 펠로를 지냈다.

화하여 생각하고 싶기 때문이다. 우리의 삶은 죽음을 배경으로 할 때 전체가 선명하게 드러난다. 죽음 이후에도 지속되는 삶은 지금 우리의 삶을 비추는 거울이 된다. 무수한 칸막이에 갇혀 잘게 쪼개졌던 우리의 시각이 죽음 및 사후 세계를 상기(想起)함으로써 놀랄 만큼 효과적으로 통합되어 전체의 지평을 획득한다. 지옥은 그런 전체의 효과 속에서 우리의 절망을 비춘다. 그럴 때 비로소 우리 눈에 덮여 있던 격자(格子)를 치워버리고, 지옥의 거울에 투영된 자신의 삶을 새롭게 살펴볼 수 있다.

그런데 이런 지평을 오직 인문학을 통해서만 얻을 수 있는가? 그럴 리 없다. 인문학도 우리에게 주어진 하나의 격자일 뿐이다. 서양의 인문학은 신학과 자연과학 사이의 잔여 범주에 불과한 것이 아니었던가? 과거의 신학과 현재의 자연과학 사이에서 이삭줍기에 바빴던 인문학은 근대 민족국가 및 자본주의 시장체제를 정당화하고, 체제의 탄력성을 증진했다고 자랑하면서, 근대 학문의 말석이나마 차지한 것이 아닌가? 인간도 서구 근대인과 비서구 비근대인으로 양분하여 '후마니타스'와 '안트로포스'로 따로 지칭하여 연구하지 않았던가? 이를 모방하여 마치 인문학이 자신들의 전유물인 양 여기고 있는 이 땅의 이른바 '인문학자'에게는 지옥이 필요하다. 이런 지옥의 절망을 거쳐야 비로소 인문학의 희망이 도래하지 않겠는가? 우리에게는 절망의 인문학이 필요하다.

지옥의 두 가지 경계선

지옥은 천국과 짝을 이룬다. 그리고 천국과 지옥은 죽음 이후의 세상으로서 죽음 이전의 세상과 역시 짝을 이룬다. 이렇게 짝을 이루는 것은 서로 비슷하기도 하고, 다르기도 하다. 완전히 같거나 다르다면 짝 자체가 성립되지 않는다. 그래서 지옥은 천국과 비슷하기도 하고, 다르기도 하다. 마찬가지로 지옥은 죽음 이전의 세상, 즉 산 자들의 세상과 비슷한 점도 있고, 다른 점도 있다. 지옥의 경계선은 두 가지이다. 하나는 삶과 죽음을 나누는 선(線)이고, 다른 하나는 천국과 구별하는 선이다.

지옥과 천국의 이분법

지옥과 천국은 짝을 이루면서도 서로 대립하는 관계이다. 그래서 이승의 삶 이후에 전개된다고 하는 지옥과 천국은 상반된 가치와 이미지를 지닌다. 지상을 기준으로 지옥은 땅 아래, 천국은 땅 위의 하늘에 위치하며, 지옥은 어둡고, 천국은 밝다. 또한 지옥이 고통이 가득한 곳인 반면, 천국은 기쁨과 행복이 넘쳐흐르는 곳이다. 그런데 어떤 절차와 기준에 의해 지옥에 이런 부정적인 가치가 배당된 것일까? 저세상에 관한 생각과 함께 망자(亡者)에 대한 심판의 개념이 만들어지면서 이렇게 되었다.

사후 심판을 언급하는 가장 오래된 문헌은 지금부터 약 4000년 전에 기록된 『이집트 사자의 서』이다.(서규석 엮음, 『이집트 死者의 書』, 문학동네) 이에 따르면, 망자는 태양신 라(Ra)의 배를 타고 오시리스(Osiris) 신이 다스리는 곳에 도착하여, 재칼의 머리 모습을 한 아누비스(Anubis) 앞으로 인도된다. 아누비스는 오시리스 신이 보는 앞에서 저울의 한쪽 접시에 망자의 심장을 올려놓고, 반대쪽 접시 위에는 진실의 여신 마트(Maat)의 머리장식 깃털 하나를 올려놓는다. 심장의 무게가 무거워 저울이 아래로 내려가면, 살아 있을 때 죄를 지었다는 뜻이기 때문에 망자는 곧바로 저울 아래에서 기다리고 있던 암미트(Ammit)의 먹이가 된다. 암미트는 머리는 악어, 위쪽 몸통은 사자, 그리고 아래쪽 몸통은 하마 모습을 한 암컷 괴물이다. 암미트가 망자를 삼켜버리면 망자의 여행은 끝난다. 반면 심장의 무게가 깃털보다 가볍다고 판명된 망자는 갈대밭이라는 의미의 천국 아루(Aaru)에 가서, 불멸(不滅)을 얻기 위한 여행을 계속한다.

이집트의 심판 이야기에서 지옥은 바로 괴물 암미트의 배 속이라고 할 수 있다. 그러나 여기에 지옥에 대한 자세한 언급은 없다. 기원전 5세기경부터 문헌에 등장하는 조로아스터교 전통에서 우리는 심판의 과정이 더욱 자세해지고, 선악의 가치가 뚜렷하게 강조되는 것을 볼 수 있다. 조로아스터교는 빛과 어둠, 선과 악의 철저한 이분법적 관점, 선신과 악신 사이의 종말론적 싸움, 그리고 불의 정화(淨化)력을 숭배하는 것으로 유명하며, 기독교의 사탄 신앙과 종말론에도 커다란 영향을 주었다고 알려져 있다. 사람이 죽으면, 살았을 때 행한 선행과 악행이 각각 저축과 부채(負債)로 간주되어 대차대조표처럼 계산된다. 흑자를 낸 망자는 천국으로 안내되고, 적자를 낸 이는 지옥에 떨어진다.

이들은 3000년 동안 계속된 선신(善神) 아후라 마즈다(Ahura Mazdah)와 악신 앙그라 마이뉴(Angra Mainyu 혹은 아흐리만(Ahriman)) 사이의 싸움이 결판 날 때까지 그곳에 머물러야 한다. 결국 아후라 마즈다가 승리하고, 세상을 완전하고 영원히 죽지 않는 곳으로 만들기 위해 신을 대리한 구세주가 등장한다. 동정녀가 예언자 조로아스터(Zoroaster 혹은 Zarathustra)의 씨를 받아 낳은 구세주의 이름은 사오쉬안트(Saoshyant) 혹은 소쉬안스(Soshyans)이다. 그는 선신을 대리하여 천국과 지옥에서 머물던 망자를 모두 일으켜 세워 최후의 심판을 내린다. 구원받은 이의 육신은 부활하고, 영혼은 정화되어 선한 신과 하나 됨으로써 불사의 존재가 된다. 결국 지옥은 불에 타서 완전히 사라지며, 높은 산과 깊은 골짜기는 서로 낮아지거나 높아져서 평평하게 되고, 하늘과 땅이 만나 새 하늘 새 땅이 펼쳐진다.

조로아스터교가 아브라함의 종교(유대교, 기독교, 이슬람)에 미친 영향은 슬쩍 보기만 해도 금방 알 수 있을 정도다. 물론 기독교의 지옥 관념에도 영향을 미쳤다. 예컨대 「마태복음」에는 임박한 종말론과 함께 사후 심판에 관한 언급이 두드러지는데, 불구덩이 지옥에 관한 이야기가 나온다. 살아 있을 때 악행을 일삼은 자가 받는 영원한 형벌이 구원을 받은 자가 누리는 영원한 생명과 대조되면서, 지옥의 불길 속에서 가슴을 치며 통곡하는 "독사의 족속"이 묘사된다. 하지만 일단 지옥에 떨어지면 아무리 후회해도 소용이 없다. 이미 저주를 받아 사탄의 지배하에 놓이게 되었기 때문이다. 『구약성서』에서 사탄은 신에게 대항할 정도의 위력을 가지지 못했으나, 『신약성서』에서는 감히 신과 맞설 수 있을 만큼 강력한 힘을 가진 존재로 등장한다. 저 그리스도

(Antichrist)는 사탄의 이런 위력에 힘입어 나타나는 것이다.

초기 기독교 당시는 세상의 종말이 곧 닥쳐온다고 생각했기 때문에 개인의 종말과 최후 심판 날 사이의 시차가 거의 없었다. 하지만 최후 심판의 날이 점차 연기되면서, 개인의 사후 심판과 최후 심판 사이에 시차가 생겼다. 죽은 다음에 지옥의 형벌을 선고받은 자가 최후 심판 날 어떤 상태에 있게 되느냐의 문제도 이런 맥락에서 나타났다. 주류 신학은 한번 지옥에 떨어지면 영구히 저주를 받게 된다고 보았지만, 오리게네스(Origenes)처럼 지옥의 형벌은 신과 궁극적으로 화해할 때까지 지속될 뿐이라는 소수파의 견해도 있었다. 로마 가톨릭에서는 지옥을 영구적인 형벌의 장소라고 확인하고, 종부성사(終傅聖事) 없이 죽으면 지옥에 떨어진다는 입장을 취했다. 하지만 지고지선한 신과 영원한 저주를 내리는 신의 이미지가 서로 부합하지 않기 때문에 계속 논란이 벌어졌다. 이 문제는 13세기 연옥(煉獄)의 개념이 부각되면서 새로운 국면에 접어들게 되었다.

영어의 'Hell'이나 'Inferno'가 아니라, 우리가 사용하는 '지옥(地獄)'이라는 말은 산스크리트어의 '나라카(Naraka: 奈落)' 개념이 인도에서 중국으로 들어가 정착한 것이다. 불교에서 지옥은 해탈할 때까지 생명을 가진 뭇 존재가 계속 돌아야 하는 여섯 가지 영역 가운데 하나다. '육도(六道) 윤회'라는 말은 바로 중생(衆生)이 천상, 인간, 아수라, 축생, 아귀, 지옥의 여섯 영역을 끊임없이 순환하는 것을 가리킨다. 여섯 가지 가운데 뒤쪽의 세 영역은 삼악도(三惡道)로 일컬어지는데, 그중에서도 지옥은 가장 나쁜 곳이다. 이처럼 가장 끔찍한 곳이지만, 지옥은 영원한 형벌을 받는 곳이 아니라 다음 윤회까지 일시적으로 머무는 곳이다. 그리고 중생의 순환은 살아 있을 때 자신이 지은 업에 따라 자동적으로 실행되므로 여기에 심판이 등장할 이유는 없다.

하지만 10세기 이후에 당(唐)나라에서 시왕[十王] 신앙이 성행하면서 사후 심판의 개념이 두드러지게 되었다. 시왕 신앙은 사람이 죽은 후 열 명의 왕에게 차례로 심판을 받고, 생전의 죄에 따라 각각 특정 지옥에서 형벌을 견뎌내야 한다는 믿음이다. 사후 49일이 될 때까지 7일마다 일곱 번의 심판이 있고, 100일, 1년, 그리고 3년째, 도합 열 번의 심판이 내려지는데, 죄의 대가를 모두 치른 다음에는 다시 태어날 곳이 정해진다. 우리에게 익숙한 염라대왕은 열 명의 왕 가운데 하나로서, 열 개의 지옥 중 하나를 주재한다.

포르노그래피를 '과도한 자세함'으로 정의할 수 있다면, 열 가지 지옥을 묘사하는 지옥도는 그야말로 '포르노'에 다름없다. 오장육부가 뽑히고, 끓는 기름에 튀겨지며, 맷돌로 짓이겨지고, 톱으로 잘리는 이들의 고통이 너무나 생생히 그려져서 절로 몸서리가 난다. 물론 그런 지옥에 빠지지 않게 하는 방법이 없을 리 없다. 한쪽으로 마구 몰아가는 이유는 다른 쪽 출구를 제시하기 위해서기 때문이다. 그래서 특정한 날에 정해진 불보살의 이름을 부르면 죄를 면하고 지옥의 고통을 당하지 않게 된다는 신앙이나, 지장보살을 따르는 신앙이 등장했다. 지장보살은 지옥에 빠진 모든 중생이 해탈할 때까지 자신의 성불(成佛)을 미루겠다고 서원했으므로, 당연히 그에게 의지할 수밖에 없다. 웬만한 절의 명부전에 가면 쉽게 지장보살과 시왕을 만날 수 있다.

"이제 지옥은 저세상의 지리적 영토를 상실하고, 이세상의 상상계에 자리 잡게 되었다. 지하의 형벌장이 아니라, 이세상의 잔혹함을 빗대는 메타포로, 그리고 인간 정신에 깊이 드리워진 그림자를 가리키는 용어로 쓰이고 있다. 이 세상에서 자행되는 끔찍한 폭력과 인간 정신 내부의 상처는 필연적으로 서로 연결될 수밖에 없다. 연결점은 바로 절망이고, 이는 지옥의 두드러진 특징이다."

지옥과 천국으로 나뉘지 않는 경우

　지옥과 천국의 존재 조건은 사후의 세상을 이분하여 긍정과 부정적 가치의 양극에 배치하는 것이다. 여기에서 비로소 구원의 개념이 성립하는데, 지옥에 빠뜨리지 않고 천국으로 이끈다는 의미를 지닌다. 또 구원 전문가가 등장하고 이들이 종교 조직을 관장하면서 종교 엘리트와 평신도가 구분된다. 하지만 이런 이분법이 항상 작용하는 것은 아니다. 사후 세상이 한 덩어리로 여겨지거나, 이 세상과 저세상의 구분 자체가 분명치 않은 경우도 있기 때문이다. 예를 들면 유대교의 '스올'이 있다. 거기에는 아무런 즐거움도 없지만 형벌도 없다. 일본의 '요미노쿠니(黃泉國)', 그리고 우리의 '저승'도 비슷하다. 그런 곳들은 천국의 밝음이나 지옥의 어두움과는 거리가 멀고 잿빛을 띠고 있으며 망자라면 모두 가는 곳으로 간주된다. 마치 추수가 끝난 다음에 황량해진 농경지 같은 모습이다. 종종 저세상의 구분뿐만 아니라, 이 세상과 저세상의 구분조차 뚜렷하지 않게 나타나기도 한다.

지옥과 천국의 사이를 두는 경우

　천국에 가는 필수 조건으로서 세례와 종부성사 받는 것을 정착시킨 가톨릭교회는 한 가지 문제에 봉착하게 된다. 세례를 받지 않고 죽은 구약시대의 아담과 이브, 족장, 예언자, 그리고 소크라테스, 플라톤 같은 현인들이 지옥에 있게 된다는 것이다. 마찬가지로 죄를 지을

틈도 없이 세상을 떠난 순진무구한 아기들도 지옥에 처하게 된다. 비슷한 맥락에서, 조선시대 가톨릭을 믿게 된 신자들의 최대 고민 가운데 하나가 자신의 조상들이 지옥에서 고통을 받고 있으리라는 점이었다. 이런 문제를 해결하기 위해 등장한 것이 바로 '림보(limbo)'인데, 이곳은 지옥의 형벌을 받지 않은 채로 최후 심판 때까지 대기하는 장소이다. 림보는 가톨릭의 공식 교리로 채택되지는 않았으나, 그렇다고 금지되지도 않았다. 단테는 『신곡』에서 지옥을 아홉 개 층으로 묘사하는데, 첫째 층이 바로 림보이다. 그의 지옥에서는 처음 5개 층이 비교적 가벼운 죄, 6~7층이 중죄, 그리고 8~9층이 사악한 죄를 저지른 자에게 배당되고, 본격적인 지옥은 둘째 층부터 시작된다고 볼 수 있다.

초기 기독교에 팽배했던 임박한 종말의 기대가 차츰 수그러들면서, 개인의 죽음과 최후 심판 사이의 기간에 관심이 모아지게 되었다. 최후의 심판이 있기 전까지 망자는 어떤 상태에 있는가? 망자가 속죄의 시련을 거치면 최후 심판에서 구원을 얻으리라는 생각은 막연히 존재했지만, 지옥 및 천국과 구별되는 하나의 장소가 구체화된 시기는 12세기였다. 이때 바로 연옥(煉獄)이라는 아이디어가 등장한다. 여기에는, 최후의 심판이라는 결정적인 심급(審級)이 남아 있으므로 개인이 죽은 다음에 받은 첫 번째 심판으로 영원히 지옥에 떨어진다는 것은 지나치다는 생각이 깔려 있었다. 그리 커다란 죄가 아닐 경우에는 시련을 거쳐 죄를 씻어낼 필요가 있다는 것이다. 연옥은 망자가 죄를 정화(淨化)하고, 최후 심판 때의 구원을 기다리면서 잠정적으로 머무르는 곳이다. 연옥은 지옥의 절망에서 벗어날 수 있다는 기대를 품게 하는데, 가톨릭교회는 이런 희망을 이용하여 신자들에게 커다란 권력을 휘두

르고, 엄청난 부를 축적한다. 결국 유럽 사회 내부에서 종교개혁이라는 강력한 저항이 등장하게 된다.

이데올로기와 메타포로서의 지옥

근대에 접어들면서 서구 사회의 사상가들은 지옥의 부조리함에 대해 공격을 퍼부었다. 그들은 유한한 죄에 대한 무한한 형벌의 부과, 최후 심판 이후 형벌의 무의미함, 그리고 신의 자애로움과 영원한 고통 사이의 모순을 지적했다. 그들은 복수에 혈안이 된 무시무시한 신의 모습에서 신민(臣民)들을 겁박해 순치하려는 통치자를 보았다. 그래서 지옥은 억압의 이데올로기가 되었고, 통치자의 심사를 거슬렸을 때 떠올려야 하는 공포의 고문실이 되었다. 이제 근대 세계에서는 사후의 저세상이라는 생각 자체가 불필요하다고 간주되어 이를 후미진 곳에 처박아두었다. 이래서 지옥은 땅 밑의 공간을 점유한 특정한 장소가 아니라, 이 세상의 일을 가리키는 메타포로 여겨지게 되었다. 먼 하늘 속에 있던 천국도 마찬가지여서, 어서 지상으로 추락해야 했다. 유리 가가린(Yurii Gagarin)이 했다는, "여기(우주공간)에선 도무지 신을 찾아볼 수 없다"는 말은 훨씬 나중에 끼워놓은 재미있는 삽화일 뿐이다. 1961년 4월 12일 보스토크 1호를 타고 사상 처음으로 지구 궤도를 벗어나 우주공간에서 지구를 볼 수 있었던 가가린이 정말로 그렇게 말했는지 여부는 중요하지 않다. 당시 공산당 서기장이었던 니키타 흐루시초프(Nikita Khrushchyov)가 반(反)종교 캠페인에 이를 이용함으로써 유명해졌다는 사실이 재미있을 뿐이다.

이제 지옥은 저세상의 지리적 영토를 상실하고, 이 세상의 상상계에 자리 잡게 되었다. 지하의 형벌장이 아니라, 이 세상의 잔혹함을 빗대는 메타포로, 그리고 인간 정신에 깊이 드리워진 그림자를 가리키는 용어로 쓰이고 있다. 이 세상에서 자행되는 끔찍한 폭력과 인간 정신 내부의 상처는 필연적으로 서로 연결될 수밖에 없다. 연결점은 바로 절망이고, 이는 지옥의 두드러진 특징이다. "이 문에 들어서는 자, 모든 희망을 포기하라." 단테가 지옥문 앞에 섰을 때, 문에 새겨져 있었다는 구절이다.

지금 우리가 사는 세상은 실낱같은 희망이라도 있는 연옥인가, 아니면 바닥 없는 절망의 지옥인가? MB 5년을 "지옥에서 보낸 한철"로 생각하는 자는 전자라 할 것이다. 그와는 다른 계절을 기대하고 있으니까. 하지만 핵 과학자들이 지구의 모든 생명체를 모조리 절멸시킬 수 있는 핵폭탄의 위험성을 경고하면서, 인류 최후의 날을 알리는 시계(Doomsday Clock)가 하루 중 겨우 마지막 5분만 남아 있다고 아무리 말해도 북한의 위협을 운운하며 미국 핵무기가 우리 주변에 있어 안도하는 우리에게 과연 희망이 있는가? 지금 제시된 핵발전소의 폐기물 처리 방식이라는 것이 미래 세대는 안중에도 없이 현재 우리만 편하면 된다는 그야말로 뻔뻔함의 극치를 보여줌에도 핵발전이 중단되면 당장 자신에게 닥칠 불편함만을 생각하는 우리가 과연 희망을 말할 자격이 있는가?

서울역과 명동에서 "예수 천당, 불신 지옥"을 외치는 이들은 편협한 집단이기주의와 무례한 소음으로 짜증을 일으킬 뿐이지만, 정작 우리들은 인간이라는 종의 미래를 몰수하는 데 동참하고 있으면서도 구제 불능의 둔감함에서 벗어나려 하지 않기에 지옥의 깊은 절망을 느끼게 한다. 아마도 부실로 지어진 중국의 핵발전소 몇 개가 붕괴하고 폭발 하여 한반도로 대량의 핵물질이 날아온 연후에야 뒤늦게 정신을 차릴 지 모른다. 그때까지 우리는 지옥 유머나 이야기하며 낄낄거리고, "지 옥에 떨어져라"는 욕설이나 해대면서 지낼 것인가? 자신들이 지금 지 옥에 빠져 있는 줄도 모르면서 말이다.

24장 번역의 정치학은 왜 필요한가

번역과 번역자의 비가시성

온라인에서건 오프라인에서건 서점을 방문하면, 어김없이 신간서적들이 눈에 띄고 우리는 그것을 클릭하거나 집어 들게 마련이다. "이런 책이 나왔네! 이 작가가 이번엔 이런 책을 썼구나!" 하며 들여다본다. 그런데 이런 흔한 일상의 경험에서 가장 주목을 덜 받는 것은 책의 판형이나 디자인, 가격, 심지어 책의 내용이 아니라 그 책이 '번역서'라는 점이다. 얼핏 보아도 온라인 서점의 첫 페이지를 장식하는 책의 절반 이상은 번역된 책들이다. '누군가' 그 책을 번역했다는 것은 정녕 부인할 수 없는 사실임에도 꼭꼭 감춰져 있다. 우리 문학이 노벨문학

• 프랑스 파리 12대학교에서 철학박사 학위를 받은 후 현재 한국외국어대학교 철학과 교수로 재직 중이다. 지은 책으로는 『폴 리쾨르의 철학』, 『들뢰즈』, 『해석의 갈등』, 『생각하고 토론하는 서양 철학 이야기 4』 등이 있다. 함께 옮긴 책으로 『번역론』, 『낯선 것으로부터 오는 시련』, 『번역과 문자』 등이 있다.

270 | 4부 | 가능성의 인문학

상에 몇 번이나 물을 먹고 나서야 누가 어떻게 번역했는지 겨우(?) 관심을 가질 뿐이며, 심지어는 한미 FTA 같은 국가경제의 명운을 가름하는 조약의 체결 과정에서도 정작 번역이 초미의 관심사가 되었지만 과연 누가, 어떤 과정을 거쳐 그 중요한 조항 조항을 옮겼는지 우리는 묻지 않는다. 베르나르 베르베르(Bernard Werber)의 소설이나 잡스의 전기(傳記) 정도를 번역할 경우라면 몰라도, 독자들은 몇몇 유명한 번역자에게 관심을 보일 뿐이고, 그러한 경우에도 원전의 중요성이나 지명도가 우선 관심의 대상이 된다. 이렇듯 우리의 시선은 번역자에게 잠시 머물다 말고 바로 (번역된) 원전과 원저자에게로 나아간다. 결코 번역자를 주목하지 못할 뿐만 아니라, 번역이라는 고도로 인문적인 활동에 대한 중요한 자각에는 이르지 못한다. 결국 번역과 번역자는 유령과도 같은 비가시적인 존재로 머물고 마는 것이다.(이점에 관해서는 *The Translator's Invisibility: A History of Translation*(Taylor & Francis Ltd)의 저자 로렌스 베누티(Lawrence Venuti)를 참조해야 한다. 국내에는 그의 또 다른 유명한 저서『번역의 윤리—차이의 미학을 위하여』(열린책들)가 번역돼 있다.)

이분법, 아니 태생적 이원성을 품은 번역

왜 우리는 번역자와 번역 활동 자체를 주제로 삼아 논하지 못하는가? 이는 국내 독자만의 잘못도 학계나 출판계의 오랜 번역(자) 홀대 관행 때문만도 아니다. 번역 행위 자체에 그리고 이를 이론적으로 성찰해온 짧지 않은 학문적 시선에 이분법, 아니 근원적인 이원성이 존재하기 때문이다. 번역을 진지하게 수행하는 이라면 누구나 절감하는 이원성이 있고, 번역 실무와 관행을 이론적으로 성찰하는 번역 연구자들이 피할 수 없이 맞닥뜨리는 이원성의 물음이 존재한다. 번역자가 '독자를 염두에 두고 자유롭게 번역할 것인가' 대(對) '원전의 언어적 형식에 충실한 번역을 할 것인가'라는 이원성이 있다. 달리 말해 보면 내용 대 형식, 의미(관념) 대 문자, 독자(또는 번역자) 대 저자, 번역본 중심 대 원전 중심, 심지어는 번역 가능성 대 번역 불가능성이라는 이원성이 있다. 이를 플라톤적 이원성이라 불러도 좋으리라. 물론 이때 "플라톤적"이라 함은 플라톤 형이상학에 대한 특정한 해석에 기반을 둔 것이긴 하다. 번역 행위와 번역 연구에는 이런 이원성과 그것이 제기하는 문제가 늘 자리 잡고 있었다.(이 주제를 더 깊이 공부하려는 독자는 반드시 앙투안 베르만(Antoine Berman)의 유명한 논문 "L'essence Platonicienne de la Traduction"(Revue d'esthétique 12. 1986)을 읽어봐야 한다.

이제 우리는 번역 자체와 번역자의 비가시성을 좀 더 잘 설명할 수 있을지 모르겠다. 다시 말해 번역 현장은 물론이고 번역 연구에는 언어 간의 근원적 차이와 특이성으로 인해 번역이 도대체 가능한가 하는 물음에서부터, 출발어의 내용이나 의미 또는 관념을 중심으로 번역해야 하느냐 아니면 원전에 충실하게 언어적 형태나 문자에 맞게 옮겨야 하느냐라는 물음이 아포리처럼 버티고 있는 것이다. 또한 아무리 훌륭한 번역이라 하더라도 원전을 대체하거나 그것과 같을 수는 없다는 직관과 판단이 자리 잡고 있어서, 결국 번역이란 아무리 잘해도 원전의 모방에 불과하다는 인상과 평가가 떠나지 않는다. 이런 형국에서 아무리 번역자의 노고와 악조건, 심지어 탁월한 부지런함을 내세

운들 원저자의 권위나 가치에 비할 바가 못 된다. 번역자가 저자임에는 틀림없지만, 그는 원저자의 존재론적 우위를 넘어설 수 없는 운명에 처해 있는 것이다.(이 점에 대해서는 폴 리쾨르의 『번역론』(윤성우·이향 옮김, 철학과현실사)을 살펴볼 것.) 실상 모든 원전이 텍스트 차원에서 그 자체로 더 훌륭하진 않고, 마찬가지로 모든 번역본이 그 자체로 더 못하지도 않은데 말이다. 번역과 번역자의 비가시성을 극복하려면 원전과 저자의 신화를 전복할 새로운 번역 철학이 나와야만 할 것이다.

외국어 능력은 번역 능력인가? 그리고 번역에 대한 자의식

번역과 번역자의 비가시성에 문제를 제기하고 진단을 내렸다면, 가시성을 제고(提高)할 길을 찾아야 할 것이다. 관건은 외국어의 문제에 가려 그 독자성과 중요성이 은폐된 번역(및 번역자)의 문제를 부각시키는 일이다. 다시 물어보자. 외국어를 잘한다면 번역도 잘할 수 있는가? 도대체 이 둘의 관계는 무엇인가? 영어를 잘 구사하고 영어 의사소통 능력도 뛰어나지만, 영어 텍스트를 주고 우리말 번역을 시키면 그다지 훌륭한 결과를 얻지 못하는 경우가 있다. 더구나 이는 구어와 문어의 차이의 문제는 아니다. 외국어 능력과 번역 능력은 어느 정도 외연이 겹치는 측면이 없지 않지만 일치하지는 않는다. 어떤 점들이 번역 능력을 구별시켜주는가?(이와 관련해서는 김정우의 「조선 시대 번역의 사회문화적 기능」(『번역학 연구』 제10권 제1호)을 읽어볼 것)

논점과 방향에 따라 여러 가지 답을 내놓을 수 있지만, 외국어 능력의 경우 의사소통이 목적인 반면, 번역 능력은 소통을 포괄하되 그 이상의 차원을 염두에 둔다고 말할 수 있다. 번역 능력에는 하나의 원문을 두고 도착어로 실현할 수 있는 어휘나 문장들의 잠재적인 대안들을 구성할 수 있는 능력, 더 나아가 이들 잠재적인 대안 중에서 가장 적합하다고 판단되는 것을 하나 선택하고 결정하는 능력을 반드시 포함해야 한다. 실상 번역은 복수의 대안들 중 하나를 선정하는 지난한 과정이다. 그 결정의 핵심 조건은 바로 이것이다. 단어는 문장을, 문장은 텍스트 전체를, 텍스트는 출발어는 물론이고 도착어의 시대 및 문화 전반에 대한 선(先)이해를 요구한다.

외국어 능력과 번역 능력의 문제가 혼동되어 번역에 대한 자의식이 결핍되었던 시기가 우리의 짧은 번역사에도 존재했었다. 한자가 지식인과 관료의 언어와 문자로 자리 잡은 조선왕조에서는 번역 문제가 진정으로 제기되었다고 볼 수 없을 것이다. 근본 이유는 한자와 고전 텍스트가 우리의 전통과 문화로 인식되었고, 번역의 문제는 해방 이후 한글 전용 세대에서 우리 고전에 대한 새로운 복권(復權)의 문제가 등장하면서 제기되었다고 볼 수 있기 때문이다. 최근 연구에 따르면 그나마 세종대왕 시대 이후에 한자로 쓰인 문헌이 언문으로 번역되기 시작하는데 대상은 주로 농업이나 의료 관련 서적들이었고 이는 실용적 맥락의 작업이었다. 필자와 같은 한글 세대에서 한자와 한문 텍스트가 생활한자의 맥락을 벗어난다면 정녕 외국어의 문제이자 번역의 문제를 일으킨다. 결국 낯선 한자와 한문 텍스트의 문제는 소통을 넘어 이해해야 할 하나의 (작품)세계의 문제를 제기한다.

일제강점기의 지식인과 관료의 언어는 당연히 일본어였다. 그러나 한자와 한문과는 달리 점령자의 언어였던 일본어에 대해서는, 독자적인 근대화를 이루지 못한 한(恨)을 지녔던 식민지 조선의 지식인들이 나름의 자각과 인식이 없었다고 보기 어렵다. 식민 초중반기의 김억이나 최남선, 양주동, 비교적 최근의 김수영에 이르기까지 상당수 지식인들이 일본어와 외국 문학을 통해 지식을 창출하고 새로운 문학을 소개했다는 것은 부인할 수 없는 사실이다. 하지만 이것은 선구적인 몇몇 지식인의 실존적 문제 제기에 불과했을 뿐만 아니라 우리들 중 누구도 그들을 번역자로 기억하지 않는다. 일본은 메이지시대에 서구의 근대화에 적극 대응하는 차원에서 국가적인 번역을 수행했는데 이런 운동의 규모나 차원에 비할 수 없다.(이 주제에 관해서는 일본 개화기 때의 번역 문제를 일본의 근대화 관점에서 다룬 저서 『번역과 일본의 근대』(마루야마 마사오·가토 슈이치 지음, 임성모 옮김, 이산)가 필독서이다.) 결국 서구에 대해 일본이 나름의 번역에 대한 자의식을 가지고 번역의 정치학을 구사한 반면 우리는 그럴 처지도 능력도 안 되었고 준비도 할 수 없었다.

해방 이후 지식인의 언어는 영어였고 이는 오늘날에도 바뀌지 않았다. 실상 1960~1970년대 이루어진 세계 문학의 번역을 보면 일본어 번역본을 통한 중역의 영향을 배제할 수 없다. 하지만 2000년대 들어 유수 출판사들이 제3세계의 문학과 우리 문학을 일부 포함하되, 세계 문학의 중요 정전들을 중역에 의존하지 않고 출발어에서 바로 번역하는 움직임을 보여왔다. 서양 문학 텍스트뿐만 아니라 서양철학 텍스트에서도 유사한 경향이 나타났다. 철학의 경우 영어의 테두리를 벗어나 독일어와 프랑스어권 서적들의 번역에서도 그럼 점을 발견할 수 있다. 예를 들어 네카르드, 칸드, 니체, 하이데기, 비드겐슈디인, 푸고를 비롯

"식민 초중반기의 김억이나 최남선, 양주동, 비교적 최근의 김수영에 이르기까지 상당수 지식인들이 일본어와 외국 문학을 통해 지식을 창출하고 새로운 문학을 소개했다는 것은 부인할 수 없는 사실이다. 하지만 이것은 선구적인 몇몇 지식인의 실존적 문제 제기에 불과했을 뿐만 아니라 우리들 중 누구도 그들을 번역자로 기억하지 않는다."

한 중요 철학자들의 원전을 해당 전공자들이 번역하고 있다.

이런 움직임이 단지 오역이나 중역을 탈피하려는 의도에서 비롯되진 않았을 것이다. 이런 흐름의 근저에는 명시적이건 아니건 간에 새로운 지식의 창출과 형성에 번역이 결정적인 역할과 공헌을 한다는 의식이 자리 잡고 있다. 더구나 지식이 학자 개인과 그가 속한 비교적 좁은 지식 공동체를 벗어나 대중성과 공공성을 확보하고 나아가 한 문화의 토대와 저변에 이르기까지 확산되려면 올바른 번역이 필수라는 인식이 생겨났기 때문일 것이다. 희망적으로 말해보건대 이는 아마도 우리말과 글로 문학을 하고 철학을 하고 학문을 하기 위한 궁극적인 필요조건으로서의 번역에 대한 자의식과 번역자의 중요성에 대한 자각이 싹트기 시작했음을 의미할 것이다.

번역의 정치학과 함께 번역 인식론을

제대로 된 단계를 밟아 쌓은 근대성과 근대적 자아 형성의 기회를 강탈당하고서 변형과 착종을 거듭한 우리가 이제 와서 (일본이 그러했던 것처럼) 우리만의 번역의 정치학을 새롭게 구상하고 기획할 수 있을지, 또 그것이 얼마나 효과적일지 의구심을 품을 수 있다. 하지만 이르건 늦건 번역의 정치학은 여전히 유효하고 필요하다. 이와 더불어 (외국) 언어와 그것의 번역이 외부세계에 대응하는 우리의 인식과 판단 및 태도에 영향을 미친다는 근본적인 인식론적 자각이 필요하다. 이는 번역의 문제를 외국어의 문제와 구분하지 못하고 단지 언어의 문제 또는 소통의 문제로 축소해버리는 태도와의 인식론적 단절을 전제하는 것이다. 물론 이는 번역이 우리 인식의 전부를 형성한다는 말이 아니다. 몸이 행위의 도구이듯 개념과 언어가 우리 사유의 도구이듯, 번역이 우리의 세계 이해, 특히 낯선 언어로 된 외부세계에 대한 이해, 착상, 수용의 도구라는 점을 말하려는 것이다. 이 비유를 잘 들여다보아야 한다. 이때 '도구'는 망치가 못 박는 도구라는 차원의 의미와는 근본적으로 다르다. 못 박는 데 망치는 대부분 유효하지만 필연적이지 않아서 언제든 다른 것으로 대체될 수 있다.

　몸, 언어, 번역은 대체 불가능하다는 점에서 필연적이다. 어느 천재 철학자는 "(내) 언어의 한계가 (내) 세계의 한계"라고 말한 바 있다. 그가 오스트리아 출신이고 주로 영국에서 학문 활동을 했기에 그가 말한 "언어"는 영어 혹은 독일어임에 틀림없다. 보편자로서의 언어란 자연세계에는 존재하지 않기에, 이를 번역의 자각과 중요성에 비추어 우리말로 바꿔보면 이런 말이 되지 않을까. "(내가) 번역한 언어의 한계가 (내) 세계의 한계"를 구성한다고. 우리가 낯선 타자의 언어를 접할 때마다, 이를 이해하려는 모든 표상은 우리말글로의 번역이 동반된다고 말한다면 이는 과장일까? 별 이론(異論)의 여지는 없어 보인다. 심지어 우리는 우리말과 글도 자주 번역하고 있으니 말이다.(언어 내적 번역의 문제를 다룬 이는 유명한 인문학자 조지 스타이너(George Steiner)이며 이에 관한 그의 주저는 *After Babel: Aspects of Language & Translation*(Oxford University Press)이다.)

25장

SNS 시대, 인문학의 과제는 무엇인가

최정우•

집단지성이라는 알리바이

바야흐로 SNS의 시대, 곧 사회적 네트워크 서비스의 시대다. 나는
물론 이 시대에 대해 지극히 '인문학적'으로 질문을 던져볼 수 있을 것
이다. 예를 들어 인문학은 이러한 시대로부터 어떤 영향을 받아서 어
떻게 바뀌고 있는가, 혹은 반대로 인문학은 이러한 시대에 어떤 영향
을 미치면서 어떻게 작용하고 있는가, 하는 질문들 말이다. 말하자면,
마치 원래 '인문학'이란 것이 이러한 '시대적 현상'들에 대한 진단과

● 서울대학교 인문대학 미학과를 졸업하고 동 대학원 불어불문학과에서 석사학위를 받았다.
2000년《세계의 문학》에 비평을 발표하며 등단했고, 연극과 무용 등 무대음악 작곡가로 활동
하고 있으며, 2002년 결성한 3인조 음악 집단 '레나타 수이사이드(Renata Suicide)'를 이끌면
서 보컬과 기타를 맡고 있다. 2003년 박상릉 원작의 연극「평심」을 시작으로, 무용 음악을 작
곡하고 연주했다. 데이비드 헤어의 희곡『철로(The Permanent Way)』를 번역하고, 무용「육
식주의자들」의 대본을 썼다. 현재 계간지《자음과 모음》의 편집위원으로 있다.

소화와 평가를 어쩌면 필연적이고도 의무적으로, 당연하고도 자연스럽게 수행하거나 반영해야 하는 학문이라는 듯이 말이다.

그러나 인문학이 SNS의 시대라는 '거대한 흐름'에 대해 어떤 식으로든 언급을 하거나 의미를 부여할 수 있고 또 그래야만 한다면, 그것은 인문학이 인간과 사회의 모든 현상에 대해서 객관적이고 독립적이며 메타적인 층위에서 무언가를 규정할 수 있는 '당연한' 위치에 있는 학문이기 때문이 아니다. 오히려 반대로 그러한 시대적 흐름 또는 현상들 자체가 특정한 인문학적 '가능 조건'들을 규정하고, 그러한 인문학적 '효과'들을 산출하기 때문에 그렇다. 따라서 인문학 자체는 SNS 시대를 해명하거나 규정할 수 있는 불변하는 상수가 아니라 현재의 SNS 시대라는 역사적이고도 기술적인 환경에 내속되어 있는 어떤 종속변수인 것이다.

사실 기존의 소위 '인문학'이 인터넷 시대와 SNS 시대의 도래라는 흐름에서 유의미한 것으로 생각해온 주체는 통상적으로 '집단지성'이었으며 그러한 논의의 틀은 현재도 큰 변함이 없다. 집단지성은 익명성을 띠고 불특정하지만 오히려 바로 그러한 성격들 때문에 특정하게 고정되어 있는 일반적이고 단수적인 주체나 대중적·여론적인 지성보다 훨씬 더 유동적인 자기갱신이 가능하다. 또 정치적으로 더욱 기동적이며 끊임없이 스스로를 수정하고 교정할 수 있다고 생각되어왔다. 위키피디아, 구글, 다음의 아고라 등이 형성하고 있는 세계가 사실 그러하며 우리는 거기에 앞서 말한 특성들을 기대하고 있다. 그러나 이러한 집단지성은 실재하는가, 또는 집단지성이란 이름에 합당한 어떤 효과를 산출하는가, 혹은 이 질문을 더욱 '인문학적'으로 적확하게 정식화하자면, 인문학은 이 SNS 시대에 집단지성이라는 주체의 이름을 소환하고 거기에 의미를 부여할 정당한 윤리와 적합한 정치를 지니고 있는가. 이것은 어쩌면 우리 시대 인문학의 알리바이, 상이한 형태로 언제나 있어왔다고 생각되는 '시대정신'의 이름으로 부여되는 어떤 환상의 알리바이는 아닐까.

대화가 아닌 독백으로서 SNS

이러한 맥락에서 우리 시대가 SNS 시대라는 저 하나의 선언은 크게 세 가지 의미로 이해되어야 한다. 첫째 사회적인 네트워크, 곧 인간관계의 사회적인 망이 단순히 지역적이거나 물리적인 시공간의 제한을 뛰어넘어 다양한 영역과 분과들로 '확장'되었다는 의미, 둘째 그러한 사회적인 관계망이 일종의 '서비스'로 제공되고 향유된다는 의미, 셋째 이러한 SNS가 어쨌든 과거와는 매우 다른 방식의 소통을 가능하게 한다는 의미이다. 그러나 이러한 세 가지 의미는 표면적인 의의보다는 징후적인 효과로 독해되어야 하며, 일견 가장 중심적으로 보이는 의의가 아니라 가장 주변적이며 부차적인 의미로부터 독해되어야 한다.

첫 번째로 '확장'이란 단순히 양적인 공간의 팽창을 뜻하는 것이 아니라 한 사람의 인간관계 안에 '비관계의 관계'까지도 포함되고 포착되었다는 뜻이다. 예를 들어 우리는 트위터에서 단순히 우리와 개인적으로 친분이 있는 사람들만을 따르지/구독하지(follow) 않으며, 또한 페이스북에서 우리가 직접 아는 사람들에게만 친구 신청(friend request)을 하는 것도 아니다. 전통적으로 '비관계' 혹은 '무관계'였던 어떤 인간관계가 SNS 안에서는 실체적인 관계로 등장할 수 있으며, 심지어 그러한 비관계/무관계가 이러한 관계의 가장 중요한 부분을 이루는, 전혀 다른 형식의 인간관계가 가능해진다는 뜻이다. 거꾸로 말하자면 이러한 새로운 형식의 인간관계는 기존의 관계망에 대한 근본적 변화를 요구한다.

두 번째로 그것이 '서비스'로 제공된다는 사실은 그러한 사회적인 네트워크가 근본적으로는 자본주의라는 거대한 질서 바깥에는 결코 존재할 수 없음을 의미한다. 이는 우리가 그 '서비스'에 가시적이고도 직접적으로 값을 치르거나 대가를 지불한다는 의미가 아니다. 그것이 이름 그대로 '서비스'이니만큼 그것을 통해 어떤 '이익'을 기대하고 희망한다는 뜻이다. 그 이익의 형태는 인간관계의 구성(페이스북의 '친구'나 '그룹')에서 얻을 수 있는 것이든 의견의 확대재생산(트위터의 '인용'이나 '리트윗')에서 얻을 수 있는 것이든 넓은 의미에서 정치적인 입장과 위치의 확립 및 파괴에 결부된다. SNS를 통해서 인문학이 정치 혹은 정치적인 것을 다시 사유해야 하는 이유이다.

세 번째로 SNS는 흔히 '소통'의 현대적 대명사로 불린다. 그러나 예를 들어 트위터나 페이스북은, 거기에 따라 붙는 '사회적 네트워크'라는 일반적인 이름과 그러한 이름에 걸맞게 예상되는 소통의 기능과는 어긋나게도, 결코 '대화(dialogue)'의 형식이라고 말할 수 없는 역설적인 특징을 갖고 있다. 트위터는 대화라기보다는 '증언(testimony)'의 형식을 띠며, 페이스북 또한 소통이라기보다는 '전시(exhibition)'의 형식을 띤다. 다시 말해 SNS의 이 대표적인 두 형태는 대화라기보다는 차라리 '독백(monologue)' 형식에 가까운 모습을 띠는 것이다.

특정한 수신자를 상정하고 있는 전화 통화나 문자 송신과는 전혀 다르게, 트위터나 페이스북은 비록 제한된 범위 안에서라 할지라도 결코 특정되지 않은 수신자를, 전혀 정해지지 않은 독자를 대상으로 삼으며 그렇게 발설된다. 여기서는 일반적으로 그러한 발설이 적확하게 기대하고 목표로 할 수 있는 수신자가 존재하지 않는다. 이것은 전언(message)의 개념을 생각할 때 매우 중요하며 특징적인 성격이다. 그 전언은 특정한 수신자를 갖지 않고 부유하며, 수신자는 자발적이고도 임의적으로 수신자가 되기를 선택한 사람이다.

따라서 인문학은 일견 가장 민주주의적이고 가장 평등주의적으로 여겨지는 이러한 '소통'의 구조가 오히려 민주주의와 평등주의 자체가 지닌 가장 적나라한 한계의 실체를 가장 징후적으로 드러내는 것은 아닌가 하고 반문할 수 있다. 인문학이 SNS를 통해 물어야 하고 인문학 자체가 SNS 안에서 변화해야 하는 지점은 바로 이러한 징후에 대한 해석과 대응에 달려 있다. 이러한 지평에서 소위 보편성을 지향하고 객관성으로 통합되며 중립성으로 교정되는 집단지성에 대한 어떤 믿음이나 희망이 합의나 종합에 대한 일종의 '지독한 환상'에 근거한 것은 아닌가 되물어야 한다. 오히려 SNS는 인문학으로 하여금 보편적이지 않고 편파적이 되는 인식의 방법, 중립적이지 않고 당파적이 되는 존재의 윤리, 통합적이거나 체계적이진 않지만 그러한 것을 대체할 수 있는 또 다른 종류의 총체성이 지닌 감각의 정치를 요청하며 또한 종용하고 있기 때문이다. SNS는 보편성을 해체하며, 그러한 보편성이

"인문학은 일견 가장 민주주의적이고 가장 평등주의적으로 여겨지는 이러한 '소통'의 구조가 오히려 민주주의와 평등주의 자체가 지닌 가장 적나라한 한계의 실체를 가장 징후적으로 드러내는 것은 아닌가 하고 반문할 수 있다."

전제하던 통일성과는 다른 형태의 총체성, 그 불가능한 가능성에 대한 질문들을 인문학에 요구하고 있는 것이다.

'소통'이라는 공허한 지저귐

인문학의 입장에서 봤을 때 세심하게 경계해야 할 근본적인 지점은 또 있다. 우리는 우리의 시대를 SNS 시대로 생각하고 또 그렇게 행동한다. 그러나 SNS가 그렇게 한 '시대'를 대변하는 대표적 현상이라고 말해버릴 때, 저 월드와이드웹과 스마트폰이라는, 일견 지극히 보편적이고 당연한 것으로 보이지만 실은 매우 특수하고 특정한 물질적 조건의 유물론적이거나 계급적인 의미를 망각하거나 은폐하고 있는 것이다.

트위터라고 하는 지저귐(twitter)은, 잠에서 깨어 일어나서 먹고 싸고 일하고 놀고 다시 자는 소소한 일상에서부터 개인적인 안부의 교환과 소망의 표현, 사회적이고도 정치적인 발언과 의지의 표명을 통과해 정치, 경제, 문화 등의 거대담론에 이르기까지, 바로 지금 이 순간에도 140자라는 지극히 협소한 공간 안에서 실로 다양하고 방대하게 펼쳐지고 있다. 트위터는 묻는다. '무슨 일이 일어나고 있나요(What's happening)?' (최근 이 질문은 무심하게도 '새 트윗을 작성하세요(Compose new tweet)'라고 하는 밋밋한 명령형으로 바뀌었다.) 우리는 그 질문이 남겨둔 공란에 우리에게 일어나고 있는 일들을 제한된 140자 안에 적어 넣는다. 이 질문은 그 자체로 하나의 대답을, 더 철학적으로 말하자면, 그러한 대답이 반드시 지녀야 할 적합한 대답의 형식을 포함한다.

그 대답이란, 대답의 형식이란 '무엇(what)'이다. 지금 '무엇'이, '무슨' 일이 일어나고 있는가. 그리고 이러한 '무엇'이 단순히 '해프닝(happening)'이 아니라 '사건(event)'이 될 수 있기 위해, 우리가 SNS에서 묻고 대답해야 하는 것은 무엇이 되고 있으며 무엇이 되어야 하는가. 누군가는 '자폐적인' 이념의 시대는 가고 바야흐로 '소통하는' 실용의 시대가 왔다고, 추상적인 관념의 시대는 가고 현실적인 경제의 시대가 도래했다고 말한다. 그러나 이러한 지저귐만큼이나 공허한 지저귐은 다시 없을 텐데, 왜냐하면 '이념의 시대가 끝났다.'라고 하는 시대 의식만큼 강력한 이념이야말로 존재하기 어려운 법이기 때문이다. SNS는 여전히 가장 중요하고 결정적인 우리 시대의 투쟁이 개념과 이념을 둘러싼 이데올로기적인 투쟁이라고 말한다. 아마도 이 말의 가장 결정적이고도 치명적인 수신자는 바로 인문학일 것이다.

싸우는 인문학

한국 인문학의 최전선

1판 1쇄 찍음 2013년 1월 18일
1판 3쇄 펴냄 2014년 6월 2일

기획   서동욱
지은이 강양구·강유정·강응천·김원·김태환·노정태·맹정현·서동욱·서동진
　　　　신상숙·신정근·우찬제·윤성우·이남석·이상헌·장석만·전상진
　　　　정영훈·진태원·최정우·표정훈·한보희
펴낸이 박상준
펴낸곳 반비

출판등록 1997. 3. 24.(제16-1444호)
(135-887) 서울시 강남구 도산대로1길 62 501
대표전화 515-2000, 팩시밀리 515-2007
편집부 517-4263, 팩시밀리 514-2329

한국어 판ⓒ (주)사이언스북스, 2013. Printed in Seoul, Korea.

ISBN 978-89-8371-479-4 03100

반비는 민음사출판그룹의 인문·교양 브랜드입니다.